Fallstudien zur Digitalen Transformation

Christian Gärtner · Christian Heinrich
(Hrsg.)

Fallstudien zur Digitalen Transformation

Case Studies für die Lehre und
praktische Anwendung

 Springer Gabler

Herausgeber
Christian Gärtner
Quadriga Hochschule Berlin
Berlin, Deutschland

Christian Heinrich
Quadriga Hochschule Berlin
Berlin, Deutschland

ISBN 978-3-658-18744-6   ISBN 978-3-658-18745-3   (eBook)
https://doi.org/10.1007/978-3-658-18745-3

Die Deutsche Nationalbibliothek verzeichnet diese Publikation in der Deutschen Nationalbibliografie; detaillierte bibliografische Daten sind im Internet über http://dnb.d-nb.de abrufbar.

Springer Gabler

Gedruckt auf säurefreiem und chlorfrei gebleichtem Papier

Springer Gabler ist Teil von Springer Nature
Die eingetragene Gesellschaft ist Springer Fachmedien Wiesbaden GmbH
Die Anschrift der Gesellschaft ist: Abraham-Lincoln-Str. 46, 65189 Wiesbaden, Germany

Vorwort

Die Digitalisierung treibt Veränderungen noch rasanter als die Globalisierung der vergangenen Jahrzehnte. Kaum ein Arbeits- oder Lebensbereich ist davon ausgenommen.

Zentrale Ursache ist der Anstieg der produzierten und verarbeiteten Daten – und dieser Anstieg verläuft nicht linear, sondern exponentiell. Laut einer Abschätzung des IT-Systemhauses IBM wurden 90 % der heute vorhandenen Daten in den vergangenen 2 Jahren produziert. Unsere digitale Welt verzehnfacht die Datenmenge von 4,4 Zettabyte im Jahr 2013 auf geschätzte 44 Zettabyte in 2020. Die bloße Vermehrung von Daten allein bewirkt noch nicht die „Digitale Transformation". Hinzu kommen Technologien, die Daten nutzbar machen: am PC, auf dem Smartphone oder in der Cloud, wobei die Datennutzer Menschen oder Maschinen sein können (Mensch-Maschine-Interaktion und Machine–to–Machine–Kommunikation).

Doch selbst hiermit ist die digitale Transformation noch nicht vollends erfasst, weil die Verbindung von Daten und Technologien lediglich der Ausgangspunkt für fundamentale Neuerungen ist: neue Wege, Produkte und Dienstleistungen zu erstellen, neue Formen der Umsatzgenerierung und neue Weisen des Arbeitens inklusive geänderter Ansprüche von Arbeitnehmern. Eine Konsequenz ist, dass die Digitalisierungsdiskussion in einem größeren Gesamtkontext geführt werden muss. Die digitale Transformation handelt nicht nur von Produkt- oder Dienstleistungsinnovationen, die das bestehende Angebotsportfolio ergänzen, oder von datenbasierten Geschäftsmodellen. Sie handelt von wirtschaftlichen, gesellschaftlichen, politischen und ideellen Veränderungen, die im wahrsten Sinne des Wortes „radikal" sind: sie verändern die Wurzeln des Bestehenden.

Dies ist der Ausgangspunkt des vorliegenden Sammelwerks. Die Grundidee ist, das Phänomen „digitale Transformation" ebenso umfassend wie anschaulich bearbeitbar zu machen. Dazu haben sich die Autorinnen und Autoren in interdisziplinären Teams zusammengefunden, um aktuelle Praxisfälle fundiert aufzubereiten. Diese Fallstudien adressieren unterschiedliche Betrachtungsebenen und Unternehmensdimensionen: angefangen auf der Branchenebene über die Perspektive der strategischen Unternehmensführung auf die Firma und ihr(e) Geschäftsmodell(e) sowie Transformationsmaßnahmen bis hin zu einzelnen funktionalen Bereichen wie Marketing, Vertrieb, Personal und Supply Chain Management. Angesichts der weiter steigenden Relevanz von gesellschaftlichen und politischen Aspekten für unternehmerisches Handeln werden auch die Perspektiven der Politik bzw. politischen Kommunikation und Public Affairs berücksichtigt.

Die erste Fallstudie ist auf der Branchenebene angesiedelt und beschreibt den „Fall der **Automobilindustrie**". Diese Branche gehört in Deutschland zu einem der wichtigsten Arbeitgeber und hat in vielerlei Hinsicht mit Auswirkungen der digitalen Transformation zu kämpfen. Viele Kunden wollen weniger Autobesitzer als vielmehr Autonutzer sein und hierbei auch noch gefahren werden. Die Vernetzung entlang der Wertschöpfungskette nimmt zu und wird zugleich auf andere Branchen erweitert. Neue Anbieter treten auf und heizen die ohnehin schon hohe Wettbewerbsintensität zusätzlich an. Aber während in den letzten beiden Jahren viele Auguren einen (Knie-)Fall der deutschen Automobilhersteller vorhersahen, scheint sich die Lage in den letzten Monaten gedreht zu haben: die traditionellen Hersteller schlagen zurück – allein, mit Kooperationen oder durch milliardenschwere Zukäufe. Der Fall fokussiert Veränderungen, die für das strategische Management im Bereich des Personenkraftwagenmarkts relevant sind.

Wie die Digitalisierung die **Transformation von Philips** zu einem Gesundheitsunternehmen treibt, erörtert die zweite Fallstudie. Das Unternehmen verabschiedete sich von dem Geschäftsfeld „Lighting", aus dem der Konzern einst hervorgegangen ist. Royal Philips steht künftig für Produkte und Services für das Gesundheitswesen und für das persönliche Wohlbefinden. Ein zentraler Baustein der Strategie ist Philips Führungsrolle in der digitalen Transformation des Gesundheitsmarktes mit einer zentralen, offenen technischen Plattform, durch die Philips zum Enabler und Koordinator vernetzter Ökosysteme aus Hardware, Daten und Dienstleistern wird.

Die **Transformation von EnBW** von einem traditionellen Energieversorger hin zu einem agilen Unternehmen ist Gegenstand der nächsten Fallstudie. Im Mittelpunkt steht der Aufbau des „Innovation Campus" als einem strategischen Treiber. Neue Formen der Forschungs- und Entwicklungsarbeit sind aber nur ein Beispiel der vielen Veränderungen, die mit einer solchen Transformation einhergehen. Ziel des Projekts ist es, näher am Kunden zu arbeiten. Datenmodelle, Kundensegmente und Bedürfnisse der Verbraucher werden insbesondere im Commodity-Umfeld erhoben und für individuelle Scorings oder Modelle genutzt. Themen wie Predictive Analytics oder Big Data sind nicht neu. Die Digitalisierung verändert aber auch Arbeitsweisen und nimmt kulturellen Einfluss auf Organisationen. Die Rolle von Managern wird in vielen Bereichen eines Unternehmens agiler und interdisziplinärer. Die Fallstudie betrachtet die Herausforderungen und Lösungsansätze beim Energiekonzern EnBW aus Sicht der strategischen Organisationsentwicklung.

Die Weiterentwicklung von neuen Technologien wie künstlicher Intelligenz greifen bestehende Geschäftsmodelle etablierter Unternehmen an. Wertschöpfungsketten wandeln sich zur **digitalen Supply Chain,** um durch Big–Data–Technologien neue Erkenntnisse über das aktuelle Marktgeschehen schneller zu erlangen. Anhand des 2015 gegründeten Unternehmens **scoutbee GmbH** werden Möglichkeiten für produzierende Unternehmen aufgezeigt, wie Einkaufs-, Logistik- und Supply-Chain-Manager Werkzeuge der künstlichen Intelligenz nutzen können, um folgende Aufgabenstellungen zu lösen: Wie bekomme ich schnellstmöglich einen Ersatzlieferanten? Wie kann ich relevante Innovationen identifizieren? Wie kann ich Risiken entlang meiner Wertschöpfungskette proaktiv absichern?

Im Zusammenspiel zwischen **Marketing und Vertrieb** schafft die Digitalisierung neue Möglichkeiten, über Kampagnen qualifizierte Leads zu generieren und zu qualifizieren. Eine Geschäftsbank[1] testet automatisiertes Content-Marketing als Alternative zu klassischen Lead-Generierungsmethoden, denn für Unternehmen, die eine Bank für eine Finanzierung oder ein M&A-Projekt suchen, sind die Erfahrung der Bank mit vergleichbaren Projekten und nachgewiesenes, tiefes Branchenwissen das wichtigste Entscheidungskriterium. Da auch in diesen B2B-Segmenten die Digitalisierung auf Kundenseite voranschreitet, platziert die Bank auf für die jeweilige Zielgruppe relevanten Online-Plattformen branchenspezifische und -relevante Themen, über die in einem automatisierten Prozess qualifizierte Leads für den Vertrieb generiert werden.

Auch über Unternehmensgrenzen hinweg finden **Kundeninteraktionsprojekte** statt. Den **Thermomix von Vorwerk** gibt es seit mehr als 30 Jahren. Das Küchengerät vereint die Funktionen verschiedener Einzelgeräte inklusive einer Kochfunktion und hat eine große, eingeschworene Fangemeinde, die sich vor allem über verschiedene Internetplattformen austauscht. Der Thermomix selbst war jedoch bis September 2014 nicht Teil dieses digitalen Ökosystems. Dann brachte Vorwerk den Thermomix TM5 auf den Markt. Die wesentliche Neuerung: Der TM5 hat eine Datenschnittstelle, über die sich nicht nur digitale Kochbücher auslesen lassen, sondern die den Thermomix auch mit dem Vorwerk-eigenen Rezeptportal im Internet verbindet.

Die Auswirkungen der digitalen Transformation auf Feldern der **Personalarbeit** werden in der Fallstudie zur **XING AG** behandelt. XING ist als berufliches Netzwerk bekannt, bietet aber auch digitale Produkte und Lösungen für die moderne Personalarbeit in Unternehmen an. Diese HR-Produkte *von* XING werden ebenso beschrieben wie das Themenfeld HR *bei* XING: Mit welchen Regeln, Praktiken und Instrumenten werden „New Ways of Working" bei XING etabliert? Wie ist die HR-Abteilung bei XING aufgestellt, um ein digitales Unternehmen zu unterstützen? Klassische Arbeitszeitmodelle und Anreizsysteme werden genauso neu gedacht wie die Formen der organisatorischen Zusammenarbeit innerhalb von Unternehmen, um Innovation zu fördern und aus Fehlern zu lernen.

Im Bereich der **Politik bzw. politischen Kommunikation** wurde die Umwälzungsmacht der Digitalisierung wohl noch nie so deutlich wie im **Wahlkampf von Donald Trump.** Die Fallstudie macht deutlich, dass Trump den Wahlkampf nicht nur auf die einfache Botschaft „Make America great again" brachte, sondern auch konsequent auf datenbasierte und digitale Wähleransprache setzte. Der Fall beleuchtet die Datenanalytik und die digitale Kampagnenführung sowie ausgewählte Kommunikationsinstrumente der Trump-Kampagne.

Verbrauchervertrauen ist eine Kernressource der Digitalökonomie, weshalb **Corporate Digital Responsibility** eine neue Anforderung für Unternehmen darstellt. Der Fall beschreibt Corporate Digital Responsibility (CDR) als den Einsatz für den Erhalt und

---

[1]Die Fallstudie wurde auf Wunsch des Unternehmens anonymisiert.

die Förderung von Verbrauchervertrauen. Entlang von sieben Handlungsfeldern wird
erläutert, was unternehmerische Verantwortung in der digitalen Welt bedeutet und wie
sie praktisch umgesetzt werden kann. Dies wird anhand von konkreten Beispielen aufgezeigt. Das Kernfazit des Kapitels ist, dass Unternehmen ihre klassischen Ansätze der
Corporate Social Responsibility auf die digitale Welt erweitern sollten. Auch sollten sie
prüfen, ob neue digitale Lösungen nicht dazu beitragen können, gesellschaftliche Herausforderungen erfolgreich zu adressieren.

Die Transformation ist die logische Konsequenz aus der Digitalisierung. Die innovativen Technologien erfordern Anpassung des Menschen – und umgekehrt: Die Kunden
treiben durch die Nutzung von digitalen Möglichkeiten die Unternehmen zur Anpassung, indem sie online Preise und Leistungen vergleichen und sich mit Gleichgesinn-
ten vernetzen, um Leistungen auszutauschen oder Fehlleistungen im öffentlichen Raum
auszustellen und zu diskutieren. Dies hat auch Auswirkungen auf unser gesellschaft-
liches Zusammenleben. Die sozioökonomischen Veränderungen sind vielfältig: Auf
der Arbeitsebene führen sie zur Notwendigkeit, neue Fähigkeiten zu erwerben, aber
auch hin zur Abkehr vom Normalarbeitsverhältnis mit unbefristetem Arbeitsvertrag,
40-Stunden-Woche und Sozialversicherungspflicht. Gesellschaftspolitisch wirft dies
Fragen zu Arbeits-, Entlohnungs- und Bildungsformen auf, die wir in diesem Sammel-
band nicht betrachten konnten.

Der Dank der Herausgeber gilt dem Team von Springer – insbesondere Ann-Kristin
Wiegmann für die inhaltliche Betreuung und Denise Schneider für die Korrekturschleife –
und allen Beteiligten, die bei der Erstellung der Fallstudien mitgewirkt haben. Wir bitten
Sie, liebe Leserinnen und Leser, um Verständnis, dass feminine und maskuline Formen
im Text nicht doppelt angesprochen werden, sondern bei Verwendung der einen Form die
andere immer mit gemeint ist.

Im Namen aller Autorinnen und Autoren wünschen wir den Lesern des Sammelwerks
viel Erfolg beim Lesen und Analysieren der Fallstudien sowie beim Übertragen der
Erkenntnisse auf die eigene Arbeits- und Erfahrungswelt.

In diesem Sinne: Denken und handeln Sie transformativ!

Berlin   Prof. Dr. Christian Gärtner
im Mai 2017   Prof. Dr. Christian Heinrich

Inhaltsverzeichnis

Über die Autoren

Christian Gärtner ist Professor für Betriebswirtschaftslehre mit dem Schwerpunkt Digitale Transformation & Leadership an der Quadriga Hochschule Berlin. Zuvor hatte er Professurvertretungen an der Helmut-Schmidt-Universität (Hamburg) und der Universität Witten/Herdecke inne, war wissenschaftlicher Mitarbeiter an der Universität Augsburg und Berater bei Capgemini Consulting. Lehraufträge führten und führen ihn an die Leibniz Universität Hannover, HS Fresenius, HS Ludwigshafen sowie die Hamburg School of Business Administration. Zudem berät er seit über 15 Jahren mittelständische und große Organisationen im Themenfeld „People & Business Transformation". Neben zahlreichen Publikationen veröffentlicht er als XING Business Insider für People & Business Transformation regelmäßig Artikel.

Christian Heinrich ist Professor für Digitale Transformation an der Quadriga Hochschule. Zuvor hatte er Lehrtätigkeiten an der HS Ulm und im International MBA der Universität Würzburg ausgeübt. Seit 2012 gründet und berät er innovative und technologieorientierte Unternehmen. Seine Schwerpunkte liegen in der Identifikation digitaler Geschäftsmodelle und Absatzkanäle für etablierte und neue Unternehmen sowie der organisatorischen Umsetzung des Transformationsprozesses.

Andrea Kindermann ist Professorin für Digitale Transformation mit dem Schwerpunkt Digitale Transformation etablierter Unternehmen an der Quadriga Hochschule Berlin. Sie berät seit mehr als 15 Jahren Unternehmen bei der Bewertung und Adoption von Marketing-Innovationen, vor allem in den Branchen Professional Services, langlebige Gebrauchsgüter, Handel und Finanzen. Sie hat als Beraterin und in der internen Unternehmens- bzw. Strategieentwicklung unter anderem für Proximity Consulting, Jung von Matt und Villeroy & Boch gearbeitet. Andrea Kindermann ist als selbstständige Beraterin für Marketing und Digitale Transformation tätig und gehört zum Beraternetzwerk „Das 18te Kamel & Komplizen – Sozietät für Digitale & Soziale Transformation" (www.18teskamel.de).

Janina Kose verantwortet bei der EnBW AG, einem der größten deutschen Energieversorger, als Leiterin den Bereich Market Intelligence. Nach verschiedenen Stationen in der Marketing- und Kommunikationsberatung im vertrieblichen Umfeld der Yello Strom GmbH treibt sie bei der EnBW mit ihren Bereichen Analytics, Business Intelligence und Customer Market Insights eine analytische und datenbasierte Entscheidungskultur. Als Wirtschafts- und Organisationspsychologin beschäftigt sie sich wissenschaftlich mit den Themen Leadership Management und digitale Transformation.

Sebastian Lindemann ist seit April 2017 Head of integrated Communications & Events von Philips Deutschland, Österreich und Schweiz, dem weltweit drittgrößten Markt des holländischen Gesundheitskonzerns. Nach seinem Universitätsabschluss arbeitete der studierte Forstwissenschaftler sieben Jahre lang in zwei namhaften Hamburger PR-Agenturen, bevor er 2011 als PR Manager bei Philips Consumer Lifestyle startete. Im Januar 2014 hat er die Leitung der Unternehmenskommunikation von Philips D/A/CH übernommen.

Gregor Stühler ist CEO und Gründer der scoutbee GmbH. Seit mehr als 20 Jahren IT- und Data-Enthusiast, entwickelte er nach seinem Ingenieurstudium die ersten Konzepte für die skalierbare Lieferantenidentifikation anhand von public data. Nach seinem Masterstudium in London gründete er 2013 die heutige scoutbee GmbH. Heute ist er der Kopf hinter der firmeneigenen Supply-Chain-KI namens ARTIMIS und Experte für skalierbares Innovation-Scouting anhand von Big Data.

Christian Thorun ist Professor für Politikwissenschaft, Internationale Politik und Public Affairs an der Quadriga Hochschule Berlin. Er ist zudem Gründer und Geschäftsführer der ConPolicy GmbH – Institut für Verbraucherpolitik. Er sitzt in Aufsichtsräten, Beiräten und ist assoziiertes Mitglied des Think Tank 30 – einem Netzwerk junger Menschen unter dem Dach der Deutschen Gesellschaft des Club of Rome. Er arbeitet eng mit Ministerien, staatlichen Institutionen und Verbänden auf nationaler und EU-Ebene zusammen.

Mario Voigt ist Professor für Digitale Transformation und Politik an der Quadriga Hochschule. Seit 2009 ist er Mitglied des Thüringer Landtages und Sprecher für Wirtschaft, Wissenschaft und Digitale Gesellschaft. Als Strategieberater der Leadagentur McCann-Erickson nahm er an der Bundestagswahlkampagne von Angela Merkel im Jahr 2005 teil. Seitdem forscht und engagiert er sich für Public-Affairs-Kampagnen von der lokalen bis zur internationalen Ebene in den Themen Mobilisierung und Digitales Campaigning. Voigt hat vier Bücher über politische Kampagnen und Kommunikation veröffentlicht und in über 25 Ländern zu digitalem Campaigning, Mobilisierung und Public Affairs gesprochen. Im Bundestagswahlkampf 2017 ist er für die CDU Strategieberater für Mobilisierung.

Abbildungsverzeichnis

Tabellenverzeichnis

Der Fall der Automobilindustrie

1

Christian Gärtner

Das Automobil wird sich in der nächsten Dekade stärker verändern
als in den letzten fünfzig Jahren
(Fröhlich [Mitglied des Vorstands, Entwicklung, BMW AG] 2015)

Inhaltsverzeichnis

Zusammenfassung

Die Automobilindustrie gehört in Deutschland zu einem der wichtigsten Arbeitgeber. Aktuell sind insbesondere die Automobilhersteller von der digitalen Transformation nicht nur be-, sondern auch getroffen. Die Trends beim Kunden gehen vom Autobesitzen hin zum Autonutzen und vom Autofahren hin zum Gefahrenwerden. Gleichzeitig müssen sie die Vernetzung mit Lieferanten vorantreiben, womit nicht nur klassische

C. Gärtner (✉)
Quadriga Hochschule Berlin, Berlin, Deutschland
E-Mail: christian.gaertner@quadriga.eu

© Springer Fachmedien Wiesbaden GmbH 2018
C. Gärtner und C. Heinrich (Hrsg.), *Fallstudien zur Digitalen Transformation*,
https://doi.org/10.1007/978-3-658-18745-3_1

Automobilzulieferer angesprochen sind, sondern auch Firmen aus der Energiebranche, der Softwareentwicklung, den Medien und der Unterhaltungselektronik. Manche dieser Firmen mischen mittlerweile auf Ebene der Hersteller mit, weshalb neue Wettbewerber auf dem Radarschirm der Entscheider auftauchen. Aber während in den letzten beiden Jahren viele Auguren einen (Knie-)Fall der deutschen Automobilhersteller angesichts neuer Herausforderer wie Tesla, Google, Apple und Uber vorhersahen, scheint sich die Lage nun gedreht zu haben: Die traditionellen Hersteller schlagen zurück – allein, mit Kooperationen oder durch milliardenschwere Zukäufe. Der Fall fokussiert Veränderungen, die für das strategische Management im Bereich des Personenkraftwagenmarkts relevant sind.

1.1   Die Automobilindustrie: Ein- und Überblick

Wenn Rupert Stadler, Vorstandsvorsitzender der Audi AG, über die Automobilbranche nachdenkt, fallen schon einmal Sätze wie „Wir müssen Audi neu erfinden" (Handelszeitung 2016). Gleichzeitig ist ihm klar, wie schwer das wird: „Allein Audi, BMW und Mercedes, Porsche verdienten im vergangenen Jahr 25 Mrd. EUR. Und jetzt plötzlich Überlebenskampf und Umbau des kompletten Geschäftsmodells? Da kommen viele unserer Mitarbeiter nicht mehr mit" (manager magazin 2016a). Aber was genau treibt jemanden wie Stadler um? Welche Rolle spielen Firmen wie Audi und Co. in der Branche?

Weltweit werden jährlich ca. 80 Mio. Neuwagen verkauft, wobei die drei großen Automobilmärkte – Westeuropa, die Vereinigten Staaten und China – zusammen zwei Drittel des Weltmarktes ausmachen (VDA 2016a, S. 12). In 2016 steigerten die deutschen Automobilhersteller ihre globale Pkw-Fertigung auf den neuen Rekord von rund 15,1 Mio. Einheiten. Von besonderer Bedeutung sind die Premiummarken (v. a. Mercedes-Benz, BMW, Audi, Porsche), denn im Premium-Segment vereinen deutsche Hersteller fast drei Viertel des Pkw-Weltmarkts auf sich. Im Vergleich zu Volumenmarken (z. B. General Motors, Toyota, Volkswagen) kennzeichnen sich Premiummarken dadurch aus, dass sie einen höheren Preis durchsetzen können; Volumenmarken sind durch eine erhöhte Preissensibilität gekennzeichnet, die je nach Markenwert unterschiedlich stark ausgeprägt ist (Reichhuber 2010, S. 17). Trotz guter Absatz- und Umsatzzahlen schauen viele Vorstände deutscher Automobilfirmen mittlerweile mit Sorge auf das, was kommt: Digitalisierung und autonomes Fahren erscheinen als die Schreckgespenster der Zukunft.

Aktuell ist die Lage aber entspannt. Die Pkw-Neuzulassungen in Deutschland stiegen im ersten Halbjahr 2016 um 7 % auf gut 1,73 Mio. Einheiten. Der Bestand von Personenkraftwagen in Deutschland im Jahr 2016 betrug rund 45 Mio. – 1975 waren es nur rund 17,9 Mio. und kurz nach Ausbruch der Finanzkrise 2008 waren es 41,1 Mio. (Statista 2017a). Die Beschäftigung in der Automobilindustrie in Deutschland stieg 2016 auf über 800.000 Mitarbeiter in den Stammbelegschaften. Im Vergleich zu 2014 ist das eine Steigerung im Jahresmittel um gut 2 % (VDA 2016a, S. 12). In Abb. 1.1 ist die Umsatzentwicklung in der deutschen Automobilindustrie bis 2020 dargestellt (Prognosewerte sind mit einem p gekennzeichnet).

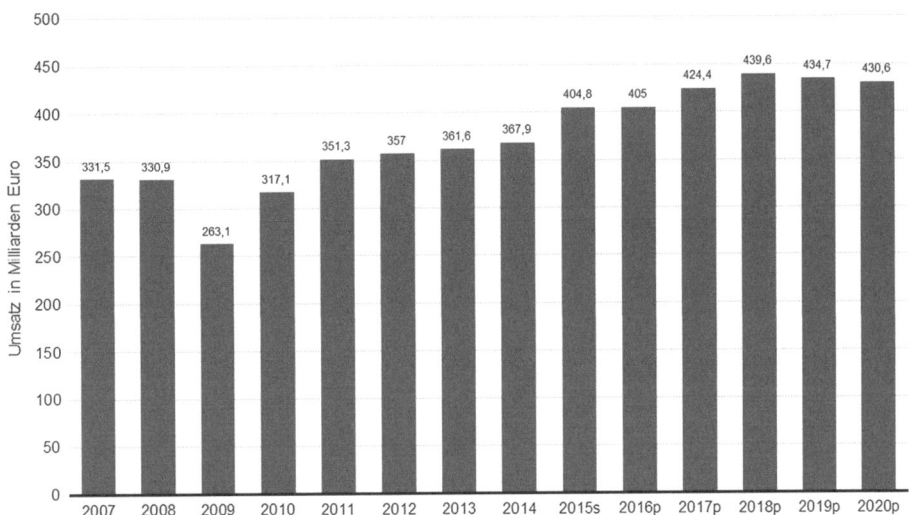

Abb. 1.1 Prognostizierte Umsatzentwicklung in der Automobilindustrie in Deutschland. (Quelle: Statista 2017a)

Während sich der deutsche Markt aus Sicht des Verbands der Automobilindustrie (VDA) gut entwickelt, zeigt sich im internationalen Vergleich ein gemischtes Bild (vgl. im Folgenden VDA 2016a, S. 12). So konnte der russische Markt seine Talfahrt im ersten Halbjahr 2016 noch nicht bremsen: Einerseits fielen die Ölpreise zu Jahresbeginn noch einmal deutlich, andererseits blieben die Sanktionen der Europäischen Union in Kraft. Noch trister sieht es in Brasilien aus – sowohl gesamtwirtschaftlich als auch im Automobilsektor. Im ersten Halbjahr sanken die Neuzulassungen um ein Viertel und damit auf den niedrigsten Wert seit 2006. Der spanische Pkw-Markt hingegen wuchs um 12 %, was zum Teil auf die Ende Juni 2016 ausgelaufene Abwrackprämie zurückzuführen ist. Der britische Markt erreichte einen neuen Rekordwert und überstieg das Vorjahresniveau um 3 %. Welche Auswirkungen der Austritt des Vereinigten Königreichs aus der Europäischen Union auf den Markt haben wird, ist noch offen. Die wichtigsten Abnehmerländer für deutsche Kraftfahrzeuge und Landfahrzeuge (gemessen am Exportwert) sind in Abb. 1.2 aufgelistet.

Diese Zahlen geben einen ersten Einblick in die Automobilindustrie – doch wer genau ist eigentlich Teil dieser Industrie und wird von den Statistiken mit erfasst? Zu unterscheiden sind zunächst die Begriffe Automobilwirtschaft bzw. Automobilindustrie sowie Automobilhersteller, Zulieferer, Abnehmer und verbundene Unternehmen aus anderen Branchen (vgl. im Folgenden Reichhuber 2010, S. 16). Die Automobilwirtschaft umfasst alle Unternehmen, die überwiegend mit der Herstellung, Vermarktung, Instandhaltung sowie Entsorgung von Automobilen und Automobilteilen beschäftigt sind. Meist ist dieses Verständnis auch gemeint, wenn von der Automobilindustrie die Rede ist. Der VDA

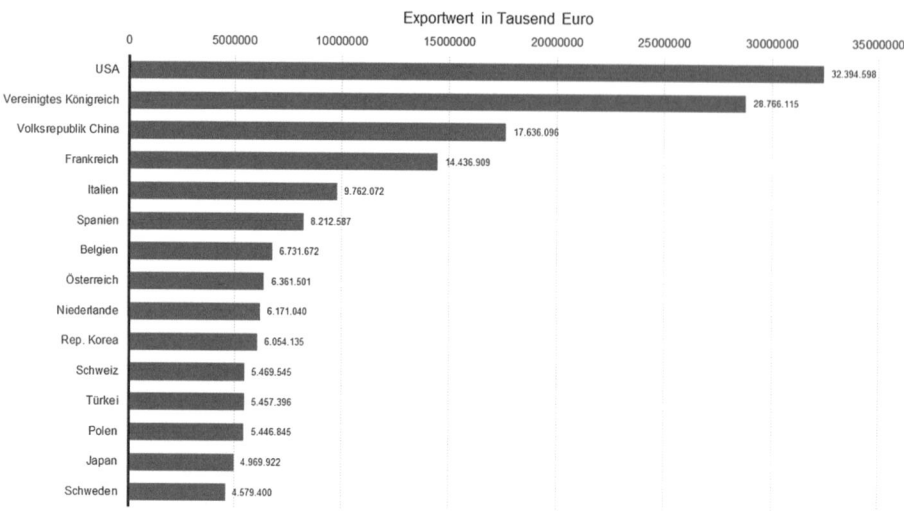

Abb. 1.2 Wichtigste Abnehmerländer für Kfz aus Deutschland in 2015 nach Exportwert (in 1000 EUR). (Quelle: Statista 2017a)

hat eine engere Auffassung davon, was die Automobilindustrie ist und meint nur den Industriezweig, der die Hersteller von Kraftwagen und deren Motoren, Sattelzugmaschinen, Anhänger, Aufbauten, Kraftfahrzeugteile und -zubehör umfasst.

Die Umsatzzahlen für Abb. 1.1 basieren z. B. auf Daten des Statistischen Bundesamtes, Abteilung 29 der Klassifikation der Wirtschaftszweige, welche einerseits die Herstellung von Kraftwagen zur Personen- oder Güterbeförderung beinhaltet, andererseits auch die Herstellung verschiedener Teile und Zubehör sowie die Herstellung von Anhängern und Sattelanhängern.

Automobilhersteller sind jene wirtschaftlichen Einheiten, die Teile, Komponenten, Systeme oder Module kombinieren, um Fahrzeuge herzustellen und an Endverbraucher sowie Geschäftskunden zu vermarkten. Die zu kombinierenden Inputs (z. B. Anbauteile, Innenausstattung, Getriebe, Software) werden entweder in Eigenleistung hergestellt oder von Lieferanten bezogen. Die Beziehung zwischen Herstellern (Original Equipment Manufacturer, OEM) und Lieferanten lässt sich als mehrstufiges Wertschöpfungssystem beschreiben: Je nach Rang (Tier) in der Wertschöpfungskette ergibt sich die Bezeichnung als „First/Second/…/n-Tier Supplier" (siehe Abb. 1.3). Systemintegratoren befassen sich beispielsweise mit der Entwicklung und Integration diverser Module und Systeme. Eine spezielle Position zwischen Automobilherstellern und den Zulieferern im klassischen Sinne nehmen ferner reine Entwicklungsdienstleister (Engineeringdienstleister) ein. Diese unterstützen je nach Auftrag des Kunden z. B. die Entwicklung von Karosserien sowie der Elektronik oder die Konstruktion von Fahrwerkskomponenten. Neben Unterstützungsleistungen tätigen sie auch Entwicklungsarbeiten in Eigenregie (Reichhuber 2010).

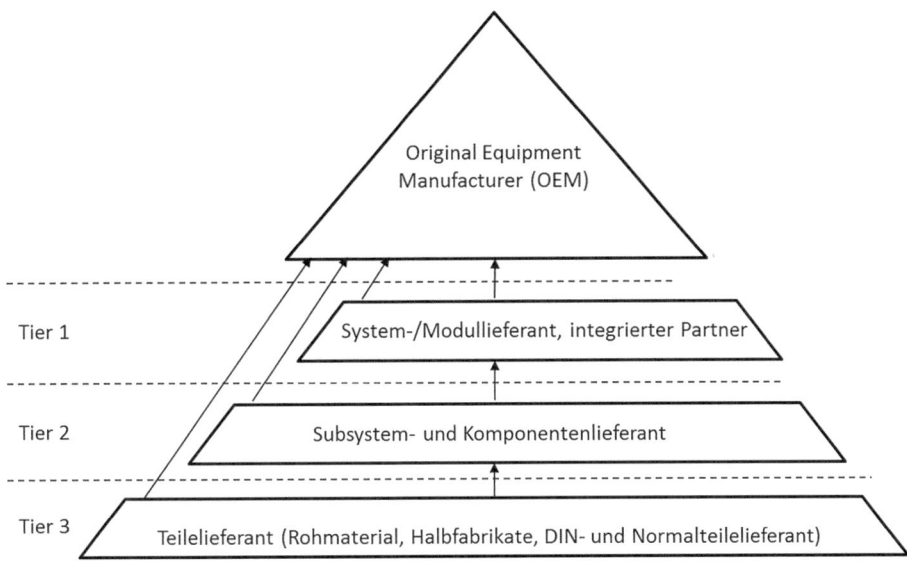

Abb. 1.3 Das dreistufige Wertschöpfungssystem der Automobilindustrie. (Quelle: Eigene Darstellung)

Die Automobilzulieferindustrie gehört zu einem der wichtigsten Arbeitgeber, weil sie ca. 300.000 Mitarbeiter in Deutschland beschäftigt.

Einige Lieferanten sind durch zahlreiche Akquisitionen und den Druck der Hersteller, ihnen an die international verteilten Produktionsstandorte zu folgen, zu globalen Playern mit Milliardenumsätzen geworden (vgl. Abb. 1.4). Große Konzerne wie Bosch, Continental oder Schaeffler machen dann auch einen großen Teil der Einkaufspositionen der OEMs aus. Durch die beiden Produktionsprinzipien „Just in Time" und „Modulare Produktion" sind die Automobilhersteller eng an ihre Zulieferer gebunden. Denn ersteres bedeutet, dass die Teile für die Automobilfertigung punktlich angeliefert werden müssen und es keine großen Lagerbestände zum Ausgleichen von Lieferengpässen mehr gibt. Sollten einmal Teile fehlen, führt das schnell zu einem Produktionsstopp. Werden dann noch wichtige Einzelteile oder Module wie Einspritzdüsen, Klimaanlagen, Getriebe, Motorsteuermodule oder Instrumententafeln von großen Zulieferern wie Bosch, Continental oder Magna geliefert, sind die OEMs auf eine reibungslose Zusammenarbeit angewiesen. Komponentenspezialisten zeichnen sich durch ein hohes Innovations-Know-how aus und differenzieren sich daher über besondere technologische Funktionen und Produkte, welche sie an Systemintegratoren und direkt an Automobilhersteller vermarkten. Teilehersteller befassen sich eher mit Standardteilen und versuchen mittels einer Kostendegressionsstrategie, hohe Marktanteile zu erreichen (Reichhuber 2010).

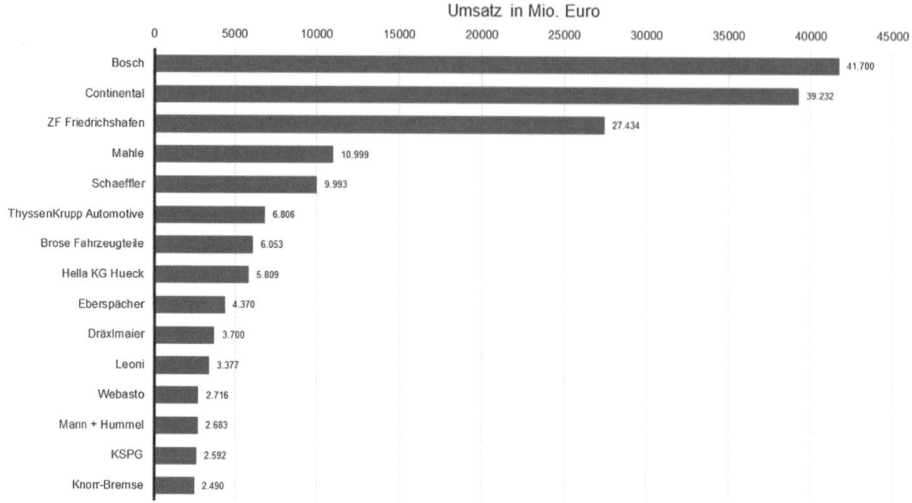

Abb. 1.4 Umsatzstärkste Automobilzulieferer in Deutschland im Jahr 2015 (in Millionen Euro). (Quelle: Statista 2017a)

1.2 Megatrends

Das Beratungsunternehmen McKinsey (Mohr et al. 2013) sieht für die Automobilindustrie einen Umsatz von knapp sieben Billionen Euro bis 2030 voraus – das kommt einer Verdopplung gleich. Allerdings wird sich das Wachstum aus dem Autoverkauf von vier auf zwei Prozent pro Jahr halbieren. Erklären lässt sich dies zum Teil durch die Megatrends und deren Auswirkungen auf die Branche.

Unter den Megatrends, die die Automobilindustrie besonders betreffen, ist jener zur Digitalisierung augenscheinlich der wichtigste, weil er weitergehende Themen wie Automatisierung, Individualisierung des Mobilitätserlebnisses sowie Datensicherheit und damit neue Geschäftsmodelle nach sich zieht. Ob die neuen Dienste und Geschäftsmodelle eher für urbanisierte Räume bzw. Megacities oder auch für ländliche Gebiete relevant werden, wird noch diskutiert. Ebenso die Frage, inwieweit Nachhaltigkeit (nur) durch Elektrifizierung des Antriebs erreicht werden kann. Klar hingegen ist, dass neben Digitalisierung, Automatisierung und Sicherheit, Urbanisierung, Nachhaltigkeit und Elektromobilität weitere Veränderungen in der Umwelt der Automobilindustrie zu beachten sind.

1.2.1 Digitalisierung, Automatisierung und Sicherheit

Seit Jahrzehnten steigt der Anteil, den Elektronik an den Bestandteilen eines Autos ausmacht – und seit einigen Jahren steigt auch der Softwareanteil im Auto kontinuierlich an. Die eingebaute Rechenleistung eines Neuwagens übersteigt inzwischen diejenige eines gängigen PCs oder Laptops um ein Vielfaches. Das ist auch nötig, denn die Vielzahl an Sensoren und Assistenzsysteme vom Spur- und Geschwindigkeit-Halten bis hin zum Bremsen liefert ständig enorme Datenmengen über den technischen Zustand des Autos, seinen Ort, seine Bewegung und seine Umgebung. BMW hat beispielsweise ein System namens „Remote 3D View" entwickelt. Dieses ermöglicht eine 360-Grad-Echtzeit-Ansicht des eigenen Autos per Smartphone-App. So kann man beispielsweise jederzeit herausfinden, wo sich der eigene Wagen befindet – wenn man etwa den genauen Parkplatz vergessen hat oder das Auto gestohlen wurde. Die Technik ist durch massiven Kamera- und Sensoreinsatz möglich. Mehrere Kameras überwachen die Fahrzeughülle und liefern Bilder, die auf ein dreidimensionales Computermodell gespannt werden (Golem 2016).

Doch nicht nur das Auto ändert sich, auch die Produktions- und Gebrauchsweisen – und mit ihnen die Geschäftsmodelle, mit denen Hersteller und Lieferanten die Kunden bedienen: Die Produktion wird noch vernetzter als sie es im mehrstufigen Wertschöpfungssystem ohnehin schon ist, die Bedürfnisse und Zahlungsbereitschaft der Kunden verschieben sich vom Kaufen zum Nutzen und dies ruft Wettbewerber auf den Plan, die gar kein Auto verkaufen wollen, sondern Dienstleistungen rund um ein Mobilitätserlebnis anbieten.

Manche Firmen bieten beides: Auto und Erlebnisse. Tesla offeriert zum Beispiel seit 2015 den „ludicrous mode": Wer will, kann sich diesen „Wahnsinnsmodus" über das Internet aufspielen lassen und so sein Auto mit einem erweiterten Leistungspaket bestücken. Dann beschleunigt Teslas Model S in 3,0 s von null auf hundert, statt in 5,8. Die Extrapower bringt auch Extraeinnahmen: 10.000 US$ kostet das Software-Update (Freitag 2016).

Die Digitalisierung des automobilen Endprodukts geht von der Produktion bis zur Konsumption und bietet zahlreiche Chancen, um aus Daten verwertbares Wissen zu generieren und so die Kosten zu senken oder neue Erlöse zu generieren. Zwischen Lieferanten und Herstellern werden Konstruktionszeichnungen digital ausgetauscht und bearbeitet, Verbrauchs- und Leistungsdaten der eingesetzten Teile ausgewertet, um Nachlieferungen und Wartungsarbeiten vorherzusagen (Roland Berger Strategy Consultants 2015).

Für den Endkonsumenten wird die Digitalisierung rund um das Produkt „Auto" greifbar: Es kann individueller konfiguriert werden und es kann auch mehr. Gleichzeitig wird aus Sicht der Hersteller die Interaktion mit den Kunden sowie deren Erfahrung mit der jeweiligen Markenwelt immer wichtiger. Statt technischer Anforderungen soll nun das Nutzerlebnis im Vordergrund stehen – und das beinhaltet über die reine Mobilitätsfunktion hinaus Angebote in den Bereichen Information, Kommunikation und Entertainment. Außerdem ist jeder Kunde etwas anders und will mit seinen Wünschen genau verstanden werden. Relevant wird deshalb, wie Daten und Geschäftsprozesse durchgängig zwischen Auto, Cloud und anderen Kontaktpunkten gehalten werden können. Automobil-Hersteller werden in der Wertschöpfungskette für Mobilitätsdienstleistungen unter Umständen in die Rolle eines Zulieferers gedrängt, während die strategisch bedeutsamste Position in der Wertschöpfungskette tendenziell von Informationsanbietern besetzt werden könnte.

Die Produktion ist bereits heute zu weiten Teilen automatisiert, jedoch wird die Qualität meist noch mittels statistischer Methoden geprüft, also durch Stichproben und Festlegen von Toleranzen. Intelligente Sensorik in einer vernetzten Produktion kann künftig helfen, jedes Werkstück zu kontrollieren und Abweichungen sofort zu erkennen, um dann schneller reagieren zu können – im Bestfalle sogar, bevor ein Maschinen- oder Bauteilfehler die Produktion lahmlegt. Solche vorausschauenden Analysen („predictive analytics") können von der Teileanlieferung über die Fertigung bis hin zur Wartung während der Nutzung durch den Kunden vorgenommen werden. Das verhindert Stillstand am Band, senkt die Ausschussquote und erhöht mitunter sogar die Zufriedenheit der Kunden. Beispielsweise hat Daimler die auf vier Kontinenten verteilte Produktion der C-Klasse durch eine einheitliche Automatisierungs- und Steuerungstechnik vernetzt, sodass das Lead-Werk in Bremen die Standorte in den USA, China und Südafrika bei Neuerungen oder Problemen unmittelbar informieren und diese per Ferndiagnose analysieren und lösen kann (Zetsche 2015). BMW wiederum nutzt *predictive analytics,* um Fehler vor der Einführung neuer Modelle zu erkennen und passende Reparaturanweisungen zu bestimmten Produktionsfehlern an seine Werkstätten herauszugeben. Dazu müssen die Daten von Testfahrten der Vorserienmodelle (durchschnittlich rund 15.000 Fehlerspeicher) und aktuellen Werkstattberichten kombiniert und analysiert werden – was wiederum eine Vernetzung mit den Händlern bzw. Werkstätten voraussetzt (Cloer 2014).

Der Vertrieb verlagert sich vom stationären Handel in das Internet – soweit überhaupt noch Autos verkauft oder geleast werden. Teilen und Nutzen sind die Verbrauchermotive, auf denen Geschäftsmodelle wie Car Sharing (z. B. Car2Go, DriveNow) und private Beförderungsdienste (z. B. Uber, Didi) basieren. Bis 2030 dürften bereits fünf bis zehn Prozent der in Deutschland verkauften Pkw in Car-Sharing-ähnlichen Geschäftsmodellen eingesetzt werden (Heilig et al. 2016). Doch auch diese Nutzer fahren in und mit Autos, die möglichst viele Nutzungsdaten automatisch an die Hersteller schicken, wo sie dann als neue oder geänderte Produkteigenschaften die Entwicklung neuer oder die Anpassung bestehender Modelle optimieren. Dies erspart unnötige Mehrkosten etwa für Funktionalitäten, die der Kunde überhaupt nicht oder nur wenig nutzt.

Zwei miteinander verwobene Themen werden aktuell besonders intensiv diskutiert: autonomes Fahren und Konnektivitätsdienstleistungen. Für das Funktionieren beider Produkt- und Dienstleistungsbündel ist die umfangreiche Ausstattung des Kraftfahrzeugs mit Sensoren und Software eine zentrale Voraussetzung. Mit diesen Lösungen verbindet sich die Hoffnung, dass sich künftig 90 % aller Verkehrsunfälle verhindern lassen und keine Staus mehr entstehen – und immerhin verbringen wir durchschnittlich 38.000 h unseres Lebens im Stau (Freitag 2016). Das autonome und vernetzte Fahrzeug werde deshalb „das nächste große Ding, die nächste große Kernerfindung", ist sich Johann Jungwirth, Chief Digital Officer, der Volkswagen AG sicher (Computerwoche 2016). Die Erlöse und ihr Wachstum sind entsprechend: Der Umsatz im deutschen Connected-Car-Markt soll 2017 etwa 2,4 Mrd. EUR erreichen – im Jahr 2021 schon ein Marktvolumen von 7,5 Mrd. EUR, was einem jährlichen Umsatzwachstum von ca. 33 % entspricht (Statista 2017b). Der durchschnittliche Erlös pro Connected Car wird für das Jahr 2017 mit 545,40 EUR geschätzt (2016: 575,10 EUR). Hinter diesen Umsätzen verbergen sich unterschiedliche Angebote.

Beim autonomen Fahren unterscheidet der VDA fünf Stufen: 1) „Driver Only" (keine Unterstützung des Fahrers), 2) „Assistiertes Fahren" (Unterstützung bei der Längs- und Querführung) und 3) „Teilautomatisiertes Fahren" (vom Fahrer überwachte Längs- und Querführung). Moderne Pkw sind auf der dritten Stufe angekommen: Einpark-, Brems- oder Stauassistenten sind keine Premium-Features mehr. In der vierten Stufe – dem hoch-automatisierten Fahren – ist das Fahrzeug dank zahlreicher Sensoren und Algorithmen quasi ohne Eingriffe des Fahrers auch längere Strecken unterwegs. Entscheidend für neue Assistenzfunktionen und eine weitere Automatisierung in Richtung fünfter Stufe des voll automatisierten Fahrens ist die Car-to-X-Kommunikation (auch: C2X), bei der das Fahrzeug andere Verkehrsteilnehmer und die umgebende Infrastruktur als weitere Sensoren für neue Assistenzsysteme nutzt. Die Fahrzeuge kennen dann ihren jeweils aktuellen Status und können eigenständig reagieren. Dies beinhaltet vor allem Positionsdaten (Wo befinde ich mich? Was passiert um mich herum?) und Leistungsdaten (Sind alle Teile intakt? Wozu werde ich genutzt?). Eine autonome Aktion könnte zum Beispiel lauten: „Werkstatt benachrichtigen, wenn ein Ölwechsel ansteht" oder „Geeigneten medial gestützten Content zur jeweiligen Situation anbieten". Wichtige Funktionen bzw. Dienstleistungen im Bereich des automatisierten Fahrens entlang der Zeitachse zeigt Abb. 1.5.

Solche und weitere Car-to-X-Anwendungen laufen auch unter dem Begriff „Connected Car". Darunter fasst man beispielsweise neben WLAN im Auto die (teil-)automatisierten Einparkassistenten und Stauassistenten, die im stockenden Verkehr („Stop and Go") autonom fahren, sowie Warnhinweise an den Nutzer, wenn vorausfahrende Fahrzeuge ein Hindernis (z. B. Schlagloch) passieren. Ähnliche Dienste wurden im groß angelegten Projekt

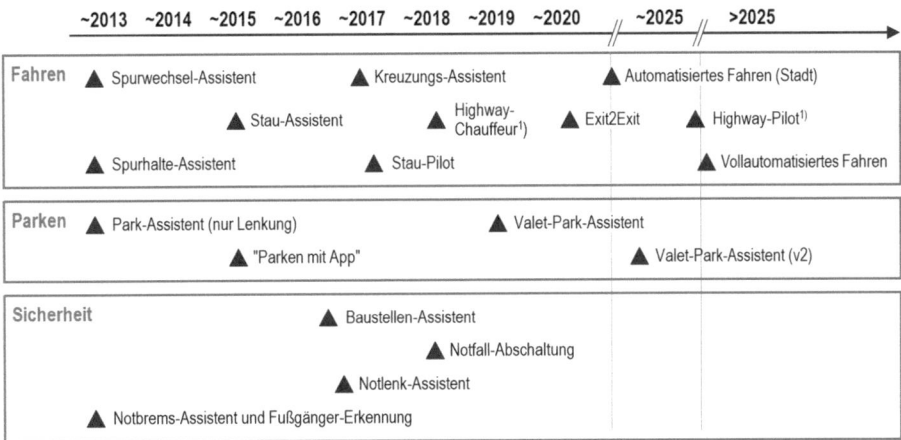

1) Highway-Pilot = Highway-Chauffeur + höherer Automatisierungsgrad

Abb. 1.5 Einführungshorizont automatisierter Fahrfunktionen. (Quelle: fka & Roland Berger 2016)

„Sichere Intelligente Mobilität Testfeld Deutschland" (simTD) getestet. Mehrere deutsche Automobilhersteller und Zulieferer untersuchten, wie durch den Einsatz von Car-to-X-Kommunikation die Verkehrssicherheit erhöht und die Leistungsfähigkeit des bestehenden Verkehrsnetzes gesteigert werden kann. Daimler übernahm die Koordination des Projektes, an dem neben AUDI, BMW, Ford, Opel und Volkswagen auch Bosch, Continental, die Deutsche Telekom sowie mehrere Forschungsinstitute und öffentliche Einrichtungen beteiligt waren. Allerdings war ein Fazit des Projekts, dass C2X alleine nicht ausreichen wird, um in Zukunft hochautomatisierte Eingriffe einzusetzen, beispielsweise eine Notbremsung einzuleiten. Dazu bedarf es der Verifizierung über fahrzeugeigene Sensorik, Systeme mit doppeltem Sicherheitsnetz und nicht zuletzt der Klärung von rechtlichen Fragen, insbesondere bezüglich der Haftung bei Unfällen (simTD 2013a).

Gesetzliche Regelungen haben zudem eine ethisch-moralische Dimension und an dieser entzünden sich seit einiger Zeit heftige Debatten (Scholz und Kempf 2016): Wenn ein Unfall nicht mehr zu vermeiden ist, aber der Algorithmus des autonom fahrenden Autos eine Entscheidung treffen muss, wer von mehreren potenziellen Unfallgegnern wirklich zu Schaden kommen soll, dann tun sich Fragen auf, die kaum zu beantworten sind. Soll etwa eine Kollision mit der jungen Wissenschaftlerin auf dem Fahrrad, dem alten Mann auf dem Zebrastreifen oder dem Kind auf dem Gehweg durch ein Ausweichmanöver herbeigeführt werden, um den Fahrer des Wagens zu schonen? Nach welchen Gesichtspunkten soll eine Abwägung erfolgen? Und sollte der Fahrer vom Algorithmus nicht geschont werden, wie viele Kunden kaufen dann ein solches System noch? Im Extremfall geht es um die Frage, ob autonom fahrende Pkw ihre Fahrer töten, um Passanten zu schützen, oder umgekehrt.

Dass solche Überlegungen keine bloßen Gedankenspiele sind, zeigt der Unfall eines computergesteuerten Autos des US-amerikanischen Herstellers Tesla mit einem Lastwagen, der für den Fahrer des Tesla-Pkws tödlich endete. Danach erklärte der Kameratechnik- und Softwareentwickler Mobileye, der die Tesla-Modelle mit Sicherheitstechnik ausstattet, dass der Autopilot nicht auf die Gefahrensituation vorbereitet gewesen sei. Mobileye-Kommunikationschef, Dan Galves, sagte, im Wagen sei lediglich Sicherheitssensorik für Front- und Heckkollisionen verbaut gewesen. „Der Unfall ereignete sich aber an einer Kreuzung. Für Kreuzungsbereiche gibt es noch gar keine praxistaugliche Sensorik", so Galves weiter (Süddeutsche Zeitung 2016a). Damit Fahrzeuge autonom fahren können, benötigen sie nicht nur einen lernenden Algorithmus, sondern auch ein funktionierendes digitales Ökosystem, in dem auch die Objekte um sie herum – andere Pkw, Lkw, Motorräder, Fahrräder, Ampeln etc. – Informationen möglichst nahtlos bereitstellen und verarbeiten.

Solange es keine einheitlichen Standards für Connected Cars gibt, wird es schwierig bleiben, den Konsumenten die Vorteile zu erklären (simTD 2013a). Die Endkunden brauchen das, was sie z. B. von der Unterhaltungselektronik gewohnt sind: einfache Handhabung ohne tiefere technische Kenntnisse. Tablets oder Smartphones müssen drahtlos und automatisch mit dem Pkw, der genutzt werden soll, verbinden. Dann müssen persönliche Daten, Präferenzen zu Routen, Sitzeinstellungen, Klimatisierung etc. vom präferierten

Fahrzeug übernommen werden (im Rahmen seiner Ausstattung). Im Gegenzug übermittelt der Pkw Nutzungs- und Rechnungsdaten an das Smartphone. Das elektronische Fahrtenbuch wird aktualisiert und es entsteht daraus ein Pkw-typenspezifisches Fahrverhalten als Präferenzoption für das nächste Fahrzeug (Danne et al. 2014).

Spätestens hier wird klar, dass auch der Kunde ein umfassendes Sicherheitskonzept wünscht – noch dringlicher ist dieser Wunsch bei den vorgelagerten Wertschöpfungskettenstufen (Reichenbach 2015). Als Teil des Internets der Dinge braucht ein Connected Car, ob nun autonom fahrend oder nicht, dieselben Sicherheitsvorkehrungen wie andere mit dem Internet verbundene Dinge: Antivirus-Programme, Firewalls und Anomalie-Erkennungssysteme müssen ebenso zum Standard werden wie Penetration-Tests und regelmäßige Updates. Nur so lassen sich die Authentizität, Integrität und Verantwortungszuschreibung gewährleisten, die Produzenten und Nutzer brauchen. Schließlich will kein Nutzer, dass z. B. Autotüren von nicht autorisierten Dritten geöffnet werden – oder, schlimmer noch, Brems- und Motorsysteme manipuliert werden. Und kein Produzent möchte, dass fremde Software über ein Update aufgespielt wird und umgekehrt nur autorisierte Fahrzeuge ein Update erhalten (Capgemini 2015).

Was für die Nutzung gilt, ist noch viel stärker in der Produktion zu beachten. Hier entstehen mittels neuer Sensorik und intelligenter Logistik sogenannte „Cyber-Physical Production Systems" (CPPS), die aus den Fabrikhallen eine Smart Factory machen (Bauernhansl 2017). Die große Herausforderung besteht darin, die unterschiedlichsten IT-Systeme (z. B. PML-, ERP-, MES-Systeme) und digitalen Dienste miteinander zu verbinden. Die Systeme sind heute häufig untereinander nicht kommunikationsfähig (Bauernhansl 2017, S. 22). Erst dann ließen sich z. B. Daten von Bauteilen mit jenen von Drehmaschinen und Fräsmaschinen verbinden und anhand von KPIs (z. B. Ausschuss, Bestand, Durchlaufzeit) auswerten. In welcher Cloud diese Daten und Auswertungen auch immer laufen: Bauernhansl (2017, S. 23) empfiehlt, sie als „Virtual Fort Knox" abzusichern.

Über die physische Pkw-Produktion hinaus gehen sicherheitstechnische Fragen, die die Mehrwertdienste betreffen. Das mobile Erlebnis wird ja erst dann zu einem solchen, wenn über die reine Bewegung von A nach B weitere Dienstleistungen angeboten werden. Von herunterladbaren Zusatzfeatures wie dem „ludicrous mode" angefangen über News- und Entertainment-Angebote bis hin zu Versicherungen rund um die Fahrt. Überall fallen Daten an und werden ausgetauscht, wobei nicht nur technische, sondern auch rechtliche Anforderungen zu erfüllen sind, z. B. Haftungsvorschriften, Ansprüche auf Fahrzeugdaten, Schutz von Personendaten, Zulassungs- und Verkehrsrecht (Rehme et al. 2016). Je mehr Unterhaltungsangebote in Fahrzeuge integriert werden und je mehr Fahrzeuge online verkauft und gewartet werden, desto näher kommt die Automobilindustrie den klassischen Onlinebranchen, wie z. B. der Onlinewerbung bzw. dem Onlinemarketing. Die Auswirkungen der EU-Datenschutzgrundverordnung auf die Produkt- und Dienstleistungsgestaltung dort können deshalb analog betrachtet werden: Daten, die durch Trackingtechnologien erhobenen werden (z. B. Cookie-IDs, Advertising-IDs, IP-Adressen, Standortdaten), fallen unter das erweiterte Konzept von personenbezogenen

Daten, weshalb auch verkaufssteigernde Mechanismen wie Cookie-Synchronisation, Cross-Device-Targeting und Online-Behavioral-Advertising unter Datenschutzgesetze fallen.

1.2.2 Urbanisierung

Großstädte mit über 100.000 Einwohnern und noch mehr die Megacities ab zehn Millionen Einwohner wie Tokio, New York oder Rio de Janeiro stehen bereits heute kurz vor dem Verkehrsinfarkt – und wachsen dennoch weiter. Die Verstädterung ist zwar seit Jahrhunderten zu beobachten, historisch gesehen ist eine kontinuierliche Zunahme des Anteils der Stadtbevölkerung festzustellen, doch der Urbanisierungsgrad ist in den letzten Jahrzehnten enorm gestiegen. Erstmals lebten im Jahr 2008 weltweit mehr Menschen in Städten als auf dem Land. Für das Jahr 2030 rechnet der Bevölkerungsfonds der Vereinten Nationen (United Nations Population Fund) mit 5 Mrd. Stadtbewohnern (United Nations Population Fund 2017).

Mit dem Einwohnerwachstum ging in den letzten Jahrzehnten ein Wachstum des Individualverkehrs einher – und mit ihm verstärkten sich die Probleme: stunden- und kilometerlange Staus, Schadstoffemissionen über den Grenzwerten, Lärmbelästigung und ein Infrastruktursystem, das kaum auf die Belastung ausgelegt ist und wegen der Dauerinanspruchnahme auch nur schwer zu modernisieren oder reparieren ist.

Unternehmen aus unterschiedlichsten Branchen haben Großstädte und Megacities als Kunden erkannt und sehen darin einen lukrativen Markt (vgl. im Folgenden Müller-Seitz et al. 2016). Seit einigen Jahren fassen z. B. Microsoft und IBM ihre Lösungen zur Verbesserung der Daten- und Verkehrsströme unter dem Begriff „Smart Cities" zusammen. Ähnliches bieten Cisco Systems, SAP und T-Systems, während der Energiekonzern Vattenfall unter dem Titel „Smart Home" verschiedene Angebote für die Regelung des Energieverbrauchs präsentiert. Siemens bündelt Produkte und Beratungsangebote zu unterschiedlichen Themen wie Verkehr, Energie, Infrastrukturmanagement, Gesundheit und Sicherheit für Megacitities in einem eigenen Geschäftsbereich. Die technischen, wirtschaftlichen und gesellschaftliche Innovationen im Zusammenhang mit der Urbanisierung sind also vielfältig, aber das Verkehrswesen wird als die mit Abstand wichtigste infrastrukturelle Herausforderung betrachtet (GlobeScan und MRC McLean Hazel 2007).

In Großstädten und Megacities ist das private Auto schon lange nicht mehr das alleinige Transportmittel und wird in Zukunft noch stärker verdrängt werden. Die Kurzstrecken werden vom öffentlichen Nahverkehr, Car- und Bike-Sharing, Taxen und privaten Beförderungsdiensten dominiert. Schließlich ist es einfacher und effizienter, ein Auto per App zu bestellen, als zum eigenen Pkw zu laufen, der unter Umständen auf einem teuren und weit entfernten Parkplatz abgestellt ist. Und es ist deutlich effizienter, wenn es um die Parkplatzsuche geht. Geschäftsmodelle rund um diese On-Demand-Mobilität funktionieren am besten in dicht besiedelten Gebieten, weil die Dienstleistungen oftmals zeit- und ortsgebunden sind. Zudem unterstützt die Urbanisierung den Trend zum autonom fahrenden Auto, der wiederum durch den demografischen Wandel weiteren Auftrieb bekommt: Ein selbstfahrendes Auto kann auch Menschen, die wegen ihres Alters kein Lenkrad mehr in die Hand nehmen sollten, sicher ans Ziel bringen.

Megacities verbinden die Verkehrsfrage mit Umweltthemen und übernehmen die Führerschaft bei der Emissionsgesetzgebung. Der Londoner Bürgermeister Sadiq Khan hat mit der Publikation „A City for All Londoners" seine neue Vision für London vorgestellt, in der es auch um Verkehr und Umweltschutz geht. Insbesondere darum, die Luftqualität so zu verbessern, dass sichere Grenzwerte eingehalten werden, die Stadt bis 2050 kohlenstofffrei wird und Fußgänger und Radfahrer in der Stadt mehr Platz eingeräumt bekommen. Die Verbesserung der Luftqualität und das Ziel eines kohlenstofffreien Londons sollen u. a. durch den Umstieg von Diesel- und Benzinfahrzeugen auf „ultra-low emission vehicles" (ULEV) erreicht werden. London ermutigt Taxi-, private Mietwagen- sowie Car Sharing-Flotten zum Umstieg auf ULEV und investiert dazu in Infrastruktur, Marketing und weitere Anreize, die die Akzeptanz erhöhen sollen. Zudem wird 2020 im Zentrum von London eine Niedrigstemissionszone (Ultra Low Emission Zone) eingeführt. Alle neuen schwarzen Taxis ab 2018 und alle neuen privat genutzten Mietwagen bis 2020 müssen im Null-Emissions-Betrieb fahren können (fka und Roland Berger 2017).

Allerdings gibt es auch Trendforscher, die davon ausgehen, dass der Verkehrsinfarkt ausbleiben wird, weil viele Menschen gar nicht mehr in die Innenstädte fahren werden. Stattdessen bleiben sie in den Randgebieten und Speckgürteln der Großstädte und arbeiten entweder im Homeoffice oder mieten sich vor Ort stunden- bzw. tageweise Büros (Wirtschaftswoche 2014).

1.2.3   Elektrifizierung und Nachhaltigkeit

Nachhaltigkeit in der Automobilindustrie meint vor allem den reduzierten Einsatz von Ressourcen, die die Umwelt belasten – allen voran Benzin bzw. Öl –, aber auch von Materialien, die in ihrer Herstellung sehr energieintensiv sind (z. B. Aluminium) oder die sehr knapp vorhanden sind (z. B. Platin, Rhodium bzw. Yttrium, die im Katalysator bzw. in Zündkerzen verbaut sind) (Rehme et al. 2016, S. 71). Mit der Elektrifizierung des Antriebs kommt man dem Wunsch nach Nachhaltigkeit ein gutes Stück entgegen. Zugleich wird das E-Auto als Element in der Umstellung der Energieversorgung diskutiert. Mit dem Begriff „Vehicle2Grid" ist die Möglichkeit gemeint, dass ein Energieaustausch zwischen dem Auto als Energiespeicher und dem Stromnetz stattfindet (Rennhak und Benad 2013). So könnten Autos mit Batterie als dezentraler und flexibler Energiespeicher dienen.

Nachhaltigkeit ist nicht nur ein Wunsch, sondern bereits in konkreten politischen Zielen verankert. Die EU-Kommission will mit ihrer Strategie für emissionsarme Mobilität die CO_2-Emissionen des Verkehrs bis Mitte des Jahrhunderts signifikant reduzieren und hat dafür das 95-g-Ziel für 2020 ausgegeben: Ab dann sollen die Flotten im Durchschnitt pro Fahrzeug nicht mehr als 95 g CO_2/km ausstoßen. Für jedes Gramm, das mehr verbraucht wird, gibt es eine Strafzahlung (95 EUR). Die EU-weiten Grenzwerte für den durchschnittlichen CO_2-Ausstoß je Hersteller bedeuten eine Reduktion um etwa 41 % gegenüber 2006 und einen Durchschnittsverbrauch von etwa 4 L Benzin oder 3,6 L Diesel je 100 km. Ohne alternative Antriebe wie den Elektromotor oder Brennstoffzellen wird dies kaum zu erreichen sein. Deshalb setzt der deutsche Klimaschutzplan 2050 darauf, dass der Anteil von Elektrofahrzeugen bis 2030 kontinuierlich steigt (Schüller und Tewiele 2016). Flankiert werden diese internationalen Gesetze zu Emissionsgrenzwerten durch Verkehrs- und Infrastrukturrichtlinien auf nationaler und lokaler Ebene wie das Beispiel London zeigt. Norwegen will sogar ab 2025 keine neuen Benzin- und Dieselfahrzeuge mehr in den Städten zulassen, sondern nur noch E-Autos. In Kalifornien und China gibt es ähnliche Überlegungen – gerade dort, wo die Luft in den Städten am stärksten verunreinigt ist.

Dennoch gibt es einige Hindernisse auf dem Weg zur erfolgreichen Elektromobilität (vgl. im Folgenden Rehme et al. 2016): Elektroautos haben hohe Anschaffungskosten, die Ladeinfrastruktur ist in Deutschland noch unzureichend (auch wenn BMW, Daimler, Porsche und Ford bis 2020 Tausende von Hochleistungsladepunkten einrichten wollen) (Automobilwoche 2017), und die Kundschaft ist nicht nur skeptisch gegenüber der Batterie als neuem Energiespeicher, sondern nimmt vor allem noch eine Einschränkung ihrer persönlichen Mobilität wahr. Für die Hersteller gibt es ebenfalls Barrieren. Neben der hohen Kapitalbindung im bestehenden Geschäft geht die Einrichtung neuer Produktionslinien mit hohen Investitionsrisiken einher, die heutigen Batteriespeicher haben eine zu geringe Energiedichte, Kapazität und Lebensdauer sowie lange Ladezeiten und es gibt keine einheitlichen Standards bei Ladesteckern, Batteriewechselsystemen und der Funktechnologie. Im Ergebnis ist der Verkauf von Elektroautos für die Hersteller derzeit noch ein Verlustgeschäft.

Für die Verluste sind wiederum geringe Absatzzahlen mitverantwortlich, weil sich keine Skaleneffekte einstellen können. Aktuell sind in Deutschland nur ca. ein Prozent aller verkauften Neuwagen elektrisch angetrieben. Ebenfalls unter einem Prozent liegt der Anteil der reinen Elektrofahrzeuge an der weltweiten Gesamtproduktion (VDA 2016b). Strategiebezogene Barrieren spielen bei den Automobilherstellern ebenfalls eine Rolle. Die Elektrifizierung und Vernetzung der Autos lässt eine signifikante Verschiebung von Wertschöpfungsanteilen hin zu den Zulieferern (Batteriehersteller, Software- und Telematikunternehmen) erwarten. Hingegen stellen Verbrennungsmotoren die heutige Stärke insbesondere der deutschen Hersteller dar, und diese haben weltweit enorme Finanzmittel in darauf ausgerichteten Produktionsanlagen gebunden. Außerdem gibt es aus Sicht der OEMs noch ein (Rest-)Potenzial zur Optimierung von Verbrennungsmotoren, und stabile bzw. sogar sinkende Ölpreise machen den Verbrennungsmotor als Antriebsart weiterhin attraktiv.

Allerdings schätzt der VDA, dass der Anteil von Elektrofahrzeugen an den Neuzulassungen weltweit bis 2025 bei 15 bis 25 % liegen könnte. So oder so wird es noch jahrelang einen Mix an Antriebsarten geben. Deshalb gehen auch Automobilzulieferer, die wichtige Teile für den Verbrennungsmotor liefern, davon aus, dass dieser bis 2030 das Hauptantriebskonzept bleiben wird und bis 2025 keine wesentliche Änderung der Fahrzeugarchitektur zu erwarten ist.

Ein weiterer Faktor auf dem Weg zu umweltschonenderem Individualverkehr wird in Car-Sharing-Diensten gesehen. Die Rechnung ist einfach: Da die meisten privaten Autos eher Steh- als Fahrzeuge sind, ließen sich durch effizientere Nutzung schon bei der Produktion Ressourcen einsparen. Allerdings zeigen die Ergebnisse einer civity-Studie, dass sich der positive Umwelteinfluss nicht einstellt. Basierend auf rund 115 Mio. Datensätzen über Entfernungsbereiche und Mobilitätsbedürfnisse von rund 18 Mio. Car-Sharing-Anmietungen kommt die Studie zu dem Ergebnis, dass die meisten Strecken mit dem öffentlichen Personennahverkehr oder dem Fahrrad zu bewältigen gewesen wären(vgl. im Folgenden Weigele 2014). Aus den Daten für Berlin ergibt sich z. B., dass 50 % der Fahrten kürzer als fünf Kilometer sind. Manche bezeichnen deshalb Free-Floating-Car-Sharing, wie die Dienste von DriveNow, Car2Go oder Multicity genannt werden, als „motorisierte Bequemlichkeitsmobilität im Nahbereich": Strecken, die vorher mit stadt- und umweltverträglicheren Verkehrsmitteln wie dem öffentlichen Verkehr, dem Fahrrad oder gar zu Fuß durchgeführt wurden, werden nun mit dem Auto gefahren. Auch die These, dass die Car-Sharing-Wagen öfter bewegt werden als private Pkw lässt sich nur bedingt halten: Im bundesweiten Durchschnitt wird ein Pkw innerstädtisch nur ca. 30–45 min pro Tag bewegt, während die Autos der drei Car–Sharing-Anbieter in Berlin ca. 62 min am Tag produktiv genutzt werden.

1.2.4 Weitere Veränderungen

Zu beobachten ist ein Wertewandel in der jungen Generation (Altersgruppe zwischen 18 und 25 Jahren): Sie sieht im Automobil weniger ein Statussymbol oder Prestigeobjekt als vielmehr einen Gebrauchsgegenstand (vgl. im Folgenden Bratzel 2014). Ebenfalls wächst der Anspruch nach Individualisierung im Konsum, wenngleich Teilen als Wert und Lebensstil gerade von Großstädtern wiederentdeckt wird. So ging im Zeitraum 2002 bis 2008 die tägliche Autonutzung bei den 18–24-Jährigen in den deutschen Großstädten (ab 100.000 Einwohnern) um 12 % zurück. Der Führerscheinbesitz sank um 3 %, während die ÖPNV-Nutzung um 5 % stieg. Die Zahl der Haushalte ohne Auto liegt in München bei 29 %, in Hamburg bei 33 % und in Berlin bei 41 %. Umgekehrt stellt sich in Städten der Trend bei der älteren Bevölkerung dar: Im Vergleich zu 2002 stieg bei den über 65-Jährigen der Führerscheinbesitz und die tägliche Autonutzung an. Diese Entwicklung ist in urbanisierten Räumen weltweit zu beobachten.

Wirtschaftliche und wirtschaftspolitische Veränderungen treiben die Automobilindustrie seit Jahren um. Ein relevantes Thema ist dabei die hohe Verschuldung der OEMs: Die europäischen Automobilhersteller hatten im Jahr 2011 zusammen 315 Mrd. EUR

Schulden, wovon etwa 100 Mrd. EUR jedes Jahr refinanziert werden müssen (Proff und Proff 2013). Die Verbindlichkeiten stiegen seitdem bei vielen OEMs. Beispielsweise hat allein der Daimler-Konzern bis 2015 einen Schuldenberg in Höhe von knapp 163 Mrd. EUR angehäuft, wovon ca. 48,5 Mrd. EUR auf das Industriegeschäft und ca. 114 Mrd. EUR auf Financial Services entfielen. In der Bilanz des Jahres 2016 waren es auf Konzernebene noch einmal gut 20 Mrd. EUR mehr, und zwar knapp 100 Mrd. EUR langfristige Verbindlichkeiten und ca. 84,5 Mrd. EUR kurzfristige Schulden. Für das Industriegeschäft beläuft sich die Summe auf 52,5 Mrd. EUR, im Financial-Services-Bereich sind es ca. 130 Mrd. EUR (Daimler 2017). Eine hohe Verschuldung ist zwar im Niedrigzinsumfeld zunächst kein Problem, führt aber zu hohen Risiken bei steigenden Zinsen. Eine hohe Verschuldung kann zu einer schlechteren Kapitalmarktbewertung führen, was wiederum eine restriktivere Vergabe von Krediten an die Automobilunternehmen durch Banken nach sich ziehen kann. Gerade in der Krise 2008/2009 hatte fast die Hälfte der deutschen Automobilunternehmen mit der restriktiven Kreditvergabe zu kämpfen und ist teilweise in bedrohliche Liquiditätsengpässe geraten. Da auch die Private-Equity-Finanzierung fast ganz ausfiel, mussten 75 Zulieferer in Deutschland den Weg in die Insolvenz antreten (Proff und Proff 2013).

Während die Automobilindustrie immer wieder auf die Unterstützung der deutschen Wirtschaftspolitik bauen konnte (z. B. Umwelt- bzw. Abwrackprämie, Prämie für Elektro- und Hybridantriebe), kündigen manche internationale (Wirtschafts-)Politiker nicht erst seit der Wahl von Donald Trump zum US-Präsidenten die Möglichkeit von Strafzöllen an (manager magazin 2016b). Aktuell sieht es zudem nicht danach aus, als könne sich das deutliche „Ja zu TTIP", das die Auto-Manager Dieter Zetsche (Daimler), Norbert Reithofer (BMW), Rupert Stadler (Audi), Matthias Müller (Porsche), Volkmar Denner (Bosch) und Bernhard Mattes (Ford) im Jahr 2015 zu Protokoll gaben (VDA 2015), in einem Freihandelsabkommen manifestieren. Laut BMW-Chef Reithofer habe die deutsche Autoindustrie aufgrund der tarifären Hindernisse mehr als eine Milliarde Euro pro Jahr an Mehrkosten.

1.3   Produktion und Innovationen bei deutschen OEMs

Auf die Megatrends reagieren die Automobilhersteller und ihre Lieferanten vor allem mit weiteren Investitionen in neue Technologien, Produkte und Dienstleistungen – trotz der hohen Verbindlichkeiten. Da aus Sicht der Hersteller die Interaktion mit den Kunden immer wichtiger wird, gilt es nicht nur, technische Funktionalitäten bereitzustellen, sondern auch ein Mobilitätserlebnis zu bieten. Neben Innovationen sind starke Marken, durch die die Kunden emotional gebunden werden können, ein zentraler Anker für den Erfolg der deutschen Automobilindustrie. Aufgrund der hohen Konkurrenz unter den Automobilherstellern kann die Differenzierung nicht nur über das Design, fahrdynamische Eigenschaften, Funktionsauswahl und Funktionsauslegung erfolgen, sondern auch und immer mehr über das Markenimage. Der ökonomische Erfolg von OEMs hängt deshalb auch vom wahrgenommenen Kompetenzprofil der jeweiligen Marke(n) im Kopf des Konsumenten ab (Koers 2014). Für Peter Schwarzenbauer, im BMW-Vorstand für Mini, Rolls-Royce und Aftersales zuständig, ist die Markenstärke einer der wichtigsten Erfolgsfaktoren der Zukunft und ein Asset der Autoindustrie (Auto Gewerbe Verband Schweiz 2015).

Die Herausforderungen bestehen für deutsche Automobilhersteller einerseits darin, ihr Image als Qualitäts- und Technologieführer auch auf den Mobilitätserlebnisbereich zu übertragen. Und hier geht es vor allem um Information, Kommunikation und Unterhaltung, aber auch zunehmend um Sicherheit, Komfort und Umweltverträglichkeit. Andererseits werden die Kundengruppen immer ausdifferenzierter, weil viele OEMs das gesamte Spektrum der internationalen Nachfrage abdecken, vom attraktiven Kleinwagen über Sports Utility Vehicles (SUVs) bis hin zum schweren Nutzfahrzeug.

Die deutsche Automobilindustrie investiert im Jahr ca. 20 Mrd. EUR in Forschung und Entwicklung; die weltweiten Aufwendungen liegen bei ca. 35 Mrd. EUR (VDA 2016a). Die Automobilindustrie vereint ca. ein Drittel des Forschungs- und Entwicklungsaufwandes der deutschen Wirtschaft und gehört mit etwa 10 Patenten pro Tag zu den führenden Patentanmeldern (Koers 2014). Dies gilt auch für den Bereich des autonomen Fahrens, wie eine Untersuchung von Patenten der PATENTSCOPE-Datenbank der World Intellectual Property Organization zeigt. Seit 2010 wurden 3282 Patente, die mit dem autonomen Fahren in Verbindung stehen, angemeldet (siehe Tab. 1.1). Unter den 65 untersuchten Unternehmen sind 22 internationale Automobilanbieter (inklusive Unternehmensverbünden mit Zulieferern oder Elektronikherstellern), 21 große Zulieferer, 15 internationale Elektronikunternehmen sowie sieben Herausforderer wie Apple, Google und Tesla. Das Ergebnis: Klassische Autohersteller halten über die Hälfte der Patente, die Zulieferunternehmen gut ein Drittel, wobei Bosch mit 545 Patenten die meisten Patente aller untersuchten Unternehmen auf sich vereint, gefolgt von Audi mit 292 Patenten (Daimler hat 156, BMW 142). Die Herausforderer kommen gerade einmal auf ca. 6 % der Patente, wobei hier eine Konzentration bei Google (198 Patente) festzustellen ist.

Neben den langjährigen und hohen Investitionen in Forschung und Entwicklung sowie der guten wissenschaftlichen wie praktischen Ingenieurausbildung in Deutschland liegt ein weiterer Grund für die Patentführerschaft darin, dass OEMs und Zulieferer über Jahre die Kompetenz aufgebaut haben, neue Systeme und Anwendungen bestmöglich ins Auto zu integrieren. Der OEM beherrscht die Ausgestaltung der Schnittstellen zum

Tab. 1.1 Erteilte Patente für autonomes Fahren seit 2010. (Quelle: Bardt 2016)

	Weltweit	Deutschland	Anteil Deutschlands in %
Autohersteller	1789	955	53
Zulieferer	1184	983	83
Elektronik	118	36	31
Herausforderer	204	0	0
Gesamt	3282	1969	60

Fahrzeugnetzwerk und viele Hersteller haben auch Erfahrungen mit der Integration von Kommunikationslösungen. BMW ist zum Beispiel im Bereich Connectivity- und Kommunikationsdienstleistungen bereits seit über zehn Jahren mit den Connected-Drive-Diensten am Markt (Gärtner 2016).

Trotz eines gewissen Vorsprungs durch Technik der deutschen Premium-Automobilhersteller ist die Konkurrenz hoch. Die hohen Stückzahlen gehen einher mit vielen länderspezifischen Varianten, deren Basis weltweite Plattformen bzw. modulare Konzepte (Baukastensysteme) sind. Diese verursachen einen hohen Forschungs- und Entwicklungsaufwand. Der Entwicklungszeitraum beträgt mehrere Jahre und legt die Ausgestaltung einer Plattform bereits frühzeitig fest. Spätere Anpassungen sind nur mit sehr hohem Änderungsaufwand realisierbar. Über die Produktionszeit einer Plattform (ca. 5–8 Jahre) finden bis auf sogenannte Facelifts keine größeren Adaptionen mehr statt (simTD 2013a). Damit ist der Entwicklungszyklus eines Kfz um ein Vielfaches länger als beispielsweise der eines Smartphones oder dessen Betriebssystem.

Um auf der Kostenseite wettbewerbsfähig zu bleiben, muss die Automobilindustrie fortlaufend in die Steigerung der Produktionseffizienz investieren, um die hohen Personal- und Energiekosten hierzulande zu kompensieren. Die Automatisierung und Digitalisierung der eigenen Produktionsschritte ist nur ein Hebel, denn seit Jahrzehnten wird versucht, die Zusammenarbeit mit den Lieferanten und auch zwischen den Herstellern, etwa im Rahmen von Produktions- und Einkaufskooperationen, zu optimieren. Kooperationen unter OEMs sind insbesondere für Hersteller mit relativ kleinen Stückzahlen notwendig, um die für die internationale Wettbewerbsfähigkeit notwendigen Skaleneffekte zu realisieren (Stockmar 2014). Neben der innovativen Technologie sind die Motivation und die Zufriedenheit der Mitarbeiter Voraussetzung für den weiteren Erfolg der deutschen Automobilindustrie. Hier trifft der demografische Wandel die Branche nicht nur auf der Absatz-, sondern auch auf der Inputseite: Das Arbeitskräfteangebot an Ingenieuren, Softwareentwicklern und hoch qualifizierten Fachkräften geht zurück, und gerade bei informationstechnologisch geprägten Berufen gibt es einen Mangel an Arbeitskräften (Koers 2014).

Ein Kostenthema ist hausgemacht: Zwischen 2010 und 2013 haben die Überkapazitäten insbesondere in den gesättigten Märkten wie den USA und Europa deutlich zugenommen und liegen teilweise bei 30 % über der Nachfrage (Ebel et al. 2014). Auch wenn in den letzten Jahren die Produktionsvolumina wieder angezogen haben: EU-weit gibt es freie Kapazitäten für mehr als 4 Mio. Fahrzeuge (vgl. Abb. 1.6).

Die ungenutzten Kapazitäten könnten bald noch mehr werden. Dann nämlich, wenn immer weniger Autos gebraucht werden, um den Individualverkehr abzuwickeln. In Großstädten und Megacities fallen immer mehr Erst- und Zweitautos weg, weil on demand Car-Sharing-Anbieter die eigenen vier Räder ersetzen und neue Fahrdienste wie Uber und Lyft den Weg von A nach B noch problemloser und günstiger gestalten. Dieser könnte, verstärkt durch die Automatisierung, dazu führen, dass in der deutschen Autobranche bis 2025 über 100.000 Stellen wegfallen – das wäre jede achte Stelle bei Autoherstellern und -zulieferern hierzulande (Freitag und Maier 2016).

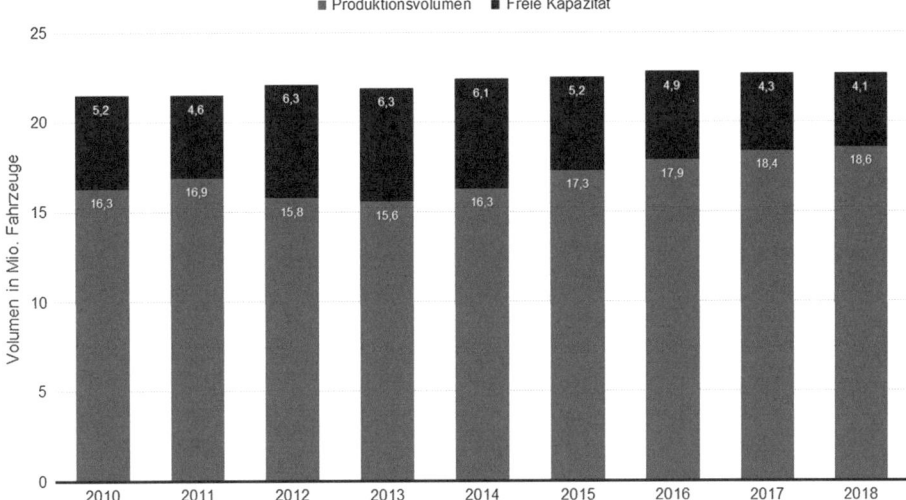

Abb. 1.6 Produktionsvolumina und ungenutzte Kapazitäten in den Werken der Automobilbranche in der EU. (Quelle: Statista 2017c)

1.4 Neue Wettbewerber: Google, Uber, Apple & Co

Die Wettbewerber, die öffentlichkeitswirksam die Automobilbranche aufwirbelten, waren einerseits Google mit dem Google Driverless Car und andererseits Tesla mit ihrem Konzept rund um einen elektrisch angetriebenen Sportwagen. Aber auch Apple, mit seinem Projekt für das autonom fahrende Auto, und der Fahrdienstvermittler Uber, der ebenfalls in diese Technologie investiert, sind immer wieder in der Presse.

Apple investierte mehr als acht Milliarden Dollar in das Projekt „Titan", in dem ein voll vernetztes iCar entwickelt werden sollte, das sich ebenso intuitiv bedienen lässt wie Apples Smartphones. Allerdings berichtete die *New York Times* im September 2016 unter Berufung auf nicht näher genannte Quellen, dass Apple mehrere Bereiche vollständig geschlossen und in dem Zusammenhang mehrere Dutzend Mitarbeiter entlassen habe (Wakabayashi und Chen 2016). Bereits Ende Juli 2016 kam es zu einer Neuausrichtung des Projektes Titan auf Software für selbstfahrende Autos und nicht die Produktion des Autos insgesamt (Gurman und Webb 2016). Für diesen Strategiewechsel entschied sich Apple, nachdem einige wichtige Führungskräfte ausschieden, es zu Entwicklungsverzögerungen kam und die Ausrichtung des Projekts insgesamt unklar schien. Apple scheint seine Pläne für die Entwicklung eines autonom fahrenden Elektroautos allerdings nicht aufgeben zu wollen, sondern eher die Option in Erwägung zu ziehen, mit einem etablierten Autohersteller zusammenzuarbeiten, statt einen Wagen in Eigenregie herzustellen.

Ähnlich sieht es bei Google aus. Der Mutterkonzern Alphabet hat die Entwicklung von Technik für selbstfahrende Autos in eine eigenständige Tochterfirma namens Waymo eingebracht, die unter dem Konzerndach aufgehängt ist, wie der Silicon-Valley-Branchendienst

The Information berichtete (Efrati 2016). Zugleich soll laut *The Information* die Entwicklung des eigenen selbstfahrenden Google-Autos ohne Lenkrad und Pedale vorerst nicht weiter vorangetrieben werden. Stattdessen solle es verstärkt um Kooperationen mit Autoherstellern bei traditionelleren Fahrzeugen gehen. Ein in Eigenregie von Google hergestelltes selbstfahrendes Auto wird es demnach nicht geben – aber die Hoffnung bleibt bestehen, bereits Ende 2017 einen kommerziellen Fahrdienst mit selbstfahrenden Autos anbieten zu können. Von international tätigen Zulieferern der Autoindustrie ist dies schon länger zu hören gewesen. Dass Google sein Projekt nun offenbar nicht mehr in Eigenregie fertigstellen will, war offenbar auch der Grund für den Weggang des langjährigen Entwicklungschefs Chris Urmson. Dieser verließ das Unternehmen im Sommer, weil er an den eigenen (Google-)Autos weiterarbeiten wollte, schreibt *The Information*. Urmson, so heißt es, will nun ein eigenes Start-up für Roboterwagen-Software gründen.

Auf einen Alleingang bei der Produktion selbstfahrender Autos verzichtet auch der Fahrdienstvermittler Uber (vgl. im Folgenden Handelsblatt 2016). Stattdessen will Uber mit Volvo, Teil des chinesischen Geely-Konzerns, zusammen ein autonom fahrendes Auto bauen. Die Partner investieren gemeinsam rund 265 Mio. EUR in das Projekt. Volvo soll SUVs liefern, Uber die Software. Uber, in das der japanische Autobauer Toyota 2016 eine ungenannte Summe investierte, betonte allerdings, dass man auch mit anderen Herstellern zusammenarbeiten wolle. Außerdem vereinbarte Uber den Kauf des Start-ups Otto, das herkömmliche Lastwagen mit Technologie für autonomes Fahren ausstatten will. Die Firma wurde Anfang 2016 von erfahrenen Experten gegründet, die früher unter anderem bei Google, Apple und Tesla gearbeitet hatten. In Pittsburgh sollen die Roboterwagen den Fahrgästen genauso zufällig wie herkömmliche Autos zugeteilt werden. Die Fahrten werden aber kostenlos sein. Sie sollen zugleich auf Video dokumentiert werden und zudem werde ein weiterer Uber-Mitarbeiter auf dem Beifahrersitz als ‚Kopilot‘ Notizen machen.

Die Uber-Konkurrenten Lyft, Gett und Didi Chuxing bringen sich auch in Stellung, indem sie mit Autobauern kooperieren. Im Juni 2016 gab beispielsweise Volkswagen bekannt, dass man über seine Digitalmarke Moia mit 300 Mio. US$ in den israelischen Mobilitätsdienstleister Gett eingestiegen sei (Germis 2017). Moia ist die 13. Marke im Volkswagenkonzern und bekommt für den Aufbau ihres neuen digitalen Dienstleistungsgeschäfts neben der Beteiligung an Gett für die nächsten beiden Jahre einen dreistelligen Millionenbetrag vom Konzern. Im Gegenzug forderte Konzernchef Müller: „[W]ir müssen dann natürlich beim Umsatz in eine Größenordnung kommen, die solche Investitionen auch rechtfertigt" (Germis 2017). Bislang wird nur mit Umsatz gerechnet, denn trotz hoher Wachstumsraten von mehr als 30 % im Jahr – ca. zehn Milliarden Euro im Jahr 2025 –, ist noch kein Anbieter von Fahrvermittlungs- und Mobilitätsdiensten profitabel. Weder Uber, Lyft, Gett oder Didi Chuxing rechnen damit, in den nächsten zwei bis drei Jahren Gewinne zu erwirtschaften (Knecht 2016).

Trotz mangelnder Renditeerwartungen wollen die etablieren Hersteller das Geschäft mit Fahrvermittlungs- und Mobilitätsdienstleistungen nicht kampflos hergeben. Jens Monsees, Leiter Strategie Digitalisierung der BMW Group und ehemaliger Google-Manager, weist auf die Stärken seines Arbeitgebers hin:

Bei Uber oder Lyft bringt ein Fahrer heute sein Fahrzeug mit, er sorgt für die Wartung, die Sicherheit, die Sauberkeit. Wer stellt diese Assets künftig für autonome Fahrzeuge bereit? Irgendjemand muss die ganze Flotte managen. Ein anderer Aspekt ist der Datenraum, sprich die anfallende Datenmenge in einem solchen Demand-Mobility-Konzept. Wir haben festgestellt, dass diese Daten zu 80 bis 90 Prozent identisch sind mit denen, die im Bereich autonomes Fahren entstehen. Wenn wir das autonome Fahren beherrschen, werden die Karten neu gemischt und es ergeben sich auf Basis dieser Datenbestände für uns viele neue Geschäftschancen. Das betrifft nicht nur das klassische Ownership-Modell, in dem wir Autos verkaufen, sondern auch Flottenmodelle. Wir können Flotte…. Digitale Dienste und Softwarelösungen im Auto erfordern eine Tiefenintegration ins Fahrzeug. Es genügt beispielsweise nicht, für das autonome Fahren einfach eine Box aufs Dach zu schrauben. Diese Systeme müssen in zentrale Fahrzeugfunktionen eingebettet werden (Monsees, zit. in Herrmann 2017).

1.5 Neue Geschäftsmodelle und geänderte Branchenstrukturen

Die neuen Wettbewerber zeigen nicht nur, dass man mit neuen Wertversprechen Umsätze generieren kann, sondern sie verändern auch das dreistufige Wertschöpfungssystem der Automobilindustrie.

1.5.1 Neue Geschäftsmodelle

Werden weniger Autos verkauft, müssen nicht nur die Automobilhersteller andere Absatz- und Umsatzkanäle finden. Ebenso ergeht es Dienstleistern wie Autohändlern, Taxiunternehmen, Werkstätten, Tankstellen und sogar Waschstraßenbetreibern. Besonders verlockend sind After-Sales-Services und Dienste rund um das hochautomatisierte und vernetzte Auto – dass diese in Zukunft mehr Umsatz erbringen als der Verkauf des Fahrzeugs selbst, ist zumindest die Prämisse vieler neuer Geschäftsmodelle. Für Klaus Fröhlich, Entwicklungsvorstand bei BMW, stellen sich deshalb vor allem diese Fragen „Wie können wir das Fahrzeug in die Mobilität und den digitalen Lifestyle unserer Kunden integrieren? Wie können wir Teil dessen sein, was wir die Kundenreise durch den Tag nennen?" (Süddeutsche Zeitung 2016b).

Mit gesunkenen Produktionszahlen einher geht, dass Hersteller beim Preismanagement nicht mehr in Absatzmengen, sondern Margen denken sollten. Dabei ist die Kostenseite längst nicht so klar, wie es erscheinen mag. Am Beispiel Car Sharing wird das deutlich. Einerseits hat der Total-Cost-of-Ownership-Ansatz zwar nach wie vor noch Bedeutung, weil es sich um transparente und vorhersehbare Kosten handelt, die jedes Unternehmen in seiner Planung braucht. Andererseits müssen Anbieter die „Estimated Cost of Usage" berechnen: Was sind die Benutzungskosten? Allein schon der echte Kraftstoffverbrauch kann zu erheblichen Verzerrungen führen, denn die sogenannten Normverbrauche haben meist wenig mit dem echten Verbrauch im Alltag zu tun.

Weniger ins Gewicht fallen andere Nutzungskosten wie Reifenverschleiß oder Abnut-
zung der Bremsen. Alle Berechnungen hängen jedoch davon ab, wie viele Kilometer
gefahren werden – und ob der Anbieter dies steuern kann (Hochgeschurtz 2014).

Unternehmen, die nicht aus der kapitalintensiven Automobilindustrie kommen, in der
das verkaufte Produkt ein Investitionsgut ist, sind hier erfahrener. Sie kalkulieren weniger auf Basis von Einmalkosten und -umsätzen, sondern in stetigen Geldflüssen. Telekommunikationsunternehmen betrachten das Fahrzeug beispielsweise vorrangig als
rollendes Mobile-Device, das, ähnlich wie Smartphones, eine SIM-Karte vom jeweiligen
Anbieter benötigt, um die Konnektivität zu gewährleisten. Das Fahrzeug generiert dann
laufend Datenströme, die der Ursprung weiterer Dienstleistungen und der eigentliche
Kern der Monetarisierung sind – wenn auch auf einer anderen Verwertungsebene (z. B.
für Werbung, Informations- und Unterhaltungsdienstleistungen, Versicherungen, Finanzdienstleistungen). Datenmengen – je größer, desto besser – nehmen eine entscheidende
Rolle ein und Potenziale für Big-Data-Lösungen bieten sich entlang der automobilen
Wertschöpfungskette (vgl. Abb. 1.7).

Neben der Informations- und Unterhaltungsindustrie sowie Location Based Services
durch den Handel (stationär und als E-Commerce) haben zwei weitere Branchen großes Interesse an personalisierten und datenbasierten Dienstleistungen: die Versicherungs-
und die Energiebranche.

Versicherer wollen ebenfalls Zugang zu den Daten, die das „rollende Device" namens
Auto generiert, um den Kontakt zu ihren Kunden – und damit Umsätze – nicht zu verlieren. Denn wenn das Auto der Zukunft automatisiert, vernetzt und sicher sein wird,
bedeutet dies weniger Unfälle, sinkende Versicherungsprämien und schließlich auch
weniger Autoversicherer. Christian Mumenthaler, Chef des Rückversicherers Swiss Re,
ist sich sicher, dass bereits jetzt die Weichen gestellt werden: In den nächsten 15 Jahren

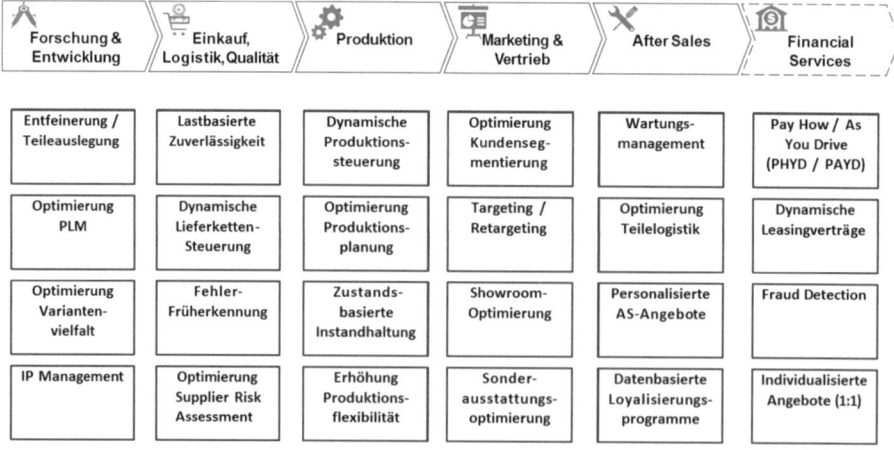

Abb. 1.7 Big Data-Potenziale entlang der automobilen Wertschöpfungskette. (Quelle: Berylls
Strategy Advisors 2015)

„werden einzelne Automatisierungsschritte eingeführt, wie das autonome Fahren auf der Autobahn. … Die Schadenfrequenz wird abnehmen, das wirkt sich auf das Geschäftsvolumen aus" (Süddeutsche Zeitung 2016c).

Die Energiebranche hat Autos nicht nur als Speichermedien auf dem Radar, sondern sieht im Trend zur Elektromobilität weitere Möglichkeiten, neue Produkt-Markt-Kombinationen zu kreieren. Unterschiedliche Unternehmen arbeiten an Lösungen, wie das Aufladen des Akkus von Ladesäulen gelöst und dezentral auf die Nutzer verteilt werden kann – praktisch als „Charging-to-go". Dezentrale Lösungsideen gehen vom induktiven Laden, d. h. der Möglichkeit, beim Fahren oder Stehen (z. B. an einer Ampel) die Autobatterie aufzuladen, über das Laden an heimischen Steckdosen bis hin zum Laden an Straßenlaternen. Beispielsweise will es die RWE-Tochter Innogy ermöglichen, dass Strom für Elektroautos nicht mehr nur an extra dafür ausgewiesenen Ladestationen ‚getankt' werden kann, sondern dass jeder, der eine Ladestation für E-Autos hat, nun auch dritte Personen Strom abzapfen lassen kann, und zwar zu einem selbst festgelegten Tarif (Heckel 2017). Dafür arbeitet Innogy mit Slock.it, einem Start-up für Tauschplattformen auf Basis der Blockchain-Technologie, zusammen. Eine Blockchain funktioniert wie ein digitales und dezentral verteiltes Kassenbuch: Jede Transaktion wird als neuer Datensatz genau festgehalten, aber nicht auf dem zentralen Server eines Anbieters, sondern als Kopien des digitalen Kassenbuchs auf zahlreichen Rechnern rund um die Welt. Mittlerweile gibt es nicht nur die Blockchain-Technologie für die Bitcoin-Währung, sondern viele weitere Blockchain-Systeme und Anwendungsfälle. Slock.it setzt beispielsweise auf die populäre Ethereum-Technologie, die über eine eigene Währung Bezahlvorgänge und sogenannte Smart Contracts ermöglicht. Diese Verträge stoßen selbstständig bestimmte Schritte an, sobald ein vorher definierter Fall eintritt. Wer also zum Beispiel sein Auto mit der Ladesäule verbindet, dem wird automatisch Strom bereitgestellt und im Gegenzug Geld abgebucht (Heckel 2017). Innogy rüstet 1000 bereits aufgestellte Ladesäulen für Elektroautos auf die Blockchain-Technologie um und verspricht sich davon Effizienzgewinne, weil die Technologie unter anderem Kundendatenbanken ersetzen kann, die der Konzern bislang aufwendig pflegen muss (Kroker 2017).

Nicht nur die Produkte und die Erlösmechanik ändern sich, sondern auch die Vertriebskanäle und die Beziehung zum Kunden. Schon seit Jahren kann der Bestellprozess online vorbereitet werden, indem sich Kunden ihren Neuwagen browserbasiert selbst konfigurieren. Während 74 % aller Neuwagenkäufer das Internet zur Informationsbeschaffung nutzen, findet die eigentliche Kauftransaktion meist noch über den klassischen Handel statt: Nur 16 % wickeln den Kauf über das Internet ab (Deutsche Automobil Treuhand 2017). Das soll sich laut einer ATKearney-Studie (2016) jedoch deutlich ändern: Die Berater erwarten, dass bis 2020 jedes dritte neue Auto im Internet gekauft wird. Zu bedenken ist in diesem Zusammenhang das Ergebnis des DAT-Reports, dass 20 % aller Käufer aufgrund der Informationen und Abwicklungsmöglichkeiten im Internet die Marke gewechselt haben und sich 21 % aufgrund der Internetangebote für einen Neuwagen anstatt einen Gebrauchtwagen entschieden haben (Deutsche Automobil Treuhand 2017).

Viele OEMs sind durch eine zweidimensionale Fragmentierung ihrer Vertriebsstruktur gekennzeichnet. Einerseits gibt es typischerweise einen Bruch zwischen den Vertriebsstufen (Hersteller, Importeur, Handel). Der Vertrieb zur Belieferung nationaler Märkte wird meist über Großhändler, die Belieferung des Endkunden über den Einzelhandel (werkseigene Niederlassungen oder Vertragshändler) abgewickelt. Andererseits existieren in den einzelnen Vertriebsstufen häufig Silostrukturen für Marketing, Verkauf und Service. Diese organisatorische Struktur spiegelt sich in der Regel auch in einer entsprechenden Fragmentierung der IT- und Datenlandschaft. In diesem organisatorischen und technischen Set-up ist die Digitalisierung der Kundenschnittstelle hin zu einem integrierten, nahtlosen Kundenerlebnis nahezu unmöglich (Lauenstein 2016). Genau deshalb liegt hier aber auch ein Stellhebel für werthaltige Digitalisierung. Eine zentrale Rolle soll dabei das Smartphone spielen. Branchenexperten erwarten, dass mobile Endgeräte zunehmend die am häufigsten verwendete Plattform für die Suche nach Informationen über Waren und Dienstleistungen sein werden. Das gilt auch für die Automobilbranche. Die erwartete Verbreitung von Elektrofahrzeugen, autonom fahrenden und kommunizierenden Autos, Car-Sharing- und Beförderungsdienstleistungen sowie Smart Factories ist ohne Smartphones kaum denkbar. So sind z. B. die mobilen und urbanen On-Demand- Beförderungsdienstleistungen erst durch die Durchdringung von Smartphones mit GPS und Push-Benachrichtigungen möglich geworden. Diese Geschäftsmodelle weisen Elemente vertikaler logistischer Integration auf, gegebenenfalls durch Aggregation der Angebotsseite. Für Klaus Fröhlich ist deshalb klar, dass „wir uns mit unseren Prozessen in der Automobilindustrie zum Teil völlig neu aufstellen und das Tempo deutlich erhöhen" müssen (Süddeutsche Zeitung 2016b).

Vielleicht liegt die Zukunft aber gar nicht bei Fahrzeugen, sondern Flugzeugen. Beispielsweise arbeiten Airbus, Daimler, Uber und andere an selbstfliegenden Transportmitteln (Wired 2017). In einer Kooperation mit Italdesign, die auf Bodenvehikel spezialisiert sind, hat der Flugzeugbauer Airbus das System „Pop.Up" entwickelt, das laut Mathias Thomsen, Chef von Airbus Urban Air Mobility, vor allem in Megacities eingesetzt werden soll (Freitag 2017). Ein intelligentes und vernetztes System sorgt für die optimale Transportmethode, um die Nutzer komfortabel und schnell ans Ziel zu bringen. Die Passagiere müssen während des ganzen Transports nicht umsteigen, sondern bleiben stets an Bord. Uber treibt ebenfalls Pläne für selbst fliegende Taxis voran und hat mit Dallas und Dubai erste Partnerstädte gefunden, in denen die fliegenden Fahrzeuge spätestens 2020 getestet werden sollen. Die ersten Flugtaxis will Uber offiziell 2023 einführen – zu erschwinglichen Preisen: Eine Flugmeile soll zu Beginn etwa 1,32 US\$ pro Passagier kosten (Captain 2017). Menschen mittels autonomer Flugdrohne über dicht besiedelte Gebiete zu transportieren, birgt jedoch enorme Sicherheitsrisiken. Auch die aktuelle Gesetzeslage spricht nicht dafür, dass sich solche Konzepte verwirklichen lassen.

1.5.2   Kooperationen und Akquisitionen

Ein Weg, die neuen Wertversprechen zu liefern, sind Kooperationen. Neu ist diese Form strategischer Manöver jedoch nicht. Bereits im Jahr 2000 schlossen sich Daimler-Chrysler, Ford, General Motors sowie Renault und Nissan zusammen und gründeten mit Covisint eine große, webbasierte Beschaffungsplattform (Feldmann 2000). Neben der Möglichkeit aus Katalogen zu bestellen, ermöglichte Covisint es den OEMs, Ausschreibungen und Auktionen zu eröffnen, auf die sich die Zulieferer bewerben konnten. Seit 2008 tätigt BMW zusammen mit Daimler die ersten gemeinsamen Einkäufe, allerdings nur bei Teilen, die für die Unterscheidung der Marken BMW und Mercedes-Benz nicht relevant sind (z. B. Reifen, Sitzgestelle, Kühlmittelpumpen, Kabelbaum-Stecker). Diese Einkaufskooperation soll weiter ausgebaut werden (Handelsblatt 2017).

Mehr öffentliche Aufmerksamkeit hat der 2015 getätigte Kauf des Kartendienstes Here erregt: Volkswagen, Daimler und BMW übernahmen Here für ca. 2,8 Mrd. US\$ von Nokia (Handelsblatt 2015). Mit Here versuchen die OEMs eine neuralgische Stufe der digitalen Wertschöpfungskette zu besetzen: Daten über die Lokalisation des Autos, aber auch über die Beschaffenheit der Fahrbahn, Staus und Unfälle, temporäre Geschwindigkeitsbeschränkungen und Parkmöglichkeiten. Dazu müssen Daimler, BMW und VW nun möglichst viele andere Hersteller und Dienstleister dazu bewegen, Here mit Daten zu füttern. Dass der Dienst auf Live-Verkehrsdaten, die direkt aus den Fahrzeugen der beteiligten Hersteller kommen, zurückgreifen kann, ist gut, wird aber kaum ausreichen, um Here zu einer Plattform für Datendienstleistungen zu entwickeln. Für 2018 strebt Here mehrere Millionen von Autos als Datenlieferanten an (Auchard 2016).

Ein Hindernis sind dabei die oft nicht vorhandenen Standards. Um das zu ändern, haben die Telekom- und Automobilkonzerne Audi, BMW, Daimler, Ericsson, Huawei, Intel, Nokia und Qualcomm die „5G Automotive Association" (5GAA) gegründet. Der Verein soll unter anderem Standards für Funktionen des vernetzt automatisierten Fahrens wie einen ortsunabhängigen Zugang zu Diensten und intelligente Verkehrslösungen für die Smart City ermöglichen (BMW Group 2016). Ein anderes Beispiel ist AUTOSAR (AUTomotive Open System ARchitecture): In dieser Entwicklungspartnerschaft soll eine einheitliche Softwarearchitektur mit einheitlichen Beschreibungs- und Konfigurationsformaten für Embedded Software im Automobil erarbeitet werden. Beteiligt sind Automobilhersteller, Steuergerätehersteller sowie Hersteller von Entwicklungswerkzeugen, Steuergeräte-Basis-Software und Mikrocontrollern (AUTOSAR 2017).

Mit Blick auf die Branchentrends Elektromobilität, Connected Car und autonomes Fahren kooperieren Automobilhersteller auch mit Unternehmen aus ganz anderen Branchen. Samsung ist z. B. einer der Elektronikkonzerne, die mit Firmen aus der Automobilindustrie zusammenarbeiten. Samsung hat nicht nur Partnerschaften mit BMW und SEAT, sondern auch mit SAP geschlossen, um zukünftige Projekte für Connected Cars zu entwickeln (vgl. im Folgenden Mayer 2016). BMW und Samsung bringen ihre Akku-Technologien ein, wobei die SDI-Akku-Technologie von Samsung die Leistung des Akkus für den elektrisch angetriebenen BMW i3 deutlich steigert. Im BMW i3 wird auch Samsungs Home Automation Technologie Smart Things eingebaut. Für das BMW 7er Modell, bei dem Tablets in die Lehnen der Vordersitze eingebaut sind, offeriert Samsung den Passagieren im Fonds Entertainment-Angebote. Bei Mercedes Benz und BMW wird Samsungs VR-Technologie und die Gear-360-Kamera bei Ausstellungen und Messen genutzt, um virtuelle Testfahrten zu ermöglichen. Außerdem wurde eigens eine Rennstrecke adaptiert, um selbstfahrende Autos testen zu können. Einen Überblick über weitere Kooperationen auf dem Gebiet der Elektromobilität gibt Abb. 1.8.

Auch Microsoft positioniert sich in der Automobilbranche. Der Softwareriese arbeitet mit Here und Nissan zusammen, um Cortana – Microsofts virtuelles Assistentenprogramm – in die Instrumentenanzeige zu integrieren (vgl. im Folgenden Weinberger 2017). Darüber hinaus sollen Azure – Microsofts Cloud-Lösungs-Assistentenprogramm – und Office365 die Informationen und Funktionalitäten bereitstellen, die ein Auto benötigt, um Nutzer auf eingehende Emails, die nächsten Termine und potenzielle Verspätungen aufgrund von Staus hinzuweisen. Außerdem unterstützt Microsoft mit seiner „Connected Vehicle Platform" Automobilhersteller bei der Entwicklung vernetzter Fahrzeuge. Auch hier ist Azure die Grundlage, weil die Plattform Funktionen und Programmroutinen bietet, die die Autofirmen einfacher in die Lage versetzen, mithilfe von Big Data und Machine Learning das vernetzte Fahren weiterzuentwickeln. Beispielsweise kooperieren Toyota und Microsoft bei der Entwicklung vernetzter Autos: Unter dem Namen Toyota Connected arbeiten Microsoft-Entwickler am Toyota-Standort im texanischen Plano an In-Car-Services und Themen wie Datenaustausch und Sicherheit im Internet der Dinge. Ähnliche Entwicklungsprojekte verfolgt Microsoft mit Renault-Nissan, Volvo und BMW. Letztere wollen genau wie Nissan Microsofts Cortana ins Auto integrieren (Ahlrichs 2017).

Bereich	Unternehmenskooperationen
Batterie / Antrieb	Daimler & Tesla
	Bosch & Mitsubishi & GS Yuasa
	BMW & Toyota
	Renault & LG Chem
	Volvo & Siemens
Informationstechnologie/ Infrastruktur	Renault & RWE
	Daimler & RWE
	BMW & Vattenfall & My City Way
Leichtbau	BMW & SGL Carbon
	Evonik & Johnson Controls
Fahrzeugproduktion	Renault & Nissan & RWE
	Daimler & BYD
	BMW & Brilliance

Abb. 1.8 Kooperationen im Bereich der Elektromobilität. (Quelle: Funk 2015)

Ein anderer Pionier der IT-Branche ist ebenfalls mit von der Partie: Intel. Der amerikanische Chip-Gigant hat Anfang 2017 den auf Kameras für Roboterwagen spezialisierten Autozulieferer Mobileye für umgerechnet rund 14 Mrd. EUR gekauft (Süddeutsche Zeitung 2017). Mobileye wiederum arbeitet schon seit dem Jahr 2002 mit BMW zusammen und seit 2007 gibt es gemeinsame Produkte (wie z. B. das bereits erwähnte Remote-3D-System). Die Produkte und Softwarelösungen von Mobileye helfen vor allem, die Bilder der Kameras und die Informationen der vielen Sensoren zu verarbeiten. Wenig überraschend ist deshalb, dass auch Tesla, Volkswagen und General Motors auf die Lösungen von Mobileye zurückgreifen und Kooperationen geschlossen haben (manager magazin 2016a).

Neben den vielen Kooperationen zwischen Großunternehmen, forciert die deutsche Automobilindustrie ihre Zusammenarbeit mit der nationalen und internationalen Startup-Szene. Unterstützt durch Vernetzungsveranstaltungen seitens des VDA, sucht die Automobilindustrie den Schulterschluss mit jungen, kreativen Software- und Digital-Start-ups. Beispielsweise wurde bei der New Mobility World auf der IAA eine eigene „Start-up-Zone" geschaffen, die in den kommenden Jahren weiter ausgebaut werden soll (VDA 2016c).

Sehr viele Kooperationen, insbesondere Joint Ventures, scheitern (Buchel 2003). Ein wirtschaftliches Interesse ist denn auch nur eine notwendige, keinesfalls aber hinreichende Bedingung für eine erfolgreiche Kooperation. Beispielsweise sucht Intel eine Alternative für das zuletzt deutlich rückgängige PC-Geschäft, das lange den Kern der Intel-Geschäfte bildete. Für Mobileye verheißt der Zugang zum Automobilmarkt ein großes Umsatzpotenzial. Gleichzeitig ist die Firma in den Kooperationen immer der kleinere Partner. Sehen die Beteiligten keinen Mehrwert, löst sich die Kooperation meist schnell wieder auf. Beispielsweise hat Daimler im März 2016 bekannt gegeben, dass die Kooperation mit dem kalifornischen Autobauer Tesla beendet wird (vgl. im Folgenden Gerster 2016). Während dieser Kooperation ist die B-Klasse Electric Drive entstanden. „Folgeprojekte sind aber derzeit nicht geplant, weil wir uns in Zukunft hervorragend selbst versorgen können", sagte Harald Kröger, Entwicklungschef für Elektrofahrzeuge bei Daimler.

Schwächelnde Geschäfte in der angestammten Branche sind meist nur der Anlass für eine Kooperation. Neben der Hoffnung auf innovative Produkte bzw. Dienstleistungen und den Zugang zu neuen Märkten sind vor allem die Risikostreuung und gleichzeitige Bündelung von Ressourcen Gründe für eine Zusammenarbeit: Gemeinsam kann man sich Investitionen in teure Maschinen, langwierige Entwicklungsprozesse und exzellentes Personal eher leisten – und das Risiko von Flops auf mehrere Schultern verteilen. Erfolgsrelevant ist dabei, dass die Partner den Wissensaustausch fördern und organisieren. Der Einsatz von firmenübergreifenden Teams und regelmäßigen Treffen ist dabei genauso wichtig wie die Unterstützung durch Informations- und Kommunikationstechnologie (Dyer und Nobeoka 2000). Gelingt der Aufbau von Vertrauen, können sogar unterschiedliche Firmen- oder Nationalkulturen kompensiert werden, wie die erfolgreiche Allianz von Nissan und Renault zeigt (Korine et al. 2002). Hinderlich ist es, wenn

Kooperationen aus ungleichen Partnern bestehen (im Hinblick auf Umsatz, Mitarbeiter, Gewinn etc.), die eine andere Historie oder ein unterschiedliches Management-Verständnis haben (z. B. Start-up oder OEM bzw. Familienunternehmen oder Aktiengesellschaft).

1.6   Was die Kunden wollen

Im Zusammenhang mit den Megatrends stellt sich für Automobilhersteller auch die Frage, wofür die Kunden bereit sind zu zahlen. Insbesondere im Volumengeschäft sind OEMs heute mit zwei stark zusammenhängenden Trends konfrontiert: einer quasi nicht mehr vorhandenen Mehrpreisbereitschaft für technische Innovationen und einer Preiserosion im Zuge eines zunehmenden Smart-Shopping-Verhaltens. Im Ergebnis sind die Endkonsumenten zunehmend preissensibel und wollen dennoch eine umfangreiche Serienausstattung (Reichhuber 2010). Im Premiumpreissegment können noch eher zusätzliche Funktionen mit deutlichen Aufschlägen verkauft werden. Dies gilt insbesondere für elektronische Sonderausstattungen mit margenstarken Produkten aus der Unterhaltungselektronik und Zusatzdienste wie (Teil-)Automatisierung, die auf eine höhere Zahlungsbereitschaft technikaffiner Kunden treffen (Bardt 2016).

Die neuen Mobilitätsmuster sind zugeschnitten auf junge Leute im städtischen Umfeld. Ältere Nutzer und die Landbevölkerung werden sich nicht so leicht bekehren lassen und an Mischformen festhalten: Oldtimer am Wochenende, Verbrenner als Erstwagen, E-Auto erst dann, wenn alle Kosten- und Funktionsnachteile eliminiert sind (Bratzel 2014). Für Neufahrzeuge sind die Käuferschichten kaufpreisbedingt tendenziell älter.

Trotz der Unterschiede gibt es auch Gemeinsamkeiten, was die Bedürfnisse angeht. So stehen Sicherheit und Bequemlichkeit oft weit oben auf der Anforderungsliste. Ersteres bezieht sich sowohl auf die Fahrt an sich als auch auf die Sicherheit der dabei generierten, personenbezogenen Daten. Einig sind sich die Deutschen z. B., was die Verfügbarkeit einer privaten Ladeinfrastruktur angeht: 97,5 % der deutschen Bevölkerung erachten eine private Lademöglichkeit als wichtig (Göcke 2016). Bezüglich selbstfahrender Autos sieht die Bevölkerung in Deutschland laut einer repräsentativen Studie im Auftrag der Bertelsmann Stiftung (2017) den Mehrwert vor allem bei anstrengenden Fahrten und routinierten Strecken. Dennoch herrschen bei zwei Dritteln der Befragten noch überwiegend Skepsis und Ängste vor. 67 % der Befragten stehen dem autonomen Fahren grundsätzlich misstrauisch gegenüber. Am häufigsten ist die Angst vor Unfällen (84 %) der Grund dafür, dicht darauf folgt die Sorge vor dem Verlust der eigenen Kontrolle über das Auto (83 %) und die Furcht vor Hackerangriffen (74 %). Bei der Sicherheitsfrage scheiden sich die Geister eher. Die Angst vorm „gläsernen Autofahrer" (Rehme et al. 2016, S. 71) ist bei Älteren meist höher ausgeprägt.

Bequemlichkeit meint einerseits, dass der Transport einfach und schnell zu bewerkstelligen sein sollte, und andererseits, dass begleitende Dienstleistungen wie Informations- und Unterhaltungsangebote oder auch Versicherungen am besten aus einer Hand angeboten werden sollen. Gerade für jüngere Kunden, die meist in Städten leben, geht es genau darum. Das Kurvenverhalten eines Pkw auf der Autobahn ist nicht mehr entscheidend, sondern die Möglichkeit, schnell von A nach B zu gelangen und dort den nächsten freien Parkplatz zu finden. Wenn die Kunden Mobilität und passende Dienstleistungen wie Information, Unterhaltung und Versicherungsschutz aus einer Hand wollen, wird es eng sowohl für die Autohersteller als auch für die Versicherer. Denn die Autofahrer werden ihre Daten bevorzugt demjenigen Anbieter zur Verfügung stellen, der ihnen im Tausch die besten vorausschauenden Dienste bietet: „The winner takes it all –das haben wir von den Internet-Plattformen gelernt", sagt BMW-Entwicklungsvorstand Klaus Fröhlich. Zweite Sieger wird es nicht mehr geben (Süddeutsche Zeitung 2016c).

Die Kaufbereitschaft von Car2X-Diensten wurde im simTD-Projekt untersucht. Unterschiedliche Fahrergruppen konnten das simTD-System testen und 95 der insgesamt 323 Fahrer wurden dann befragt, welche Funktionen (tituliert als „Anwendungsfall") sie kaufen würden (vgl. Tab. 1.2). Wesentliche Gründe für eine Kaufentscheidung waren die Erhöhung der Sicherheit, des Komforts und der Effizienz im Verkehr. Hauptgründe für eine negative Kaufentscheidung waren Kosten, Fehleranfälligkeit bzw. Unzuverlässigkeit des Systems, die Angst vor zu viel Ablenkung und ein höheres Vertrauen in das eigene Fahrkönnen als in das System. Die simTD-Funktion Ampelphasenassistent gehört neben der Warnung vor Stauende und dem elektronischen Bremslicht zu den drei Funktionen mit der höchsten Nutzerakzeptanz und Kaufbereitschaft (simTD 2013b).

Tab. 1.2 Kaufbereitschaft je Anwendungsfall. (Quelle: simTD 2013b)

Anwendungsfall	Kaufbereitschaft (%)
Warnung vor Wettergefahren	22,5
Streckenbez. Anzeige der Durchschnittsgeschwindigkeit	29,5
Kommunalinformationen	31,7
Wetterinformationen	35,9
Streckengeometrie	56,2
Verkehrslage	56,2
Warnung vor verlorener Ladung	58,0
Umleitungsempfehlung	63,2
Parksituation	65,8
Elektronisches Bremslicht	72,1
Grüne Welle (Teil des Ampelphasenassistents)	73,0
Restrotanzeige (Teil des Ampelphasenassistents)	75,1
Stauendewarnung	78,2

1.7   Status quo und Way forward

Angesichts all dieser Veränderungen könnte Klaus Fröhlich also durchaus Recht behalten: „Das Automobil wird sich in der nächsten Dekade stärker verändern als in den letzten fünfzig Jahren" (Fröhlich 2015). Die Frage, die sich zurzeit viele Autoexperten stellen, ist: Welche Unternehmen werden in den kommenden Jahrzehnten auf der Strecke bleiben, weil sie den Weg des Wandels nicht einschlagen konnten? Bis Mitte 2016 war für so manchen Experten klar, dass Apple, Google und Uber die Mobilität der Zukunft prägen werden; die Software-Riesen dominierten die Schlagzeilen und schienen die traditionellen Hersteller vor sich herzutreiben (Reidel 2016). Doch dann drehte sich der Wind im journalistischen Blätterwald: Die alten Autobauer machten mit einer Reihe von Akquisitionen und Kooperationen, Messeauftritten und Erfolgen mit Prototypen auf sich aufmerksam, während Apple und Google für Negativschlagzeilen sorgten. Welche Unternehmen die Mobilität der Zukunft dominieren ist also noch nicht ausgemacht.

Für die Automobilhersteller ergibt sich ein „strategisches Dilemma". Auf der einen Seite bewirken insbesondere technologische, gesellschaftliche und gesetzliche Treiber eine gestiegene Komplexität. Der Varianten- und Ausstattungsumfang nimmt zu, was zwangsläufig zu längeren Entwicklungszeiten und höheren Produktkosten führt. Auf der anderen Seite steigt der Zwang, die Entwicklungszeiten aufgrund einer Dynamisierung der Anspruchsgruppen stark zu verkürzen und eine wettbewerbsfähige Kostenposition aufzubauen. Zu steigenden Entwicklungskosten kommen höhere Faktorkosten und die strukturellen Überkapazitäten hinzu, insbesondere in den Bestandsmärkten (Reichhuber 2010). In einer reifen Branche wie der Automobilindustrie stellt sich durch die neuen Technologien und Wettbewerber die Frage nach Differenzierungsmöglichkeiten neu: Wie kann eine nachhaltig Erfolg versprechende Positionierung im Wettbewerb aussehen?

Literatur

Ahlrichs, D. (2017). Warum Microsoft keine eigenen autonomen Autos baut. https://www.wired. de/collection/business/microsoft-connected-vehicle-platform-autonomes-fahren-autos. Zugegriffen: 29. März 2017.

ATKearney. (2016). Digitale Transformation stellt klassisches Neuwagengeschäft und etablierte Vertriebsstrukturen infrage. https://www.atkearney.de/automotive/featured-article/-/asset_publisher/S.5UkO0zy0vnu/content/autokaufer-studie-deutschland. Zugegriffen: 12. Okt. 2016.

Auchard, E. (2016). HERE, automakers team up to share data on traffic conditions. http://www. reuters.com/article/us-autos-connected-idUSKCN11V0VG. Zugegriffen: 7. März 2017.

Auto Gewerbe Verband Schweiz. (2015). BMW setzt auf Digitalisierung. http://www.agvs-upsa. ch/de/news/news-archiv/bmw-setzt-auf-digitalisierung. Zugegriffen: 4. Mai 2016.

Automobilwoche. (2017). BMW, Daimler, Ford und Porsche: EU erlaubt vier Autobauern Schnelladenetzkooperation. http://www.automobilwoche.de/article/20170428/AGENTURMELDUNGEN/304289896/bmw-daimler-ford-und-porsche-eu-erlaubt-vier-autobauern-schnelladenetzkooperation. Zugegriffen: 1. Mai 2017.

AUTOSAR. (2017). About AUTOSAR. https://www.autosar.org/about/basics/. Zugegriffen: 12. Jan. 2017.

Bardt, H. (2016). Deutsche Autoindustrie und autonomes Fahren. *Wirtschaftsdienst – Zeitschrift für Wirtschaftspolitik, 96*(10), 776–778.

Bauernhansl, T. (2017). Die Vierte Industrielle Revolution – Der Weg in ein wertschaffendes Produktionsparadigma. In B. Vogel-Heuser, T. Bauernhansl, & M. ten Hompel (Hrsg.), *Handbuch Industrie 4.0* (Bd. 4, S. 1–31). Berlin: Springer Vieweg.

Bertelsmann Stiftung. (2017). Zwei von drei Deutschen misstrauen selbstfahrenden Autos. https://www.bertelsmann-stiftung.de/de/themen/aktuelle-meldungen/2017/april/zwei-von-drei-deutschen-misstrauen-selbstfahrenden-autos/. Zugegriffen: 1. Mai 2017.

Berylls Strategy Advisors. (2015). Big Data in der Automobilindustrie – eine Managementperspektive. http://www.berylls.com/media/wissen/studien/150326_Berylls_Studie_Big_Data_short.pdf. Zugegriffen: 4. Mai 2016.

BMW Group. (2016). Telekommunikations- und Automobilunternehmen gründen globale branchenübergreifende 5G Automotive Association. https://www.press.bmwgroup.com/deutschland/article/detail/T0264148DE/telekommunikations-und-automobilunternehmen-gr%E3%BCnden-globale-branchen%E3%BCbergreifende-5g-automotive. Zugegriffen: 12. Jan. 2017.

Bratzel, S. (2014). Die junge Generation und das Automobil-Neue Kundenanforderungen an das Auto der Zukunft? In B. Ebel & M. B. Hofer (Hrsg.), *Automotive Management: Strategie und Marketing in der Automobilwirtschaft* (S. 93–108). Heidelberg: Springer.

Buchel, B. (2003). Managing partner relations in joint ventures. *MIT Sloan Management Review, 44*(4), 91–95.

Capgemini. (2015). Cybersecurity for the connected vehicle. https://www.capgemini.com/resource-file-access/resource/pdf/cybersecurity_for_the_connected_vehicle_pov.pdf. Zugegriffen: 3. Juli 2016.

Captain, S. (2017). Uber's flying taxis will first take to the skies in Dallas-Fort Worth and Dubai. https://www.fastcompany.com/40411555/ubers-flying-taxis-will-first-take-to-the-skies-in-dallas-fort-worth-and-dubai. Zugegriffen: 1. Mai 2017.

Cloer, T. (2014). BMW nutzt Analytics und Big Data von IBM. https://www.computerwoche.de/a/bmw-nutzt-analytics-und-big-data-von-ibm,2555849. Zugegriffen: 14. Nov. 2016.

Computerwoche. (2016). Wie VW, Daimler und BMW zu digitalen Champions werden wollen. http://www.computerwoche.de/a/wie-vw-daimler-und-bmw-zu-digitalen-champions-werden-wollen,3324250. Zugegriffen: 12. Sept. 2016.

Daimler. (2017). Konzernbilanz Kennzahlen 2016. https://www.daimler.com/investoren/kennzahlen/konzernbilanz.html. Zugegriffen: 1. Febr. 2017.

Danne, B., Hagenhoff, W., Himmelreich, A., Stei, G., Telzerow, A., Wolf, B., & Zauche, M. (2014). 10 Thesen zur Zukunft von Connected Cars. http://www.bvdw.org/presseserver/BVDW_ConnectedCars/thesenpapier_connected_cars_2014.pdf. Zugegriffen: 3. Juli 2016.

Deutsche Automobil Treuhand. (2017). *DAT-Report 2017*. Berlin: Deutsche Automobil Treuhand GmbH.

Dyer, J. H., & Nobeoka, K. (2000). Creating and managing a high-performance knowledge-sharing network: The Toyota case. *Strategic Management Journal, 21*(3), 345–367.

Ebel, B., Hofer, M. B., & Genster, B. (2014). Automotive Management – Herausforderungen für die Automobilindustrie. In B. Ebel & M. B. Hofer (Hrsg.), *Automotive Management: Strategie und Marketing in der Automobilwirtschaft* (S. 3–15). Heidelberg: Springer.

Efrati, A. (2016). Google scaled back self-driving car ambitions. https://www.theinformation.com/google-scaled-back-self-driving-car-ambitions. Zugegriffen: 13. Febr. 2017.

Feldmann, C. (2000). Covisint – Marktplatz für die Automobilindustrie. In G. Reinhart (Hrsg.), *e-Business in in der Produktion: Organisationskonzepte, IT-Lösungen, Praxisbeispiele* (2.1–2.10). München: Utz.

fka & Roland Berger. (2016). Index „Automatisierte Fahrzeuge" 3. Quartal 2016. http://www.fka. de/consulting/studien/index-automated-vehicle-2016-07-q3-d.pdf. Zugegriffen: 12. Febr. 2017.

fka & Roland Berger. (2017). Index Elektromobilität Q1/2017. http://www.fka.de/consulting/ studien/e-mobility-index-2017-q1-d.pdf. Zugegriffen: 1. Mai 2017.

Freitag, M. (2016). Alle gegen Tesla – Deutschlands digitale Car-Guys. http://www.manager-magazin.de/magazin/artikel/autoindustrie-audi-chef-rupert-stadler-warnt-vor-dem-existenz-kampf-a-1087115-7.html. Zugegriffen: 12. Sept. 2016.

Freitag, M. (2017). Airbus und Italdesign planen Revolution für den Stadtverkehr. http://www. manager-magazin.de/unternehmen/autoindustrie/so-stellt-sich-airbus-den-stadtverkehr-der-zukunft-vor-a-1137627.html. Zugegriffen: 7. März 2017.

Freitag, M. & Maier, A. (2016). Daimlers Betriebsratschef malt Horror-Szenario. http://www. manager-magazin.de/unternehmen/artikel/daimler-betriebsratschef-michael-brecht-ueber-job-verlust-a-1121954.html. Zugegriffen: 30. Nov. 2016.

Fröhlich, K. (2015). *ATZ Automobiltech, 117,*98. doi:10.1007/s35148-015-0106-6.

Funk, W. (2015). Herausforderungen der E-Mobility für das Schnittstellenmanagement der Automobilhersteller (OEM). In H. Proff (Hrsg.), *Entscheidungen beim Übergang in die Elektromobilität: Technische und betriebswirtschaftliche Aspekte* (S. 71–82). Wiesbaden: Springer Fachmedien.

Gärtner, C. (2016). Deep-Tech in Good old Germany: Digitale Hidden Champions. https://www. xing.com/news/insiders/articles/deep-tech-in-good-old-germany-digitale-hidden-champions-532499?xng_share_origin=web. Zugegriffen: 4. Jan. 2017.

Germis, C. (2017). VW öffnet Moia für Investoren. http://www.faz.net/aktuell/wirtschaft/neue-mobilitaet/vw-oeffnet-neue-digitalmarke-moia-fuer-investoren-14601812.html. Zugegriffen: 13. Febr. 2017.

Gerster, M. (2016). Daimler beendet Kooperation mit Tesla. http://www.automobilwoche.de/ article/20160305/NACHRICHTEN/160309934/elektrofahrzeuge-daimler-beendet-kooperation-mit-tesla. Zugegriffen: 29. Apr. 2014.

GlobeScan & MRC McLean Hazel. (2007). Megacities und ihre Herausforderungen – Die Perspektive der Städte. http://www.siemens.com/entry/cc/features/urbanization_development/de/de/ pdf/study_megacities_de.pdf. Zugegriffen: 1. Mai 2017.

Göcke, L. (2016). *Geschäftsmodellentwicklung im Spannungsfeld multinationaler Unternehmen: Fallstudie zur Elektromobilität in der Automobilindustrie.* Wiesbaden: Springer Fachmedien.

Golem. (2016). Neuer 5er BMW mit Überwachungskameras. https://www.golem.de/news/draufsicht-neuer-5er-bmw-mit-ueberwachungskameras-1608-122945.html. Zugegriffen: 29. Nov. 2016.

Gurman, M. & Webb, A. (2016). Apple hires Blackberry talent with car project turning to self-driving software. http://www.bloomberg.com/news/articles/2016-07-28/apple-taps-blackberry-talent-as-car-project-takes-software-turn. Zugegriffen: 13. Febr. 2017.

Handelsblatt. (2015). Ein bisschen wie Google werden. http://www.handelsblatt.com/unternehmen/ industrie/audi-bmw-und-daimler-kaufen-nokia-here-ein-bisschen-wie-google-werden/12138032. html. Zugegriffen: 7. März 2017.

Handelsblatt. (2016). Selbstfahrende Autos: Uber will die Fahrer abschaffen. http://www.handels-blatt.com/unternehmen/industrie/selbstfahrende-autos-uber-will-die-fahrer-abschaffen/14426044. html. 18. Aug. 2016.

Handelsblatt. (2017). BMW will Kooperation mit Daimler ausbauen. http://www.handelsblatt. com/unternehmen/industrie/buendelung-des-einkaufs-bmw-will-kooperation-mit-daimler-aus-bauen/19278812.html. Zugegriffen: 7. März 2017.

Handelszeitung. (2016): Rupert Stadler: „Wir müssen Audi neu erfinden". http://www.hande-lszeitung.ch/unternehmen/rupert-stadler-wir-muessen-audi-neu-erfinden-1014060. Zugegriffen: 2. Dez. 2016.

Heckel, M. (2017). Dezentrale Netze: Kalkulierte Kettenreaktion. http://www.handelsblatt.com/tech-nik/it-internet/cebit2017/dezentrale-netze-kalkulierte-kettenreaktion/19513780.html. Zugegriffen: 1. Mai 2017.

Heilig, M., Mallig, N., & Vortisch, I. P. (2016). Carsharing – ein neues Verkehrssystem! In H. Proff & T. M. Fojcik (Hrsg.), *Nationale und internationale Trends in der Mobilität* (S. 385–402). Wiesbaden: Springer Fachmedien.

Herrmann, W. (2017). Digitale Transformation der BMW Group: "Wir lösen uns von starren Hier-archien". http://www.cio.de/a/wir-loesen-uns-von-starren-hierarchien,3330082. Zugegriffen: 21. März 2017.

Hochgeschurtz, U. (2014). Geschäftskunden – eine wichtige Zielgruppe im Automobilhandel. In B. Ebel & M. B. Hofer (Hrsg.), *Automotive Management: Strategie und Marketing in der Auto-mobilwirtschaft* (S. 451–463). Heidelberg: Springer.

Knecht, J. (2016). Warum die digitale Zukunft so teuer ist. http://www.auto-motor-und-sport.de/news/autobauer-mobilitaet-der-zukunft-kosten-ridesharing-11403686.html. Zugegriffen: 13. Febr. 2017.

Koers, M. (2014). Industrie und Politik-Zusammenspiel als Basis profitablen Wachstums in der Automobilindustrie. In B. Ebel & M. B. Hofer (Hrsg.), *Automotive Management: Strategie und Marketing in der Automobilwirtschaft* (S. 175–188). Heidelberg: Springer.

Korine, H., Asakawa, K., & Gomez, P. Y. (2002). Partnering with the unfamiliar: Lessons from the case of Renault and Nissan. *Business Strategy Review, 13*(2), 41–50.

Kroker, M. (2017). Innogy rüstet 1000 Ladesäulen auf Blockchain-Technologie um. http://www.wiwo.de/unternehmen/energie/elektromobilitaet-innogy-ruestet-1000-ladesaeulen-auf-blockchain-technologie-um/19525166.html. Zugegriffen: 1. Mai 2017.

Lauenstein, C. (2016). Digital Customer Experience in der Automobilindustrie: Wer baut hier die meisten Leuchttürme? https://www.de.capgemini-consulting.com/blog/digital-transformation-blog/2016/Digital-Customer-Experience. Zugegriffen: 12. Okt. 2016.

manager magazin. (2016a). BMW arbeitet mit Intel an selbstfahrenden Autos. http://www.mana-ger-magazin.de/unternehmen/autoindustrie/bmw-arbeitet-mit-intel-an-selbstfahrenden-autos-a-1100576.html. Zugegriffen: 2. Dez. 2016.

manager magazin. (2016b). China nimmt deutsche Autoindustrie ins Visier. http://www.manager-magazin.de/unternehmen/autoindustrie/handelsstreit-china-droht-mit-zoll-gegen-europas-autos-a-904435.html. Zugegriffen: 1. Febr. 2017.

Mayer, P. (2016). Samsung vertieft Kooperation mit deutscher Autoindustrie. http://www.telekom-presse.at/electronics/samsung_vertieft_kooperation_mit_deutscher_autoindustrie.id.35399.htm. Zugegriffen: 17. Okt. 2016.

Mohr, D., Müller, N., Krieg, A., Gao, P., Kaas, H. W., Krieger, A., et al. (2013). *The road to 2020 and beyond: What's driving the global automotive industry?* New York: McKinsey&-Company.

Müller-Seitz, G., Seiter, M., & Wenz, P. (2016). *Was ist eine Smart City?: Betriebswirtschaftliche Zugänge aus Wissenschaft und Praxis.* Wiesbaden: Springer Fachmedien.

Proff, H., & Proff, H. (2013). *Dynamisches Automobilmanagement.* Wiesbaden: SpringerGabler.

Rehme, M., Lindner, R., & Götze, U. (2016). Barrieren bei Geschäftsmodell-Innovationen der Neuen Mobilität. In H. Proff & T. M. Fojcik (Hrsg.), *Nationale und internationale Trends in der Mobilität* (S. 63–81). Wiesbaden: Springer Fachmedien.

Reichenbach, M. (2015). Sicher und automatisiert: Moderne Assistenzsysteme. *Automobiltechni-sche Zeitschrift (ATZ), 117*(1), 15.

Reichhuber, A. W. (2010). *Strategie und Struktur in der Automobilindustrie: Strategische und organisatorische Programme zur Handhabung automobilwirtschaftlicher Herausforderungen.* Wiesbaden: Gabler.

Reidel, M. (2016). Warum die Autobauer den Takt in der Autoindustrie künftig vorgeben. http://www.horizont.net/tech/nachrichten/Apple-oder-Audi-Warum-die-Autobauer-den-Takt-in-der-Autoindustrie-kuenftig-vorgeben-144980. Zugegriffen: 12. Jan. 2017.

Rennhak, C., & Benad, H. (2013). Potenzielle Geschäftsmodelle für Automobilhersteller und Energiewirtschaft. In K. Bozem, A. Nagl, & C. Rennhak (Hrsg.), *Energie für nachhaltige Mobilität* (S. 115–192). Wiesbaden: Springer Gabler.

Roland Berger Strategy Consultants. (2015). *Die digitale Transformation der Industrie*. Wiesbaden: Springer Gabler.

Scholz, V., & Kempf, M. (2016). Autonomes Fahren: Autos im moralischen Dilemma? In H. Proff & T. M. Fojcik (Hrsg.), *Nationale und internationale Trends in der Mobilität* (S. 217–230). Wiesbaden: Springer Fachmedien.

Schüller, M., & Tewiele, S. (2016). Alternative Antriebe und Kraftstoffe für die nachhaltige Sicherung der Mobilität mit besonderem Fokus auf Ostasien. In H. Proff & T. M. Fojcik (Hrsg.), *Nationale und internationale Trends in der Mobilität* (S. 179–200). Wiesbaden: Springer Fachmedien.

simTD. (2013a). TP5-Abschlussbericht – Teil B-4 Ökonomische Analyse. http://www.simtd.de/index.dhtml/object.media/deDE/8109/CS/-/backup_publications/Projektergebnisse/simTD-TP5-Abschlussbericht_Teil_B-4_Oekonomische_Analyse_V10.pdf. Zugegriffen: 12. Febr. 2017.

simTD. (2013b). Nutzerakzeptanz, IT-Sicherheit, Datenschutz und Schutz der Privatsphäre (Abschlussbericht TP5 Teil B-2 des simTD-Projekts), http://www.simtd.de/index.dhtml/object.media/deDE/8127/CS/-/backup_publications/Projektergebnisse/simTD-TP5-Abschlussbericht_Teil_B-2_Nutzerakzeptanz_V10.pdf. Zugegriffen: 20. März 2016.

Statista. (2017a). Automobilindustrie Deutschland. Statista Dossier. https://de.statista.com/statistik/studie/id/6370/dokument/automobilindustrie-deutschland-statista-dossier. Zugegriffen: 13. Apr. 2017.

Statista. (2017b). Connected Car. https://de.statista.com/outlook/320/137/connected-car/deutschland. Zugegriffen: 12. Febr. 2017.

Statista. (2017c). Gesamte Produktionsvolumina und ungenutzte Kapazitäten in den Werken der Automobilbranche in der EU von 2010 bis 2018. http://de.statista.com/statistik/daten/studie/150559/umfrage/produktionsvolumen-in-der-automobilbranche-der-eu-seit-2000. Zugegriffen: 4. Febr. 2017.

Stockmar, J. (2014). Erfolgsfaktoren für Automobilzulieferer-Strategien für 2020. In B. Ebel & M. B. Hofer (Hrsg.), *Automotive Management: Strategie und Marketing in der Automobilwirtschaft* (S. 215–234). Heidelberg: Springer.

Süddeutsche Zeitung. (2016a). „Wir stehen vor einer Revolution". http://www.sueddeutsche.de/wirtschaft/autonomes-fahren-wir-stehen-vor-einer-revolution-1.3060930. Zugegriffen: 3. Juli 2016.

Süddeutsche Zeitung. (2016b). Vom Autohersteller zur Software-Company. http://www.sueddeutsche.de/auto/eine-industrie-im-wandel-vom-autohersteller-zur-software-company-1.3106071. Zugegriffen: 12. Sept. 2016.

Süddeutsche Zeitung. (2016c). Es wird weniger Unfälle geben. http://www.sueddeutsche.de/auto/vernetzte-fahrzeuge-wie-hersteller-und-versicherer-um-die-daten-kaempfen-1.2957358-3. Zugegriffen: 12. Sept. 2016.

Süddeutsche Zeitung. (2017). Intel kauft israelischen Roboterwagen-Zulieferer Mobileye. http://www.sueddeutsche.de/news/wirtschaft/auto-intel-kauft-israelischen-roboterwagen-zulieferer-mobileye-dpa.urn-newsml-dpa-com-20090101-170313-99-641293. Zugegriffen: 29. März 2017.

The Information. (2016). https://www.theinformation.com/google-scaled-back-self-driving-car-ambitions. Zugegriffen: 11. Dez. 2016.

United Nations Population Fund. (2017): Urbanization. http://www.unfpa.org/urbanization. Zugegriffen: 1. Mai 2017.

VDA. (2015). Deutsche Automobilindustrie sagt „Ja zu TTIP!" https://www.vda.de/de/presse/Pressemeldungen/20150128-Deutsche-Automobilindustrie-sagt–Ja-zu-TTIP–.html. Zugegriffen: 4. Mai 2016.

VDA. (2016a). Jahresbericht 2016. Die Automobilindustrie in Daten und Fakten (veröffentlicht am 04.11.2016). https://www.vda.de/de/services/Publikationen/jahresbericht-2016.html. Zugegriffen: 2. März 2017.

VDA. (2016b). Politikbrief 02/2016. https://www.vda.de/dam/vda/publications/2016/VDA_Politikbrief_2-16_DE.pdf. Zugegriffen: 1. Dez 2016.

VDA. (2016c). Deutsche Automobilindustrie forciert Zusammenarbeit mit Startups. https://www.vda.de/de/presse/Pressemeldungen/20160401-Deutsche-Automobilindustrie-forciert-Zusammenarbeit-mit-Startups.html. Zugegriffen: 29. Jan. 2017.

Wakabayashi, D., & Chen, B. X. (2016). Apple is said to be rethinking strategy on self-driving cars. *New York Times,* September 9, 2016. http://www.nytimes.com/2016/09/10/technology/apple-is-said-to-be-rethinking-strategy-on-self-driving-cars.html. Zugegriffen: 14. Febr. 2017.

Weigele, S. (2014). Urbane Mobilität im Umbruch? http://matters.civity.de/ Zugegriffen: 30. Nov. 2016.

Weinberger, M. (2017). Microsoft explains its plan to win the ‚battle for the future' against Amazon's Alexa and Google Assistant. http://www.businessinsider.de/microsoft-cortana-vs-amazon-echo-2017-1. Zugegriffen: 12. Jan. 2017.

Wired. (2017). Airbus will noch 2017 das erste selbstfliegende Taxi testen. https://www.wired.de/collection/tech/airbus-will-noch-2017-das-erste-selbstfliegende-taxi-testen. Zugegriffen: 17. Jan. 2017.

Wirtschaftswoche. (2014). Mobilität 2025: In Megacities entsteht der Verkehr der Zukunft. http://www.wiwo.de/technologie/auto/mobilitaet-2025-in-megacities-entsteht-der-verkehr-der-zukunft/11132534.html. Zugegriffen: 1. Mai 2017.

Zetsche, D. (2015). Auf der digitalen Autobahn in die Zukunft. In T. Becker & C. Knop (Hrsg.), *Digitales Neuland* (S. 63–74). Wiesbaden: SpringerGabler.

„Philips ist heute schon eine Software-Data-Company" – Der Transformationsprozess der Royal Philips

Andrea Kindermann und Sebastian Lindemann

Inhaltsverzeichnis

Zusammenfassung

2016 spaltete Philips den Unternehmensbereich „Lighting" ab und brachte ihn an die Börse: Das Unternehmen verabschiedete sich von dem Geschäftsfeld, aus dem der Konzern einst hervorgegangen ist. Royal Philips steht künftig für Produkte und Services für das Gesundheitswesen und für das persönliche Wohlbefinden. Ein zentraler Baustein der Strategie ist Philips Führungsrolle in der digitalen Transformation des Gesundheitsmarktes mit einer zentralen, offenen technischen Plattform, durch die Philips zum Enabler und Koordinator vernetzter Ökosysteme aus Hardware, Daten und Dienstleistern wird.

Pieter Nota, bis 2017 CEO Personal Health Business, in der w&v am 19.12.2016 (Schröter 2016).

A. Kindermann (✉)
Quadriga Hochschule Berlin, Berlin, Deutschland
E-Mail: andrea.kindermann@quadriga.eu

S. Lindemann
Philips GmbH Market DACH, Hamburg, Deutschland
E-Mail: sebastian.lindemann@philips.com

© Springer Fachmedien Wiesbaden GmbH 2018
C. Gärtner und C. Heinrich (Hrsg.), *Fallstudien zur Digitalen Transformation*,
https://doi.org/10.1007/978-3-658-18745-3_2

Keimzelle der heutigen Koninklijke Philips N. V. (Royal Philips)[1] ist die elektrische Glühlampe: 1891 gründete Frederik Philips mit seinem Sohn Gerard Philips & Co, um in einer kleinen Fabrik in Eindhoven die Massenherstellung von Glühlampen aufzunehmen. Ende des 19. Jahrhunderts begann der Siegeszug der Elektrizität und damit die Nachfrage nach verlässlichen, erschwinglichen Glühlampen. Philips wurde schnell zu einem der größten Hersteller in Europa und belieferte unter anderem den russischen Zaren. Philips & Co wurde 1912 in eine an der Börse gelistete Kapitalgesellschaft umgewandelt und in *N. V. Philips' Gloeilampenfabrieken* umbenannt.

Philips war von Beginn an ein exportorientiertes Unternehmen und schon Anfang des 20. Jahrhunderts nicht nur in Europa, sondern auch in Ländern wie USA, Brasilien und China präsent. Sein Wachstum trieb es außerdem durch Übernahmen voran. 1927 kaufte Philips zum Beispiel die traditionsreiche Hamburger Röntgenfirma C.H.F. Müller und mit ihr deren Tochter „Radioröhrenfabrik GmbH" inklusive ihrer Marke „Valvo", aus der später die Valvo GmbH hervorging. Die Valvo GmbH gehörte zu den weltweit führenden Unternehmen für Fernsehbildröhren, bis in den 1980er Jahren japanische Unternehmen den Markt für Unterhaltungselektronik revolutionierten.

1914 gründete das Unternehmen ein Forschungslabor, um neue Technologien zum Ausbau und zur Weiterentwicklung des Produktportfolios zu nutzen. In diesem „NatLab" (Natuurkundig Laboratorium) genannten Labor betrieb Philips Grundlagenforschung. Hier wurde nicht nur die Pentode für Radios erdacht, sondern auch die Audiokassette und die Compact Disc – besser bekannt als CD – erfunden. Heute ist Philips mit 60 Research- und Development-Standorten auf allen Kontinenten vertreten, darunter mit acht Forschungslaboratorien in sieben Ländern.

1918 entwickelte Philips eine Röntgenröhre. Damit begann der Weg zu einem diversifizierten Unternehmen: Philips forsche weiter im Bereich Diagnostik und brachte innovative Verfahren zum Beispiel zur Hautkrebserkennung zur Marktreife. Philips wurde aber auch zu einem der größten Hersteller von Radiogeräten in Europa, produzierte TV-Geräte und elektrische Rasierapparate.

Die Grundlagenforschung in den Philips Laboren trug zur Entwicklung energiesparender Glühlampen bei und führte in den 1980er Jahren zur bereits erwähnten Compact Disc (CD), die Philips gemeinsam mit Sony auf den Markt brachte und auf der Musik erstmals digital gespeichert wurde. Mit dem CD-Rekorder und der beschreibbaren CD lieferte Philips den digitalen Nachfolger für seine eigene Erfindung, die Audio-Kassette – und trug damit zur Disruption der Musikindustrie bei: Der CD-Rekorder ermöglichte Kopien ohne Qualitätsverlust. Ebenfalls gemeinsam mit Sony entwickelte Philips später die DVD und war auch an der Nachfolgetechnologie „Blu-Ray" beteiligt. Philips besitzt heute 79.000 Patentrechte, 49.000 Markenrechte, 86.000 Designrechte und 4400 Domain-Namen.

---

[1]1916 – im 25. Jahr seines Bestehens – verlieh das niederländische Königshaus Philips das Attribut „Königlich", das auch heute noch Teil des Unternehmensnamens ist.

2.1   Konzernumbau seit 1990

1990 war Philips in sechs Geschäftsfeldern aktiv: Beleuchtung, Unterhaltungselektronik und Elektrogeräte für private Haushalte, Komponenten und Halbleiter für die Elektronikindustrie sowie Produkte und Systeme für den professionellen Einsatz zum Beispiel in Krankenhäusern. Das Unternehmen hatte mehr als 280.000 Mitarbeiter und erzielte einen Umsatz von 29,9 Mrd. US$ (Cohen 1992). Doch es gelang Philips nicht, seine technologische Kompetenz in wirtschaftlichen Erfolg umzusetzen. Japanische Unternehmen prägten den Wettbewerb in vielen der Philips Geschäftsfelder und setzten die Maßstäbe in Geschwindigkeit und Kostendisziplin. Philips hatte sich über Jahrzehnte zu einem Unternehmen entwickelt, in dem ein lokales Management für seine lokalen Märkte entschied (einen europäischen Binnenmarkt gab es noch nicht). 1990 machte das Unternehmen einen Verlust von 2,28 Mrd. US$ (Cohen 1992) – trotz eines bereits laufenden Effizienzprogramms, mit dem das Konglomerat aus mehr als 250 Produktionsstätten in 40 Ländern und Vertriebsniederlassungen in 150 Ländern zu einem zentral koordinierten Konzern entwickelt werden sollte. Präsident und CEO Cor van der Klugt wurde durch Jan Timmer ersetzt, der das mehrjährige Restrukturierungsprojekt „Centurion" anstieß und kurz darauf den Abbau von 45.000 Arbeitsplätzen ankündigte. Einige besonders verlustreiche Geschäftsfelder wurden sofort verkauft oder aufgegeben (Freedman 1996; Kersten et al. 2009). Bereits 1991 konnte Philips wieder einen Gewinn verkünden.

Parallel trieb Jan Timmer jedoch auch den Umbau von Philips zu einem Unternehmen voran, das aufgrund seiner Strategie und seiner Denkweise in der Lage sein sollte, wirtschaftlich erfolgreich zu sein. Philips benannte sich um: Aus der *N. V. Philips' Gloeilampenfabrieken* wurde *Philips Electronics N. V.*[2] „The Philips Way" wurde mit fünf Anforderungen beschrieben:

- Delight customers
- Value people as our greatest resource
- Deliver quality and excellence in all actions
- Achieve a premium return on equity
- Encourage entrepreneurial behaviour at all levels (zitiert nach Freedman 1996, S. 610).

Diese Grundsätze in den verschiedenen Unternehmensbereichen und -ebenen zu operationalisieren war der wesentliche Auftrag des Centurion-Projekts.

1996 folgte Cor Boonstra als Präsident und CEO auf Jan Timmers. Anders als seine Vorgänger hatte er keine langjährige Philips-Erfahrung, sondern trat erst 1994 im Alter

---

[2]1997 wurde der Unternehmensname noch einmal geändert und aus *Philips Electronics N. V.* wurde *Koninklijke Philips Electronics N. V.* Der Firmensitz wurde von Eindhoven nach Amsterdam verlegt.

von 56 Jahren auf Initiative von Jan Timmers in den Philips-Vorstand ein. Auch unter seiner Ägide setzte sich der Konzernumbau fort, um Philips auf wenige Geschäftsfelder zu fokussieren und die eigenen Kompetenzen zukunftsorientiert weiterzuentwickeln. Philips wendete im Jahr 1998 349 Mio. € für Restrukturierungsmaßnahmen auf.[3] Allein im Jahr 1998 trennte sich Philips von 25 Aktivitäten, die das Management entweder nicht zum Kerngeschäft zählte oder die fortgesetzt schlechte Ergebnisse lieferten.

Boonstra verkaufte zum Beispiel 1999 „PolyGram" und beendete damit das Engagement in der Musikindustrie.[4]

> We decided to sell PolyGram because we believe that PolyGram will add more shareholder value together with Seagram's Universal music and film operations than as a separate subsidiary of Philips. Furthermore, the competences required to run this business are quite unlike those needed elsewhere in the Company, and the very different nature of the business means its contributions to strengthening the Philips brand was marginal at best (Royal Philips Electronics 1998, S. 4).

1998 wurde auch ein Joint Venture mit Lucent Technologies beendet, mit dessen Hilfe Philips den Durchbruch auf dem US-amerikanischen Mobilfunkmarkt schaffen wollte. Diese Erwartungen wurden nicht erfüllt. Das Philips Management entschied jedoch, weiter im Mobilfunkmarkt aktiv zu bleiben:

> We are now continuing on our own, concentrating on GSM technology. We feel it is important to remain in mobile telephony, because as telecommunications, computer and multimedia technology converge, Philips needs to maintain world-class expertise in this field as an important part of the ‚digital mix' in tomorrow's high-volume electronics products (Royal Philips Electronics 1998, S. 4).

Seine Marktposition in der medizinischen Diagnostik baute Philips vor allem durch Akquisitionen aus (Ridley 2000; Casey 2001):

- 1998 kaufte Philips ATL Ultrasound, einen führenden Hersteller von Ultraschalldiagnosesystemen, für 800 Mio. US$.
- Im Jahr 2000 akquirierte Philips mit ADAC Laboratories einen Spezialisten für Nuklearmedizin,
- und kurz darauf für 1,7 Mrd. US$ die Agilent Technologies Healthcare Solutions Group. Durch diesen Kauf erweiterte Philips sein Portfolio unter anderem um Technologien für die häusliche Pflege und zur Fernabfrage von Messgeräten.
- 2001 schließlich übernahm Philips die Medizinsparte des britischen Marconi-Konzerns für 1,1 Mrd. US$ und schloss damit zur Nummer Zwei des Marktes – Siemens – auf.

---

[3]1999: 123 Mio. €, 2000: 203 Mio. € (Royal Philips Electronics 2000, S. 48).

[4]Philips war allerdings an Seagram, dem Käufer von PolyGram, beteiligt. Seagram ging später in Universal Music auf.

Die IT-Sparte („Origin") diente als hauseigener Enabler für alle Geschäftsbereiche, in denen IT-Lösungen benötigt wurden. Origin wurde im Jahr 2001 mit dem französischen IT-Dienstleister Atos fusioniert. Atos Origin hatte rund 28.000 Mitarbeiter und konnte ein breites Spektrum von IT-Lösungen bis hin zu E-Business-Lösungen anbieten, die für Philips ein wichtiges Zukunftsthema waren: Schon im Jahr 2000 forderte Philips von jeder Geschäftseinheit einen E-Business-Plan für die gesamte Wertschöpfungskette und führte ein Schulungsprogramm für 10.000 Mitarbeiter durch, um die Belegschaft auf die neuen Marktbedingungen in einer Gesellschaft vorzubereiten, die nicht nur „web-enabled" ist, sondern in der sich auch ganz neue Wettbewerbsbeziehungen bilden. 2005 trennte sich Philips von seiner Beteiligung an Atos Origin, nutzte das Unternehmen aber weiterhin als Dienstleister.

Im Jahr 2000 erreichte Philips 20 % Umsatzsteigerung und eine Sales/Income-Ratio von 11,3 % – gegenüber nur 5,6 % im Vorjahr. Doch 2001 – das Jahr, in dem die erste Dotcom-Blase platzte – war auch für Philips ein schlechtes Jahr: Die Umsätze sanken um 15 % und Philips schrieb einen operativen Verlust von 1,371 Mio. € (siehe Tab. 2.1 sowie Tab. 2.2). Vor allem die Komponenten- und die Halbleitersparte, die im Vorjahr noch zu den Wachstumstreibern gehört hatten, brachen ein. Der neue Präsident und CEO Gerard Kleisterlee sah die Ursache für das schlechte Ergebnis jedoch nicht nur in den Marktbedingungen:

Tab. 2.1 Umsatz, EBIT, Net Income und Anzahl Mitarbeiter Philips Royal Electronics 2001 bis 2016. (Quelle: Philips Royal Electronics Geschäftsberichte 2001 bis 2016; eigene Darstellung)

	2001	2002	2003	2004	2005	2006	2007	2008
Sales (Mio. €)	32.339	31.820	29.037	30.319	30.395	26.976	26.793	26.385
EBIT (Mio. €)	−1371	420	488	1607	1779	1183	1852	317
EBIT (% von Sales)	−4,2	1,3	1,7	5,3	5,9	4,4	6,9	1,2
Net Income (Mio. €)	−2604	−3206	705	2836	2868	5383	4168	−186
Anzahl FTE	188.643	170.087	164.438	161.586	159.226	121.732	123.801	121.398
	2009	2010	2011	2012	2013	2014	2015	2016
Sales (Mio. €)	23.189	25.419	22.579	24.788	23.329	21.391	24.244	24.516
EBIT (Mio. €)	614	2065	−269	1030	1991	486	992	1882
EBIT (% von Sales)	2,6	8,1	−1,2	4,2	8,5	2,3	4,1	7,7
Net Income (Mio. €)	424	1452	−1291	231	1172	411	659	1491
Anzahl FTE	115.924	119.001	125.241	118.087	116.681	113.678	104.204	114.731

Tab. 2.2 Profitabilität ausgewählter Produktkategorien (EBIT in % of Sales). (Quelle: Royal Philips Electronics Geschäftsberichte 2001 bis 2016; eigene Darstellung)

	2001 (%)	2006 (%)	2011 (%)	2016 (%)
Healthcare (professional & personal)	−4,1	11,8	1,1	9,4
Other Consumer products	−2,4	6,1	6,7	−
Lighting	12,3	11,6	−4,7	6,1

It would be too easy to attribute all our problems to the general economic situation. Despite the excellent year we had in 2000, several problems were already beginning to surface. Some of our processes are not up to benchmark standard, our fragmented organization makes us carry too high costs for infrastructure and overhead, and we've allowed too many low-growth, low-margin businesses to develop (Royal Philips Electronics 2001, S. 5).

Philips arbeitete weiter daran, seine Kosten zu senken und die Effizienz der Organisation zu erhöhen. Philips dezentrale Struktur und die ausgeprägte vertikale Integration führte immer noch zu Kostennachteilen, Ineffizienzen und geringer Flexibilität. Durch Outsourcen der Produktion vor allem reifer Produkte und durch Kooperationen sollten Kosten gesenkt, besonders die finanziellen Risiken für die Entwicklung von Innovationen geteilt und die Flexibilität in der Produktion erhöht werden. Die Divisionen sollten nicht mehr im Wortsinne als voneinander getrennte Teilbereiche agieren, sondern sich als Teil eines Portfolios aus Technologien, Marktzugängen und Zielgruppen-Know-how verstehen:

In order to become a leader in digital-age technology, our product divisions are going to have to work more closely together. The technologies are converging, and consumers tell us they no longer see any real division between technology for the home, for work and for on the move. It's just technology for people. Our divisions grew up historically on the basis of separate technologies. Those boundaries are less relevant today and hold us back rather than help us work more efficiently. Our product divisions have many shared interests. For instance, solid-state technologies within Lighting are linked with our screen display activities at Components. Certain types of medical equipment are becoming consumer items, implying a link between Medical Systems and Personal Care, while for Liquid-Crystal-on-Silicon projection technology, you need semiconductors, components and lighting expertise. Just as companies are increasingly finding that they need to enter into alliances and partnerships, so we need to establish more effective networks and partnerships within the Company. Bringing people together is the key (Royal Philips Electronics 2001, S. 8).

In den folgenden Jahren setzte Philips die Anstrengungen fort, die eigene Arbeitsweise effizienter, schlanker und agiler zu gestalten sowie unternehmensweite gemeinsame Standards, Prozesse und Kooperationen zu forcieren. „The Philips Way" wurde neu interpretiert:

- Delight customers,
- Deliver on commitments,
- Develop people,
- Depend on each other (Philips Royal Electronics 2001, S. 9).

Philips positionierte sich als Konzern für Health, Lifestyle und Technology, der Innovationen aus einer expliziten Markt- und Kundenzentrierung heraus entwickelt. Philips brachte zum Beispiel ein Angiografiesystem[5] auf den Markt, das so konzipiert ist, dass es sich bestmöglich in die Arbeitsabläufe des Ärzteteams einpasst, anstatt die Ärzte zu zwingen, „um das Gerät herum" zu arbeiten.[6] Das „EP Cockpit" ist eine besonders intuitive Arbeitsumgebung für Kardiologen, die Herzrhythmusstörungen minimal-invasiv mithilfe von Kathetern behandeln. Das Philips Produkt ermöglicht, unterschiedliche Perspektiven auf das Herz gleichzeitig darzustellen und unterstützt die Ärzte so dabei, die Situation in Echtzeit bestmöglich zu beurteilen.[7] Eine weitere Innovation, die den Anspruch auf markt- und kundenzentrierte Innovation unterstreicht, ist das Philips Heart-Model: Dieses 3D-Ultraschall-Gerät erstellt Aufnahmen der linken Herzkammer besonders schnell und verlässlich, indem es „anatomische Intelligenz" einsetzt. Das bedeutet: Auf Basis von Daten zur Anatomie des Herzens stellt das Gerät automatisch sicher, dass die richtigen Bereiche des Herzens durch das Ultraschallgerät erfasst werden. Der Arzt muss nicht selbst dafür sorgen, das Messgerät exakt auf die richtige Stelle auszurichten, und kann daher in kürzerer Zeit genauere Aufnahmen erstellen.[8] Die Philips ClarityIQ-Technologie erlaubt sehr genaue, bedarfsgerechte Röntgenbilder bei geringerer Strahlung, indem 3D-Ultraschallaufnahmen in Echtzeit mit Röntgenbildern synchronisiert werden.[9]

2007 wurde der Net Promotor Score[10] als Kennzahl für die Customer Experience implementiert. Die Anzahl der Geschäftsbereiche wurde reduziert: Aus sieben Divisionen im Jahr 2001 wurden sechs im Jahr 2002. 2006 wurde die Halbleitersparte verkauft. 2007 wurden die Sparten „Consumer Electronics" und „Domestic Appliances & Personal Care" (DAP) zur Division „Consumer Lifestyle" verschmolzen. Aus „Medical Systems" und „Home Healthcare Solutions" wurde die Division „Health". „Lighting" bildete die dritte Sparte. Philips fokussierte sich damit auf Märkte, die als besonders stabil galten, und investierte parallel in die Stärkung seiner Marke durch globale Kampagnen:

> [...] In der Medizinelektronik und in der Lichttechnik spielt die Technologie noch eine große Rolle, aber doch nicht im Konsumentengeschäft. Da ist heute das Marketing der entscheidende Faktor. Es kommt darauf an, wie benutzerfreundlich ein Gerät ist und wie genau es die Wünsche der Kunden erfüllt (Gerard Kleisterlee in einem Interview mit dem Spiegel; Dohmen und Kerbusk 2010).

---

[5]Eine Angiographie ist eine Aufnahme des Gefäßsystems.

[6]http://www.philips.ch/healthcare/product/HCNOCTN248/flexmove-mehr-flexibilitt.

[7]http://www.philips.de/healthcare/product/HCOPT03/ep-cockpit-elektrophysiologie.

[8]http://www.usa.philips.com/healthcare/resources/feature-detail/ultrasound-heartmodel.html.

[9]http://www.philips.de/healthcare/product/HCNOCTN163/philips-alluraclarity-interventionelle-rntgensysteme.

[10]Der Net Promotor Score ist ein Maß für die Wahrscheinlichkeit, mit der ein Kunde ein Produkt oder ein Unternehmen weiterempfiehlt. Er wird durch Kundenbefragungen ermittelt.

2.2   Fokussierung auf Health & Well-being

Trotz des inzwischen 20-jährigen Transformationsprozesses, sinkender Mitarbeiterzahlen und in der Regel starker Marktpositionen in den verbliebenen Geschäftsfeldern bleibt die Profitabilität des Unternehmens weiter hinter den Ergebnissen seiner Wettbewerber zurück (Abb. 2.1).

2011 übergab Gerard Kleisterlee die Unternehmensführung an Frans van Houten, der das Programm „Accelerate!" initiierte. Das Programm verfolgte drei Ziele:

1. Die weitere Verbesserung der Effizienz
2. Den Ausbau der Marktposition in den Kerngeschäftsfeldern
3. Den Aufbau neuer Wachstumsfelder durch Investition in ergänzende Geschäftsfelder und die Förderung sich neu entwickelnder Geschäftsmodelle

Philips positionierte sich noch spitzer als Unternehmen im Sektor „health and well-being" mit der Mission

> Improving people's lives through meaningful innovation. Innovation is integral to everything we do. But innovation does not only mean "new technology". It can also mean a new application, a new business model or a unique customer proposition brought about by an innovative partnership. By tracking global trends and understanding the challenges facing people in their daily lives, we ensure that people's needs and aspirations are at the heart of our innovation endeavors (Royal Philips Electronics 2011).

Abb. 2.1 EBIT in % von Sales von Philips, Siemens und General Electric im Vergleich. (Quellen: Firmenbilanzen lt. Wallstreet Online)

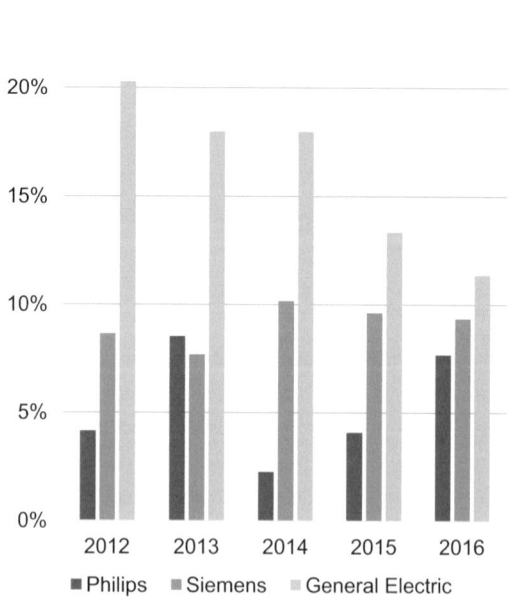

„Eager to win, Take ownership, Team up to excel" lauteten nun die Maßgaben für das erwünschte Verhalten bei Philips.

2.3 Workplace-Innovation-Konzept

Mit dem Philips Workplace Innovation Programm sorgt Philips weltweit dafür, dass die Mitarbeiter auch durch die Gestaltung ihrer Arbeitsplätze bestmöglich darin unterstützt werden, diese Grundsätze zu leben (Abb. 2.2).

Das Programm startete bereits 2009, um den Büroraum effizienter zu nutzen, denn 40 % der Räume standen zum Beispiel wegen Dienstreisen oder Urlaubs regelmäßig leer. Die Lösung: mobile Arbeitsplätze statt des eigenen Schreibtisches. Schnell wurde aber deutlich, dass sich mobile Arbeitsplätze nur in einem umfassenden Konzept erfolgreich einführen lassen: Arbeitsorganisation, IT und ein differenziertes, gemeinsam mit den Mitarbeitern entwickeltes Raum- und Designkonzept mit Rückzugsräumen und Zonen für informelle Besprechungen sind notwendig, damit Kommunikation, Kollaboration und Produktivität unterstützt werden. „WPI 2.0" wurde lanciert:

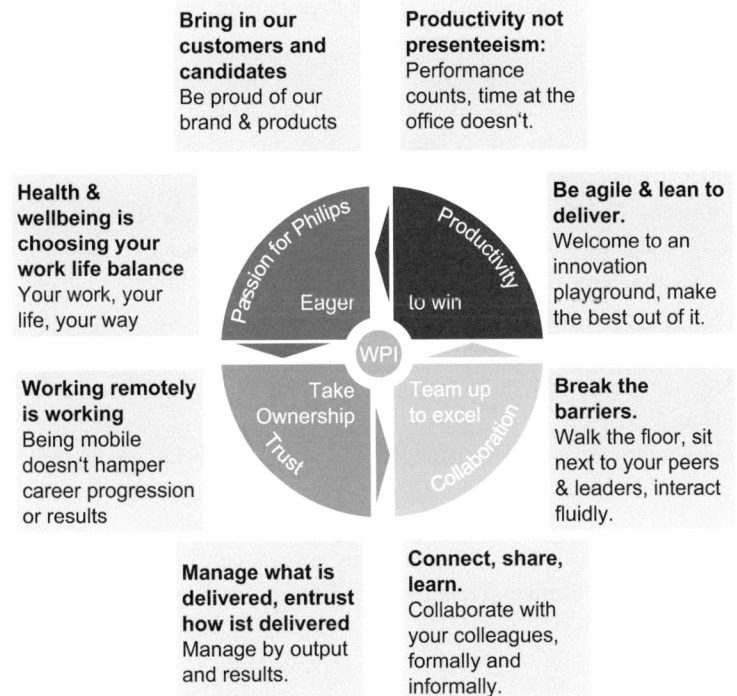

Abb. 2.2 „WPI 2.0 – Guiding Principles". (Quelle: De Winter 2013)

A key part of our company mission is to make Philips a great place to work for people who share our passion.

Our goal with WPI is to enable an empowering, innovative and collaborative way of working;

- One that drives a high performance culture,
- One that fosters a trust-based employee relationship,
- One that enables an inspired human network (De Winter 2013).

Philips hat ein umfassendes Konzept entwickelt, um die lokalen Unternehmen bestmöglich bei der Umsetzung zu unterstützen. Die Grundidee von WPI 2.0 ist, allen Mitarbeitern immer die für eine spezifische Tätigkeit optimale Arbeitsumgebung zur Verfügung zu stellen: Räume für Teamarbeit und Kommunikation ebenso wie abgeschlossene Räume für konzentriertes Arbeiten. Die Projekt-Bausteine gliedern sich in die drei Bereiche „People", „Technology" und „Place":

Im Bereich „People" geht es darum, Führungskräfte und Belegschaften an die neue Art zu arbeiten heranzuführen, denn der Verzicht auf einen festen Arbeitsplatz[11] und eine offene Raumgestaltung ist eine große Umstellung, mit der sich alle Beteiligten bewusst auseinandersetzen sollen. Dazu gehört zum Beispiel die Frage, wie sich Privatheit, Konzentration und individuelles Wohlbefinden auch in der neuen Arbeitsumgebung realisieren lassen.

Unter „Place" werden Maßnahmen der Raumgestaltung zusammengefasst. Das Konzept sieht fünf Typen von Arbeitsumgebungen vor:

- offene Büroflächen mit Schreibtischplätzen für die tägliche Arbeit. Die Schreibtische sind höhenverstellbar und mit Bildschirm, Tastatur und Maus sowie Netzanschluss ausgestattet (Neighbourhoods).
- Abgeschlossene Einzelbüros für Tätigkeiten wie vertrauliche Telefonate, Webkonferenzen oder konzentriertes Denken und Schreiben (Focusräume).
- Touch-down-Bereiche können Mitarbeiter für bis zu zwei Stunden nutzen, um allein oder in Kleingruppen fokussiert Aufgaben abzuarbeiten.
- „Breakout Areas" sind informell gestaltete Flächen für informelle Besprechungen. Sie sollen einen entspannten, inspirierenden Austausch in Teams und Arbeitsgruppen unterstützen.
- Besprechungszimmer wiederum sind für formelle Besprechungen gedacht. Sie sind mit Präsentationstechnik und Telefonkonferenzsystemen ausgestattet.

Alle Arbeitsumgebungen sind mit Wireless-LAN ausgerüstet. Zum Raumkonzept gehören auch attraktiv gestaltete Kaffee-/Teeküchen als weitere wichtige Kommunikationsräume

---

[11]Für Mitarbeiter, deren Tätigkeit oder deren gesundheitliche Situation einen festen Arbeitsplatz zwingend erfordert, gibt es auch den Baustein „fester Arbeitsplatz" im WPI-2.0-Konzept.

und fest vergebene Schließfächer, sodass jeder Mitarbeiter persönliche Gegenstände sicher aufbewahren kann.

„Technology" umfasst die Standards für die technische Infrastruktur, die in allen Arbeitsumgebungen zur Verfügung steht. Jeder Mitarbeiter erhält einen Laptop und ein Mobiltelefon. Audio- und Video-Chat dienen als primäre Kommunikationskanäle unter den Mitarbeitern. Verlässlichkeit und einfache Nutzbarkeit der IT-Infrastruktur ist ein wesentlicher Erfolgsfaktor für das Bürokonzept.

Jedes WPI-Projekt umfasst Maßnahmen, die sich auf den Arbeitsplatz beziehen und Maßnahmen, die die Mitarbeiter involvieren (Tab. 2.3). Der wesentliche Baustein ist die Beteiligung der Belegschaft an der Gestaltung ihrer eigenen Arbeitsumgebungen. Besonders die inspirierenden „Breakout Areas" sind gut geeignet, um Ideen der Mitarbeiter umzusetzen und so die Identifikation mit dem neuen Bürokonzept zu stärken. Auf diese Weise ist auch das Konzept des „Philips Campus" in Hamburg entstanden: Die Breakout-Bereiche erinnern an den Hamburger Hafen, den Hamburger Stadtpark, die Speicherstadt sowie die Reeperbahn. Von der Sky-Lounge im fünften Stock hat man einen guten Blick auf den Hamburger Helmut Schmidt Flughafen. Sie spiegeln so nicht nur die Ideen der Mitarbeiter wider, sondern stellen auch einen Bezug zum Standort her.

Tab. 2.3 „WPI 2.0 – The WPI Package. What we deliver in a WPI project". (Quelle: De Winter 2013)

	Employee	Workplace
People	Facilitated team effectiveness workshops Employee involvement in WPI design & implementation Performance-based management training Knowledge sharing on new ways of working, change agent networks	Support local HR with WPI proof Labour Agreements Support with initatives (first day, clean up archives, comms) Word-life-balance & Ergonomic guidance Remote working policy and mobility policy (parking, commuting)
Technology	IT tools: laptop, mobile phone, smartphone, keyboard, mouse Reliable & controllable e-mail functionality from work & home Bring your own device policy & support Productivity Training & collaboration tools	Connectivity at the workplace: Wireless & LAN across building Printing and scanning of documents on printers that follow you Virtual meetings: Roundtable, Screens & HD Beamers
Place	An inspiring, collaborative work environment Variety of work settings depending on the activities you need to perform Attractive workplace, living the Philips brand	Office design based on business and regional requirements Work settings based on space analysis and work style evaluation Productivity-focused neighborhood planning (Lean & E2E) Project Management (Design, Tenders, Construct, Move-in)

Doch das Involvement der Belegschaft endete nicht bei Themen für die Gestaltung der informellen Bereiche. Auch Details wie die Beschriftung der Besprechungsräume gehen auf ihre Ideen zurück. Seit 2009 wurden über 30 Philips Standorte nach dem Workplace-Innovation-Konzept umgestaltet. Die überwiegende Mehrheit der betroffenen Mitarbeiter bewertet die Veränderung in Befragungen bisher als positiv und möchte nicht zur konventionellen Arbeitsumgebung zurückkehren.

2.4 Datenbasiertes Gesundheitsmanagement

2012 führte Philips mit dem Lichtsystem Hue ein Produkt ein, das typisch für das digitale Zeitalter ist: Über W-LAN steuerbare LED-Leuchten, die sich über die zugehörige App direkt oder automatisiert ein- und ausschalten und auch in ihrer Farbe verändern lassen. Inzwischen gehören Sensoren und Schalter zum Hue-Produktprogramm, und das System lässt sich auch mit Smart-Home-Systemen anderer Hersteller wie Nest, Apple, Bosch und mit Amazons Alexa verbinden.

Doch Philips sieht das Potenzial für vernetzte Produkte vor allem im Gesundheitssektor. 2016 gliederte Philips den Geschäftsbereich Lighting aus und brachte ihn als eigenständiges Unternehmen an die Börse. Für die Mitarbeiter war diese Entscheidung ein Schock: Philips verabschiedet sich damit nach mehr als 125 Jahren von seinem Ursprungsprodukt. Royal Philips fokussiert sich seitdem ganz auf das sogenannte „Health Continuum", in dem professionelle Diagnostik mit Monitoring, Diagnostik und Haushaltsprodukten für einen gesunden Lebensstil verknüpft werden sollen (siehe Abb. 2.3).

2008 hatte Philips in einem internen Versuch Aktivitätentracker und Schrittzähler getestet, jedoch kein Marktpotenzial für diese Produktkategorie gesehen. Sieben Jahre später hat sich die Einschätzung deutlich geändert:

- Das wachsende Interesse der Konsumenten an ihrer Gesundheit und an Möglichkeiten, den eigenen Lebensstil auch mit technischer Hilfe zu verändern, ist einer der drei Trends, auf den Philips setzt.
- Hinzu kommen die weltweit steigenden Kosten für die Gesundheitswesen, die zu mehr Effizienz zwingen.
- Der dritte relevante Trend ist, dass Patienten schneller nach Hause entlassen werden und dann dort medizinisch überwacht werden können, bzw. dass chronisch Kranke durch neue Technologien die Möglichkeit erhalten, zuhause zu leben.

Daraus ergeben sich das Marktpotenzial von rund 140 Mrd. € entlang des „Health Continuums" und das Wachstumspotenzial auf 185–190 Mrd. € im Jahr 2019, mit dem Philips rechnet (siehe Abb. 2.4).

Die Förderung von Gesundheit und Wohlbefinden gehört zu den 17 Zielen der UN für nachhaltige Entwicklung. Dieses Ziel lässt sich nur erreichen, wenn alle Menschen

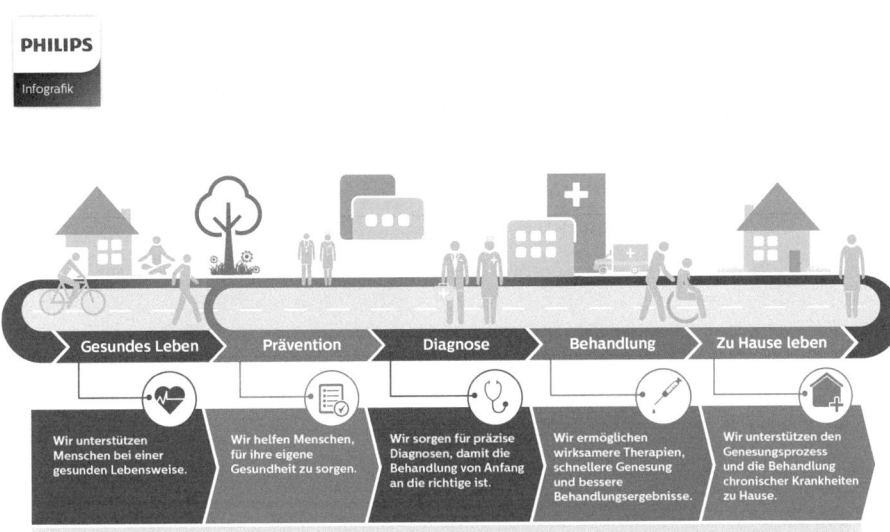

Abb. 2.3 Schematische Abbildung des „Health Continuum" 2015. (Quelle: Philips)

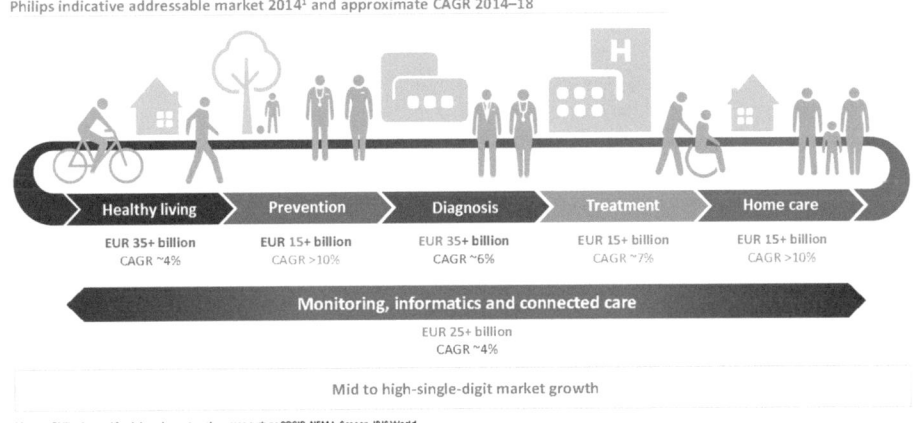

Abb. 2.4 Einschätzung des Marktwertes 2014 und -wachstums 2014–2018 entlang des „Health Continuum". (Quelle: Philips-interne Studie)

Abb. 2.5 Verteilung
der Ausgaben im
Gesundheitssystem der
USA nach Krankheitstypen.
(Quelle: Agency for Healthcare
Research und Quality 2014)

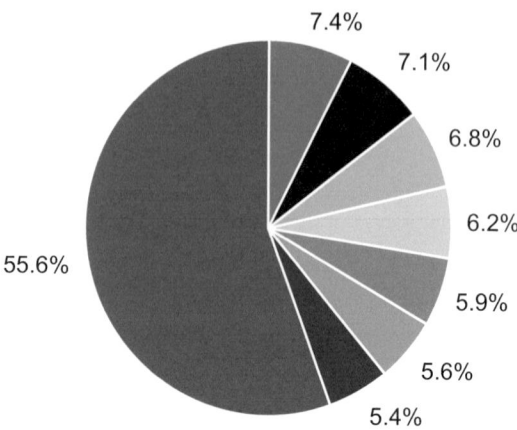

- Mental disorders
- Heart conditions
- Trauma-related disorders
- Diabetes mellitus
- Cancer
- COPD, asthma
- Osteoarthritis and other non-traumatic joint disorders
- Others

Zugang zu einem Gesundheitswesen haben, das die bezahlbare Versorgung mit essen-
tieller medizinischer Vorsorge, Behandlungen und Medikamenten sicherstellt (Nino
o. J.). Die Ausgaben für Gesundheit sollten also schon deshalb steigen, weil das globale Niveau der Gesundheitsfürsorge höher wird. Gleichzeitig steigt der Anteil an der
Weltbevölkerung, der an „Wohlstandskrankheiten" leidet, die zum Beispiel durch Übergewicht hervorgerufen werden. Die Weltgesundheitsorganisation schätzt, dass sich der
Anteil übergewichtiger Menschen seit 1980 verdoppelt hat. Nach ihren Analysen waren
2014 mehr als 1,9 Mrd. Erwachsene übergewichtig, davon 600 Mio. adipös, das entspricht 39 % bzw. 13 % der erwachsenen Weltbevölkerung.[12] 2014 lebte die Mehrzahl
der Menschen bereits in Ländern, in denen Übergewicht zu mehr Todesfällen führt als
Unterernährung. 41 Mio. Kinder unter fünf Jahren wurden als übergewichtig oder adipös
eingestuft. Übergewicht befördert chronische Erkrankungen wie Diabetes, Herzkreislau-
ferkrankungen und Arthrose (WHO 2016). Auf diese drei Krankheitstypen entfallen in
den USA inzwischen fast 20 % der nationalen Gesundheitsausgaben (Abb. 2.5).

---

[12]Die WHO stuft Menschen mit einem BMI von 25 oder darüber als übergewichtig ein. Adipositas
beginnt ab einem BMI von 30 (WHO 2016).

Die Ausgaben für medizinische Leistungen in den USA betragen fast 17 % des Bruttoinlandsproduktes, während es in Deutschland „nur" 11 % sind und in Großbritannien knapp 10 %. In China, Indien und Russland liegt der Wert zwischen rund 5 % und 6 % (Abb. 2.6). Gerade in Industrieländern wie den USA gehören die schnell wachsenden Kosten für das Gesundheitswesen zu den zentralen politischen und gesellschaftlichen Herausforderungen. Es gibt daher in vielen Ländern das Bestreben, die Vergütungsmodelle für medizinische Dienstleister an Effizienz und Behandlungserfolg zu binden, das heißt, nicht mehr die Anzahl durchgeführter Diagnosen und Therapien ist relevant, sondern das Verhältnis zwischen Aufwand und Ergebnis. Mehrfach-Untersuchungen, Therapieabbrüche oder Krankenhausaufenthalte nur zu Beobachtungszwecken zu vermeiden, ist in solchen Vergütungsmodellen essentiell, um profitabel zu arbeiten.

Goldman Sachs Global Investment Research hat sich 2015 mit der Frage beschäftigt, welche Potenziale der US-Gesundheitsmarkt für Anbieter digitaler Internet-of-Things-Lösungen (IoT) bietet (vgl. Tab. 2.4). Dabei legen sie folgende Definition zugrunde:

> Healthcare IoT: Platform that create actionable patient data to aid in the treatment or prevention of diseases outside of the traditional care setting, drastically reducing costs in the process (Roman und Conlee 2015, S. 9).

Die Analysten gliedern den Markt in die Bereiche „Remote Patient Monitoring", „Telehealth" und „Behavior Modification". „Behavior Modification" umfasst alle Konzepte,

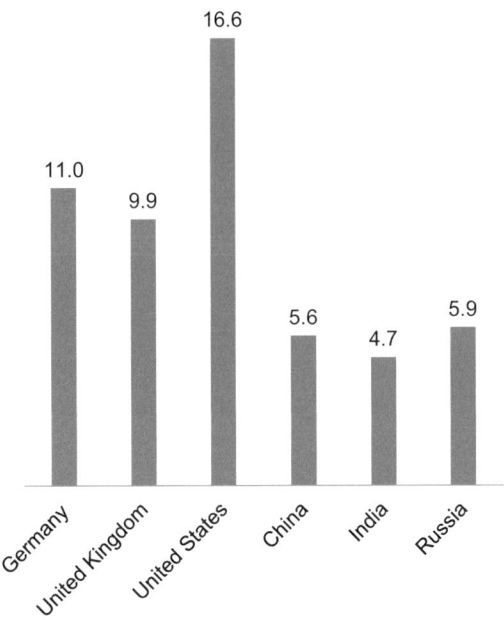

Abb. 2.6 Gesundheitsausgaben in % des BIP in ausgewählten Ländern 2014. (Quelle: OECD 2016)

Tab. 2.4 „Potential economic impact of HC IoT offerings by vertical". (Quelle: Roman und Conlee 2015, S. 4)

Vertical	Disease state	Total savings opportunity	Commercial opportunity
Remote patient monitoring	Heart disease, COPD[a]/ Asthma, Diabetes	$ 200+ billion[b]	~$ 15 billion[b]
Telehealth	Routine & Psychological care	~$ 100+ billion[b]	~$ 12 billion[b]
Behavior modification	Obesity, smoking cessation, overall lifestyle improvement	Indefinitely large	~$ 6 billion[b]

[a]COPD = chronic obstructive pulmonary disease (chronische Lungenerkrankung)
[b]Billion im amerikanischen Englisch = Milliarde

die darauf abzielen, gesundheits- oder heilungsförderliches Verhalten herbeizuführen und so Behandlungskosten ganz zu vermeiden oder zu reduzieren. Sie identifizieren ein Marktpotenzial von rund 32,4 Mrd. US$, davon 45 % im Bereich der Fernüberwachung von Patienten. Weitaus größer ist die Summe, die im Gesundheitswesen mithilfe der neuen Technologien eingespart werden kann: 305 Mrd. US$ weniger Ausgaben erwarten die Experten von Goldman Sachs.

Neuartige digitale Lösungen können dann zur Effizienzsteigerung im Gesundheitswesen beitragen, wenn sie dafür sorgen, dass alle Patientendaten gebündelt und aufbereitet werden. Dazu gehören Ergebnisse aus Untersuchungen im Krankenhaus oder bei niedergelassenen Ärzten, Monitoring-Daten aus Geräten, die der Patient zu Hause nutzt, und anonyme Vergleichsdaten anderer Patienten, die Rückschlüsse auf zu erwartende Therapieerfolge zulassen.

Während der Markt für Medizintechnik von den drei Großunternehmen Siemens, Philips und General Electric dominiert wird, gibt es im Feld Digital Health eine Vielzahl von Wettbewerbern. Eine ganze Reihe von Unternehmen ist auf IT-Lösungen für Krankenhäuser und Mediziner spezialisiert und unterstützt diese bereits seit längerer Zeit bei der Digitalisierung von Patientenakten – eine zentrale Voraussetzung für Digital Health. Auf Telemedizin spezialisierte Anbieter wie Teladoc verfügen über Erfahrung in der Konzeption und Vermarktung neuartiger Behandlungskonzepte. Auch für „Tele Health" – das Monitoring von Patienten in ihrem Zuhause durch medizinisches Personal – gibt es bereits etablierte Player. Sie wissen, wie Geräte konzipiert werden müssen, die die Patienten selbst bedienen sollen. Oft ist auch eine elektronische Patientenakte bereits Teil des Produktkonzepts.

Auch für Unternehmen, die auf Datenanalyse und künstliche Intelligenz spezialisiert sind, ist das Gesundheitsmanagement ein Zielmarkt. IBM Watson – eine lernende Plattform für die schnelle Analyse umfangreicher Daten – wird auch zur Diagnoseunterstützung für Onkologen oder für das Management von Pflegeplänen vermarktet. In Geschäftsmodellen, die auf Vernetzung und Datenanalyse basieren, sind Unternehmen wie Cisco, Google, Apple und Amazon kompetent.

Tab. 2.5 Kategorien mit den höchsten Investitionen in Digital Health im Jahr 2016. (Quelle: Rock Health; nur Investitionen in US-amerikanische Unternehmen in Höhe von mindestens 2 Mio. US$; Tacco 2017)

Category	Topic	Investment (US$)
Genomics and sequencing	Sequencing technologies including hardware (e. g. sequencing on a chip) and software (data aggregation)	410 m
Analytics and big data	Data aggregation and/or analysis to support a wide range of healthcare use cases	341 m
Wearables and biosensing	Wearables or accessory devices that detect specific biometrics and are designated for consumers	312 m
Telemedicine	Delivery of healthcare services (synchronous or asynchronous) through non-physical means (e. g. telephone, digital imaging, video)	287 m
Digital medical devices	Hardware/software designed to cure/mitigate/treat/prevent a specific disease or condition	268 m
Population health management	Comprehensive delivery system tools to manage the health of populations under the shift to ACO models[a]	198 m

[a]ACO models = Accountable Care Organization model: Beschreibt ein Modell erfolgsabhängiger Vergütung im Gesundheitswesen

Fitness- und Technologie-Marken wie Nike oder Apple engagieren sich im Segment sogenannter „Wearables" wie Fitnessarmbänder, durch die viele Menschen mit dem Konzept des Self-Monitoring bereits vertraut sind. Wettbewerb erwächst aber auch durch Start-ups wie My Sugr, Connected Health oder Wearable Lifescience. Unternehmen wie Rock Health sind auf Risikofinanzierung von Unternehmensgründungen für Digital Health spezialisiert. Rock Health registrierte in den USA im Jahr 2016 Investitionen in 296 Digital-Health-Unternehmen von mindestens 2 Mio. US$ je Unternehmen, insgesamt 4,2 Mrd. US$ (Tacco 2017).[13] Die meisten Investitionen flossen in Technologien für die Genomanalyse, Datenmanagement und -analyse, Wearables und Biosensoren, Telemedizin, digitale Medizintechnik und Technologien für das Gesundheitsmanagement (Tab. 2.5).

Philips sieht seinen zentralen Wettbewerbsvorteil darin, dass das Unternehmen sowohl im professionellen Gesundheitsmarkt anerkannt ist als auch kompetent darin, die Bedürfnisse von Konsumenten zu erfüllen:

> We believe we have a unique position at the point of care supporting doctors and patients. And we leverage in our innovations deep clinical insights as well as consumer insights[14] (Philips Royal 2016b, S. 3).

---

[13]Rock Health registriert nur Investitionen in US-amerikanische Unternehmen ab einer Höhe von 2 Mio. US$.

[14]Frans van Houten während des Philips Capital Markets Day am 04.11.2016.

In vielen relevanten Produktkategorien ist Philips Marktführer oder zumindest unter den Top 3 (Abb. 2.7). Dennoch gilt auch für Philips, was für alle anderen Wettbewerber im Digital-Health-Markt gilt: Keiner verfügt allein über sämtliche notwendige Kompetenzen und Marktzugänge, sondern man ist darauf angewiesen, fehlendes Know-how durch Akquisitionen oder durch Kooperationen zu ergänzen. Philips kooperiert für sichere und wettbewerbsfähige Cloud-Technologie zum Beispiel mit Salesforce.

Zu den wesentlichen Bausteinen der Philips Wachstumsstrategie gehört die Hinwendung zu Geschäftsmodellen, die auf langfristig andauernden Service- und Beratungsleistungen fußen. Philips will eine Führungsrolle in der digitalen Transformation der Branche übernehmen, mit der Philips HealthSuite als zentraler, offener Plattform (siehe Abb. 2.8).

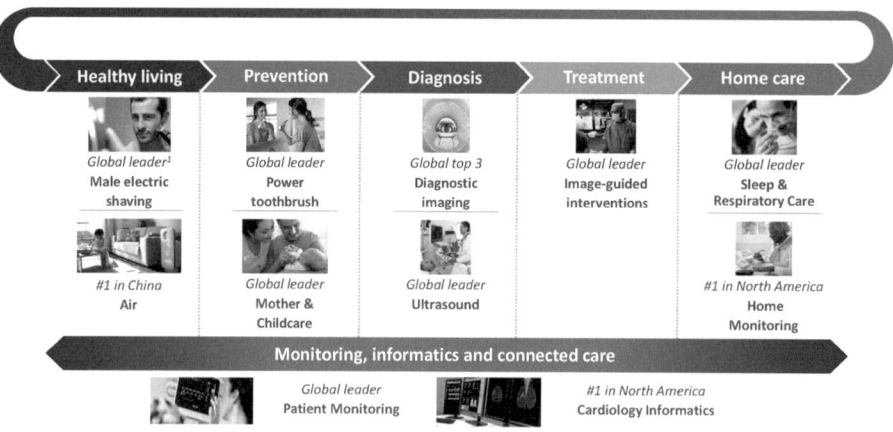

Abb. 2.7 Beispiele für relevante Philips Produkte. (Quelle: Philips)

Abb. 2.8 Beispiele für vernetzte, datenbasierte Produkte. (Royal Philips 2017)

Auf der IFA 2016 präsentierte Philips seine Produktinnovationen erstmals unter der gemeinsamen Überschrift „connected personal health innovations". Einige Beispiele:

- Philips Sonicare FlexCare Platinum Connected toothbrush: Eine elektrische Zahnbürste mit einem Sensor, der Daten an eine Smartphone-App sendet. Über die App erhält der Nutzer dann personalisierte Hinweise, um sein Putzverhalten zu optimieren, zum Beispiel mithilfe einer 3D-Karte des Mundes. Über die Philips HealthSuite kann die App die Daten auch dem zuständigen Zahnarzt zugänglich machen.
- Philips Dream Family: Das Produkt soll Patienten, die an Schlaf-Apnoe leiden, unterstützen, indem der Schlaf überwacht und die Daten aufgezeichnet werden.
- Philips heart health program: Eine App hilft dem Nutzer dabei, die Risikofaktoren für Herzkrankheiten in seinem Lebensstil zu reduzieren. Der wesentliche Unterschied zu anderen Gesundheits- und Fitness-Apps besteht darin, dass die zugrunde liegenden Messungen seiner Gesundheitsdaten der Qualität medizinischer Geräte entsprechen.
- Philips uGrow parenting platform: Die Plattform vernetzt Geräte zur Überwachung des Babys mit einem smarten Thermometer und verknüpft diese individuellen Daten zum Ess- und Schlafverhalten mit allgemeinen Daten zu solchen Mustern bei Babys unterschiedlichen Alters. Auch diese Daten können dem zuständigen Kinderarzt zugänglich gemacht werden.

Das Philips Management stellte die neue Strategie 2015 auf einem internationalen Leadership Summit vor. Die Ländergesellschaften entwickelten aus der globalen Strategie lokale Strategie- und Change-Programme. Die Philips GmbH Market DACH gehört zu den Vorreitern im Transformationsprozess: Am traditionsreichen Standort in der Röntgenstraße in Hamburg arbeiten Mitarbeiter aus Forschung & Entwicklung, Produktion, Marketing und Vertrieb der Bereiche Personal Health und Health Systems unter einem Dach an Geschäftsmodellen für das „Health Continuum".

Während es im Bereich Personal Health bereits seit vielen Jahren ein großes Team von Digitalexperten gibt, die gemeinsam mit ihren Vertriebspartnern an digitalen Lösungen arbeiten, ist der Prozess der digitalen Transformation im Gesundheitsmarkt auch bezogen auf die Marketing- und Vertriebsteams von Philips noch in einer sehr frühen Phase. Ein großes Pilotprojekt ist eine Kooperation mit der Universitätsklinik in Rostock, mit dem die Versorgung von Herzpatienten im Flächenland Mecklenburg-Vorpommern verbessert werden soll:

Das Projekt HerzEffektMV speichert Krankenakte und aktuelle Daten aus Blutdruckgeräten, Waagen und Fitnessarmbändern, mit denen die teilnehmenden Patienten ausgestattet werden, in einer von Philips betriebenen zentralen Datenbank, auf die die Patienten und die von ihnen autorisierten Ärzte, Apotheker oder andere Gesundheitsdienstleister Zugriff haben. Die Mediziner der Universität Rostock koordinieren die Beteiligten und sorgen dafür, dass Therapien sofort angepasst werden, wenn sich die Gesundheitsdaten verändern. Philips stellt die vernetzte Hardware und entwickelt auch die notwendigen Apps.

Das Projekt ist auf drei Jahre angelegt und wird vom Innovationsfonds der Bundesregierung mit 14 Mio. € gefördert. Die Summe zeigt, welche großen Erwartungen in
die Digitalisierung des Gesundheitswesens gesetzt werden. Philips lebt eine „Kultur des
Ausprobierens". Bei einem Innovationsprojekt dieser Größenordnung und mit so vielen
beteiligten Institutionen ist der Erfolgsdruck jedoch hoch.

HerzEffektMV illustriert, wie vielfältig die notwendigen Kompetenzen für Problemlö-
sungen sind, bei der viele Beteiligte vernetzt werden müssen: Unternehmensberater, Pro-
grammierer und Projektmanager ergänzen daher die Teams aus Produkt-, Marketing- und
Vertriebsexperten. Nachdem die Mitarbeiterzahlen von Philips seit 1990 fast kontinuierlich gesunken sind – von mehr als 280.000 im Jahr 1990 auf 113.000 im Jahr 2015 –,
wurden bei der Philips GmbH Market DACH 2016 erstmals wieder mehr Mitarbeiter eingestellt als das Unternehmen verließen.

Philips öffnet sich auch gezielt für Kooperationspartner von außen. Die Philips HealthSuite Digital Platform ist als offene Plattform konzipiert, für die Philips
regelmäßig Hackathons mit externen Programmierern veranstaltet, um nach neuen
Anwendungen für die Plattform zu suchen. Während eines Hackathons erarbeitete
ein Entwicklerteam zum Beispiel ein Konzept für einen Sensor, der über die Haut das
Level verschiedener Vitamine misst und über eine App dabei hilft, die Überdosierung
von Vitaminen zu vermeiden. Philips betreibt außerdem eine Open-Innovation-Platt-
form[15] und kooperiert mit Start-ups, um digitale Geschäftsmodelle zu identifizieren.
Schon im Jahr 2000 legte Philips ein Corporate-Venturing-Programm auf, um in den
USA, Israel und Europa vielversprechende Start-ups in den für Philips relevanten
Branchen und Technologien zu identifizieren. Dazu gehörten zum Beispiel Display-
Technologie, Speicher- und Netzwerktechnologie, Mehrwertdienste für Consumer-
Elektronik und Health Monitoring. Ende 2000 war Philips Minderheitsgesellschafter
bei 25 Start-ups. Dieses Beteiligungsprogramm wurde inzwischen eingestellt. Heute
beschränkt sich Philips weitgehend auf Kooperationen, zum Beispiel mit einem Start-
up, das Apps für die persönliche Gesundheitsakte auf dem Smartphone entwickelt.
Auf dem Philips Campus in Hamburg richtet Philips den „Health Innovation Port" ein:
Start-ups aus dem Gesundheitssektor können dort günstig Büroflächen mieten, Philips
Shared Services nutzen und von der Nähe zu den Philips Forschern, Entwicklern und
Marktexperten profitieren – und gegebenenfalls gemeinsam mit ihnen innovative Pro-
dukte für den Gesundheitsmarkt entwickeln. Auch das Team, das das Konzept für den
Vitamin-Sensor entwickelt hat, wird seine Idee während eines sechsmonatigen Aufent-
halts im Health Innovation Port weiterverfolgen.

Philips befindet sich mehr als 25 Jahre nach dem Centurion-Projekt in einer neuen
Phase der Transformation.

---

[15]http://www.simplyinnovate.philips.com.

Literatur

Agency for Healthcare Research and Quality. (2014). Medical Expenditure Panel Survey (MEPS). https://www.ahrq.gov/research/data/meps/index.html. Zugegriffen: 23. Apr. 2017.

Casey, B. (2001). Philips to buy Marconi Medical Systems for $ 1.1 billion. http://www.auntminnie.com/index.aspx?sec=ser&sub=def&pag=dis&itemid=51101. Zugegriffen: 23. Apr. 2017.

Cohen, R. (1992). A striking turnaround for Philips. The New York Times, 28.02.1992. http://www.nytimes.com/1992/02/28/business/the-media-business-a-striking-turnaround-for-philips.html. Zugegriffen: 23. Apr. 2017.

De Winter, P. (2013). Valkuilen en successen van Philips Workplace Innovation. Creating a great place to work! https://www.google.de/url?sa=t&rct=j&q=&esrc=s&source=web&cd=7&ved=0ahUKEwj0hdXE6LrTAhVRJlAKHaSUCdIQFghDMAY&url=http%3A%2F%2Fwww.yask.nl%2FFile.aspx%3Fid%3Db67c703f-f5af-4cf9-90df-f6bd941df30c&usg=AFQjCNEnNL850DyfRUD0hb4_EHmTZ4vXYw&cad=rja. Zugegriffen: 23. Apr. 2017.

Dohmen, F., & Kerbusk, K.-P. (2010). UNTERNEHMEN: „Brutale Einbrüche" Der Spiegel, 1/2010. http://www.spiegel.de/spiegel/print/d-68525269.html. Zugegriffen: 23. Apr. 2017.

Freedman, N. (1996). Operation centurion: Managing transformation at Philips. *Long Range Planning, 29*(5), 607–615. doi:10.1016/0024-6301(96)00055-6.

Karsten, L., Keulen, S., Kroeze, R., & Rik Peters, R. (2009). Leadership style and entrepreneurial change: The Centurion operation at Philips Electronics. *Journal of Organizational Change Management, 22*(1), 73–91. doi:10.1108/09534810910933915.

Nino, F. S. (o. J.). Health. http://www.un.org/sustainabledevelopment/health/. Zugegriffen: 23. Apr. 2017.

OECD. (2016). OECD Health Statistics 2016. http://www.oecd.org/health/health-data.htm. Zugegriffen: 23. Apr. 2017.

Ridley, E. L. (2000). Philips plans $1.7 billion acquisition of Agilent healthcare group. http://www.auntminnie.com/index.aspx?sec=ser&sub=def&pag=dis&itemid=1995. Zugegriffen: 23. Apr. 2017.

Roman, D. H., & Conlee, K. D. (2015). The digital revolution comes to US healthcare (Internet of Things Bd. 5). Goldman, Sachs & Co. https://www.wur.nl/upload_mm/0/f/3/8fe8684c-2a84-4965-9dce-550584aae48c_Internet%20of%20Things%205%20-%20Digital%20Revolution%20Comes%20to%20US%20Healtcare.pdf. Zugegriffen: 23. Apr. 2017.

Royal Philips. (2012). Annual report 2012. http://www.philips.com/a-w/about/investor/financial-reporting/annual-reports.html. Zugegriffen: 23. Apr. 2017.

Royal Philips. (2013). Annual report 2013. http://www.philips.com/a-w/about/investor/financial-reporting/annual-reports.html. Zugegriffen: 23. Apr. 2017.

Royal Philips. (2014). Annual report 2014. http://www.philips.com/a-w/about/investor/financial-reporting/annual-reports.html. Zugegriffen: 23. Apr. 2017.

Royal Philips. (2015). Annual report 2015. http://www.philips.com/a-w/about/investor/financial-reporting/annual-reports.html. Zugegriffen: 23. Apr. 2017.

Royal Philips. (2016a). Annual report 2016. http://www.philips.com/a-w/about/investor/financial-reporting/annual-reports.html. Zugegriffen: 23. Apr. 2017.

Royal Philips. (2016b). Philips Capital Markets Day 2016. http://www.philips.com/corporate/resources/quarterlyresults/2016/Capital_Markets_Day/Philips_Capital_Markets_Day_2016_Transcript.pdf. Zugegriffen: 23. Apr. 2017.

Royal Philips. (2017). Fourth quarter and full year 2016 results information booklet. http://www.philips.com/static/qr/2016/q4/philips-fourth-quarter-results-2016-presentation.pdf. Zugegriffen: 23. Apr. 2017.

Royal Philips Electronics. (1998). Annual report 1998. http://www.philips.com/c-dam/corporate/about-philips/investors/financial-results/annual-reports/ManagementReport_AR98-12934.pdf. Zugegriffen: 23. Apr. 2017.

Royal Philips Electronics. (2000). Annual report 2000. http://www.philips.com/a-w/about/investor/financial-reporting/annual-reports/archive.html. Zugegriffen: 23. Apr. 2017.

Royal Philips Electronics. (2001). Annual report 2001. http://www.philips.com/a-w/about/investor/financial-reporting/annual-reports/archive.html. Zugegriffen: 23. Apr. 2017.

Royal Philips Electronics. (2002). Annual report 2002. http://www.philips.com/a-w/about/investor/financial-reporting/annual-reports/archive.html. Zugegriffen: 23. Apr. 2017.

Royal Philips Electronics. (2003). Annual report 2003. http://www.philips.com/a-w/about/investor/financial-reporting/annual-reports/archive.html. Zugegriffen: 23. Apr. 2017.

Royal Philips Electronics. (2004). Annual report 2004. http://www.philips.com/a-w/about/investor/financial-reporting/annual-reports/archive.html. Zugegriffen: 23. Apr. 2017.

Royal Philips Electronics. (2005). Annual report 2005. http://www.philips.com/a-w/about/investor/financial-reporting/annual-reports/archive.html. Zugegriffen: 23. Apr. 2017.

Royal Philips Electronics. (2006). Annual report 2006. http://www.philips.com/a-w/about/investor/financial-reporting/annual-reports/archive.html. Zugegriffen: 23. Apr. 2017.

Royal Philips Electronics. (2007). Annual report 2007. http://www.philips.com/a-w/about/investor/financial-reporting/annual-reports/archive.html. Zugegriffen: 23. Apr. 2017.

Royal Philips Electronics. (2008). Annual report 2008. http://www.philips.com/a-w/about/investor/financial-reporting/annual-reports/archive.html. Zugegriffen: 23. Apr. 2017.

Royal Philips Electronics. (2009). Annual report 2009. http://www.philips.com/a-w/about/investor/financial-reporting/annual-reports/archive.html. Zugegriffen: 23. Apr. 2017.

Royal Philips Electronics. (2010). Annual report 2010. http://www.philips.com/a-w/about/investor/financial-reporting/annual-reports/archive.html. Zugegriffen: 23. Apr. 2017.

Royal Philips Electronics. (2011). Annual report 2011. http://www.philips.com/a-w/about/investor/financial-reporting/annual-reports.html. Zugegriffen: 23. Apr. 2017.

Schröter, R. (2016). Philips ist heute schon eine Software-Data-Company. *Werben & Verkaufen, 2016*(12), 16–21.

Tacco, H. (2017). 2016 Year end funding report: A reality check for digital health. https://rock-health.com/reports/2016-year-end-funding-report-a-reality-check-for-digital-health/. Zugegriffen: 23. Apr. 2017.

WHO. (2016). WHO | Obesity and overweight. http://www.who.int/mediacentre/factsheets/fs311/en/. Zugegriffen: 23. Apr. 2017.

Innovation und Digitalisierung: 4 Phasen zum digitalen Unternehmen bei der EnBW

3

Christian Heinrich und Janina Kose

> *Digital should be seen less as a thing and more a way of doing things.*
>
> (Dörner und Edelmann 2015)

Inhaltsverzeichnis

Zusammenfassung

Ziel ist es, Formen der Digitalisierung so zu etablieren, dass damit effizienter und effektiver am Kunden und Markt agiert werden kann. Dabei entspricht es dem Regelwerk energiewirtschaftlicher Unternehmen, Erfolgsfaktoren messbar und steuerbar

C. Heinrich (✉)
Quadriga Hochschule Berlin, Berlin, Deutschland
E-Mail: christian.heinrich@quadriga.eu

J. Kose
EnBW, Stuttgart, Deutschland
E-Mail: j.kose@enbw.com

© Springer Fachmedien Wiesbaden GmbH 2018
C. Gärtner und C. Heinrich (Hrsg.), *Fallstudien zur Digitalen Transformation*,
https://doi.org/10.1007/978-3-658-18745-3_3

zu machen. Datenmodelle, Kundensegmente und Bedürfnisse der Verbraucher werden insbesondere im Commodity-Umfeld erhoben und für individuelle Scorings oder Modelle genutzt. Themen wie Predictive Analytics oder Big Data sind nicht neu. Die Digitalisierung verändert aber auch Arbeitsweisen und nimmt kulturellen Einfluss auf Organisationen. Wie die Herausforderungen und Lösungsansätze aus Sicht strategischer Organisationsentwicklung bis hin zu neuen Geschäftsmodellen beim Energiekonzern EnBW umgesetzt werden, soll am Aufbau des InnovationsCampus als einem strategischen Treiber betrachtet werden.

3.1   Ausgangssituation: Druck auf das bestehende Geschäftsmodell

Digitalisierung als grundlegenden Paradigmenwechsel zu verstehen, ist die Basis für einen erfolgreichen Transformationsprozess eines Unternehmens von der Old Economy zur New Economy. Dies zu verinnerlichen und strategisch sinnvolle Schritte einzuleiten, die von der Organisation bis hin zur personalisierten Produktpalette das Thema Transformation in Unternehmen erlebbar machen, benötigt nicht nur Ausdauer und Kraft, sondern auch Zeit und ein klares Zielsystem, das in der Lage ist, den Grad von Veränderung nachzuhalten. Die Reaktorkatastrophe in Fukushima im März 2011 veränderte das Marktumfeld für die EnBW jedoch radikal und erforderte eine Neudefinition des Zielsystems, das auf Planungssicherheit ausgelegt war. Dies kommentiert auch CEO Frank Mastiaux mit seiner Aussage: „Wahrscheinlich ist das Ausmaß der Veränderung in dieser Branche in der Tat einzigartig, und erst recht die Veränderungsgeschwindigkeit – zumal in einem System, das mit seinem Versorgungsauftrag auf langfristige Stabilität ausgelegt ist" (Dorfs et al. 2016).

Mit dem Beschluss des Atom-Moratoriums der deutschen Bundesregierung 2011 zum Ausstieg aus der Kernenergie musste die EnBW sich konsequent von bestehenden Geschäftsmodellen verabschieden.[1] Diese Veränderung traf nicht nur die EnBW völlig unvorbereitet, sondern die Branche gesamthaft.[2] Wettbewerbsunternehmen wie Eon, das 2007 noch als wertvollstes DAX-Unternehmen in Deutschland gehandelt wurde (Manager-Magazin.de 2007), mussten sich wie die EnBW vom Kernenergiegeschäft verabschieden.

An den Veränderungsphasen der EnBW wird erkennbar, dass sich eines der größten deutschen Energieunternehmen mit einer Fokussierung auf nachhaltige Veränderungsprojekte und klassische Change-Prozesse, jedoch ausgeprägt im Bereich der Geschäftsmodellinnovation, nachhaltig mit dem Thema der Transformation beschäftigt. Um zukunftsfähig zu sein, ist die EnBW selbst zum Treiber der Energiewende geworden[3] bzw. muss sie sich

---

[1]Anmerkung: Hinzu kommt der Einbruch der Börsenstrompreise, was die bestehenden Geschäftsmodelle ins Wanken bringt (DerWesten.de 2015).

[2]Anmerkung: 2017 verzeichnete z. B. Eon einen Verlust von 16 Milliarden Euro (Flauger 2017).

[3]Anmerkung: 35,5 % des Stromverbrauchs der Haushalte in Baden-Württemberg (ca. 2.000.000 Haushalte) können rein rechnerisch mit Strom durch die EnBW-Energieerzeugung aus erneuerbaren Energien versorgt werden (EnBW.com 2017).

in neuen Wettbewerbsumfeldern[4] behaupten. Dabei richtet sie sich konsequent an den neuen Marktanforderungen aus, was zum einen die Durchführung von Effizienzmaßnahmen und zum anderen den Aufbau z. B. neuer Mitarbeiterfähigkeiten zum Ziel hat. Es gilt, die Unternehmensbereiche zu digitalisieren, die sich im ersten Schritt für einen digitalen Wandel anbieten und die die Wirtschaftlichkeit des Unternehmens verbessern können. Wiederum werden andere Unternehmensbestandteile nicht sinnvoll digital transformiert werden können. Als Navigationsinstrument dient die eigene Planung[5]. Sie berücksichtigt nicht nur unterschiedliche Gesellschaften und Konzernbereiche, und die damit zusammenhängenden hybriden Kulturen innerhalb eines Unternehmens, sondern gibt Stabilität und überprüft mit Benchmark-Analysen den Fit für neue Märkte.

Als zentrale Handlungen für schnelle und nachhaltige Veränderungen, die sich an klaren Richtungsentscheidungen der EnBW orientieren, sollen beispielhaft folgende Eckpfeiler genannt werden:

Organisation

- Eine *wandlungsfähige Organisation etablieren,* die schnelle Entscheidungsprozesse ermöglicht und Eigenverantwortung sowie Kreativität bei Mitarbeitern fördert. In freiwilligen „Tigerteams" führt dies zu einem „Weg weg von der strukturierten Verantwortungslosigkeit" (Honegger et al. 2010).
- *Aufbau neuer Arbeitswelten:* Ein offenes Umfeld fördert neues Denken und Handeln. Umfassende Veränderungen der Arbeitskultur sowie neue Formen der Kommunikation und Zusammenarbeit sind wesentlicher Bestandteil der Digitalisierung (Petry 2016, S. 357).
- Neben weichen Faktoren ist die Frage nach der *Wirtschaftlichkeit digitaler Geschäftsmodelle* überlebenswichtig. Auch wenn eine Planbarkeit in einem agilen Umfeld schwer ist, so dienen die Indikatoren Kunde und Markt als Gradmesser.

Führung

- *Umstellung der Führungskultur zur transformationalen Führung:* Weg von einem Management, das die Messung und Erhebung weiterer Effizienzziele in den Vordergrund stellt und hin zu inspirierenden Führungskräften, die Rahmenbedingungen für mehr Verantwortung schaffen, Erwartungen formulieren und kreative Entwicklungsprozesse zulassen.

---

[4]Anmerkung: Neben Großprojekten im On- und Off-Shore-Bereich (Bau von 16 neuen Onshore-Windparks und 71 Windräder im Offshore-Windpark „EnBW Hohe See") setzt sich die EnBW z. B. im klassischen Commodity-Umfeld mit Wettbewerbern im Intermediärgeschäft auseinander.

[5]Anmerkung: Die Gesamtstrategie hatte zu einem frühen Zeitpunkt die Notwendigkeit der digitalen Veränderung verankert. Auch wenn agile Veränderungen im Rahmen der Digitalisierung schwer messbar und beeinflussbar sind, so dienen sie als stetiges Messinstrument, um die Gesamtausrichtung steuerbar zu machen.

- *Führungs- und Managementqualitäten schließen sich nicht aus.* Agilität bedeutet ebenfalls, den richtigen Führungsstil situationsadäquat einsetzen zu können (Petry 2016, S. 358).
- *Etablierung von Rollenmodellen,* die die Chancen von Veränderung verkörpern und erste Erfolge kommunikativ nutzen, sodass Beobachtungslernen[6] auch für den Großteil der Organisation möglich wird.

Kultur

- Entwicklung von zwei Betriebssystemen: *Hybride Kulturen* bedienen sich aus dem Besten der Kulturen und schaffen etwas Neues. Sie bedienen sich der Flexibilität und Risikofreude der Start-ups und deren flachen Hierarchien. Gleichzeitig wissen die Innovationsteams der EnBW um die Hebelwirkung des EnBW-Konzerns. Höhere Investitionen und die notwendige Geduld beim Warten auf langfristige Resultate können wohldosiert eingesetzt werden (Gerstner 2002, S. 271).

Kommunikation

- Gezielte *Kommunikation von Erfolg und Vertrauen in die Veränderung* in Verbindung mit der Etablierung eines Inkubators, um die Organisation von innen zu motivieren.

Geschwindigkeit und Effizienz

- Veränderungsprozesse werden Top-down getrieben und gefördert.
- Um Effizienz und höhere Geschwindigkeit für marktreife Lösungen zu erreichen, bedarf es eines Inkubators. Hierfür wurde der InnovationsCampus als eine Form des Greenfield-Ansatzes erfolgreich etabliert.

3.2 Lösungsansatz: 4 Phasen der Transformation zum digitalen Unternehmen

Die 4 Phasen der EnBW zeigen, wie mit Herausforderungen umgegangen wurde. Um die Organisation digital zu befähigen, waren entscheidende Entwicklungsschritte notwendig. Dies betrifft Arbeitsprozesse, Mitarbeiterincentivierung und eine generelle Veränderungsbereitschaft der Mitarbeiter, die in die aktive Mitgestaltung von Change-Projekten mündete. Um Markt- und Kundenbedürfnisse in einer zunehmend unsicheren Umwelt chancenfokussiert in der Entwicklung von Geschäftsmodellen aufgehen zu lassen, fand mit dem Greenfield-Ansatz in Form des EnBW-InnovationsCampus auch eine neue Sicht auf das Thema Führung statt. Diese unterstützte nicht nur eigenverantwortliches Denken und

---

[6]Anmerkung: Nach Bandura liegt Beobachtungslernen dann vor, wenn eine Person durch Beobachtung eines Modells (soziale Komponente) eine neue Verhaltensdisposition erlernt (z. B. Handlungsmuster) (Scheele 2017).

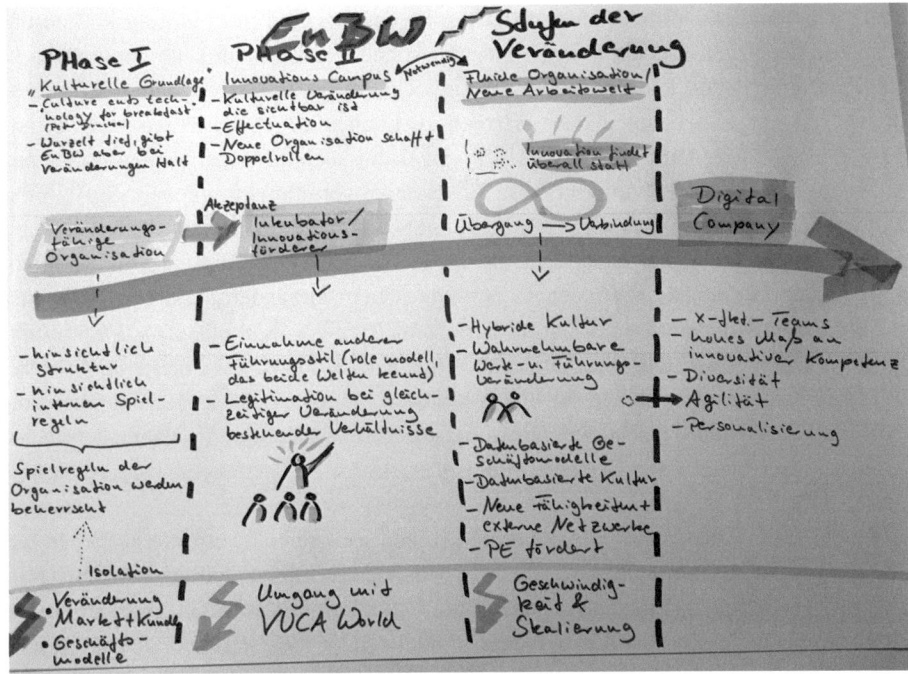

Abb. 3.1 Phasen der Transformation. (Quelle: Eigene Darstellung)

die motivierte Umsetzung einer Test- und Lernkultur, sondern fokussierte auch bewusst auf analytische Prozesse als Basis für zielgerichtetes und objektives Handeln. Letztendlich fördern crossfunktionale Teams auch zukünftig, dass mit Kreativität und einer datenbasierten Entscheidungskultur Innovation überall im Unternehmen stattfinden kann.

Abb. 3.1 zeigt die aufeinander aufbauenden Entwicklungsphasen, die sich im Zeitverlauf mit den aktuellen Marktgeschehnissen stetig entwickelt haben. Der Fokus liegt auf der Etablierung des InnovationsCampus als Inkubator für eine andere Art der Zusammenarbeit, für kulturellen Wandel und die Entwicklung neuer tragfähiger Geschäftsmodelle. Als eine Säule der EnBW-Strategie soll er künftig zur Zukunftssicherung beitragen.

3.3   Phase 1: Veränderungsfähige Organisation

Wandlungsfähige Organisationen zu etablieren, um am Markt wettbewerbsfähig agieren zu können und Innovationskraft unter Beweis zu stellen, ist keine strategische Frage mehr, sondern entscheidet über das Fortbestehen von Unternehmen.

Um den ständigen Wandel in einer lernenden Organisation mit Führungskräften und Mitarbeitern effizient und effektiv gestalten zu können, sind Instrumente notwendig, die einen kontinuierlichen und konsequenten Entwicklungsprozess ermöglichen. Menschen müssen Altes verlernen, um Neues erlernen zu können. Doch Verlernen von Vertrautem und Gewohntem kann zu Unsicherheit und damit auch zu Widerständen im Prozess der Veränderung führen. Förderung von Eigenverantwortung (Intrapreneurship[7]) – und nicht Lösungen in Form von Vorgaben und Regeln – sollte das Ziel sein. Dies kann dann gelebt werden, wenn eine entsprechende Kultur (sowie auch Führungskultur), offene Kommunikation und das Vertrauen in den Menschen vorhanden sind. Organisationen im Sinne einer Kundenmission neu auszurichten, Arbeitsweisen ständig zu überprüfen und anzupassen sowie unternehmerisches Denken zu fördern, geht daher auch immer mit einem Kulturwandel einher. So finden kulturelle Innovationen z. B. auch dann statt, wenn Rollen neu durchdacht werden und Gewerkschaften und Arbeitgeber verstärkt gemeinsam versuchen, die Existenz von Unternehmen und Arbeitsplätzen zu sichern (Disselkamp 2012, S. 30).

Für die EnBW bedeutete dies, zu einem frühen Zeitpunkt Potenziale zu heben und Organisationsstrukturen neu zu gestalten. Arbeitsabläufe sollten sich an der Wertschöpfungskette orientieren. Gleichzeitig mussten Grundlagen geschaffen werden, sodass Entscheidungen dezentral getroffen werden konnten. Zu diesen Grundlagen gehörte die Einführung neuer Arbeitsorganisation und neuer Arbeitsplatzmodelle, die mit einer bedarfsorientierten Personalentwicklung einhergingen.

Konkret bedeutete dies für die Top-down getriebenen Change-Projekte der EnBW, sich mit dem kulturellen Umfeld auseinanderzusetzen. Hierbei entstanden Kulturanalysen[8] in der Form von klassischen Mitarbeiterbefragungen und sorgfältigen in- und externen Kommunikationsanalysen über unterschiedliche Konzerngesellschaften hinweg, die ein detailreiches Bild der gegenwärtigen Lage zeichneten. Sie waren ein wertvolles Mittel, um entsprechende Stärken- und Schwächen-Profile abzuleiten und zu identifizieren, in welchem Umfeld bereits eine Ausrichtung des unternehmerischen Handelns mit einem engen Bezug zu Kunden und Markt existierte. Um diese Orientierung für die Zukunftsfähigkeit der EnBW gezielt zu nutzen, wurden nach ersten Erkenntnissen bewusste Entscheidungen

---

[7]Definition: Ein Intrapreneur ist ein Arbeitnehmer, der seine Arbeit mit derselben Einstellung wie ein Unternehmer, ein Entrepreneur, erledigt, obwohl er in eine Organisation eingebunden ist. Der ‚Angestellten-Unternehmer' muss bei der Suche nach und der Umsetzung von Ideen freie Hand haben, auch wenn die Ergebnisse seiner Arbeit anders als beim tatsächlichen Unternehmer überwiegend nicht ihm, sondern der Organisation zugutekommen, die allerdings auch das eigentliche Risiko trägt (Onpulson 2017).

[8]Unter Organisationskulturen sollen hier tief verankerte Werte und Annahmen verstanden werden, die häufig nicht bewusst sind. Vergleiche hierzu auch Nerdinger et al. (2011, S. 147), die im Kontext von Kulturanalysen darauf verweisen, dass es wichtig ist zu verstehen, wie sich in Organisationen Normen und Selbstverständlichkeiten bilden und welches Verhalten daher wünschenswert ist.

getroffen. Insbesondere der Austausch von Mitarbeitern und die „Durchmischung" von Teams wurden herbeigeführt, um einen Minoritäteneinfluss zu gewährleisten, sanfte Veränderung herbeizuführen und Diversifizierung zu fördern.

Die EnBW ist der Auffassung, dass Mitarbeiter, die in einem Veränderungsprozess stehen und gleichzeitig neue Themen bewältigen wollen, durch eine Leistungskultur[9] signifikant in ihren Erfolgszielen unterstützt werden können. Ihrer Ansicht nach ist ein Change-Prozess ohne Kulturwandel nicht möglich und nur das gesteuerte, konzentrierte und integrierte Vorgehen kann zu einer offenen Innovationskultur führen, die letztendlich zum Ziel hat, unternehmerisch erfolgreich zu agieren und Wertschöpfung sicherzustellen. Unter Unternehmenskultur wurde ein weicher Koordinationsmechanismus verstanden, der die Entscheidungen und Handlungen von EnBW-Mitarbeitenden im Sinne des Unternehmensziels positiv beeinflusst. Ohne bürokratische Instrumente konnten und können Prozesse gesteuert werden, da sich Mitarbeitende an den Leitlinien und Vorgaben einer verinnerlichten Unternehmenskultur orientieren.

Um aber epochale Entwicklungsschritte im Umfang und der Tragweite z. B. einer Energiewende einleiten zu können, sollten Menschen mit den richtigen Fähigkeiten und Einstellungen auf entsprechende Strukturen treffen bzw. diese den Veränderungsprozess noch unterstützen. Doch gerade die EnBW als großer Energiekonzern hatte zu diesem Zeitpunkt noch Schwierigkeiten mit der Verwirklichung von echten Freiräumen[10]. Hierzu zählen z. B. einfache Homeoffice-Regeln, die Mitarbeitern ein hohes Maß an Flexibilität zugestehen und mit einer hohen Eigenverantwortung einhergehen. Appelle zur Verhaltensänderung (z. B. „Seid kundenorientiert!" oder „Denkt nicht in Silos!") drangen sicherlich besonders dann schwer durch, wenn eine Fixierung der Mitarbeiter auf interne Abläufe in Teilen stärker war als eine flexible Haltung mit einer entsprechenden Lösungsorientierung am Kunden.

In diesem Kontext wurde deutlich, dass eine radikale Veränderung zwar an unterschiedlichen Stellen zu Widerstand und Verunsicherung führen würde, aber der Aufbau eines InnovationsCampus außerhalb der bestehenden Organisation völlig neue Möglichkeiten entstehen ließe. Veränderung nicht nach Spielregeln der EnBW[11] zu gestalten, sondern sich einem Wettbewerb am Markt zu stellen, war das Ziel. Parallel wurde der

---

[9]Vgl. hierzu Saaman (2012, S. 139), der im Rahmen von Führung innerhalb einer Leistungskultur auf die Steuerungsverantwortung verweist. Diese soll Selbststeuerung erhalten und fördern, wobei Leistungsblockaden von Mitarbeitern zu eliminieren sind.

[10]Vgl. hierzu Blank (2011, S. 17–18), die organisationales Vertrauen als soziale Ressource für die Generierung nachhaltigen wirtschaftlichen Erfolgs eines Unternehmens anführt. Daneben können Menschen in bürokratischen Organisationsformen, die durch hohe Trägheit und Regelwerke gekennzeichnet sind, nicht auf komplexe Märkte reagieren. Entscheidungen in komplexen und kritischen Situationen im Arbeitsalltag sollten eigenverantwortlich getroffen werden können.

[11]Bereits 1999 wurde mit der Liberalisierung des Energiemarktes Yello Strom als reine Vertriebsgesellschaft etabliert.

Change-Prozess von einem Strategieteam verankert, das vom Vorstand ins Leben gerufen wurde und aus Mitarbeitenden und Führungskräften der EnBW bestand. Erstmalig wurde die strategische Diskussion hierarchiefrei mit dem Vorstand geführt und war symbolisch insofern relevant, als dass gezeigt werden konnte, dass zukünftig auch interne Transformationsprozesse neu ablaufen.

Handlungsempfehlung Phase 1: Organisation
- Frühzeitiger Ansatz von Top-down getriebenen Change-Prozessen und ganzheitliche Kulturanalysen mit dem Ziel einer erhöhten Leistungsfähigkeit.
- Der Aufbau von Strategieteams, die aus Mitarbeitern aller Abteilungen und Hierarchiestufen bestehen, erhöht die Akzeptanz.
- Unternehmenskultur als Unterstützung für die Erreichung von Erfolgszielen.
- Weg von der Fixierung auf interne Abläufe und eine reine Ersparnisorientierung. Schaffung einer flexiblen Haltung und Lösungsorientierung am Kunden.

3.4 Phase 2: Inkubator und Innovationsförderer

Innovation als Überlebensstrategie setzt die Kenntnis der Treiber von Veränderungen am Markt und Kunden voraus. Hierzu gehört sowohl der zeitliche Aspekt, der Entwicklungen in immer kürzer werdende Lebenszyklen münden lässt, damit neuartige Produkte schneller am Markt sind, als auch der sich stetig intensivierende Wettbewerb. Das Marktgeschehen fordert nicht nur eine schnelle Marktreife, sondern forciert die Entwicklung, Projektphasen effektiv und effizient zu gestalten, damit für Unternehmen die wirtschaftliche Sicherheit gegeben ist. Hinzu kommen für die EnBW revolutionäre Marktveränderungen wie z. B. die Herausforderungen aus der Energiewende, denen nicht kurzfristig mit Projekten oder Sonderaufgaben begegnet werden kann. Die Verankerung von Innovation muss daher ebenso in einer Gesamtstrategie eingebettet sein und in der Organisation etabliert werden wie die systematische Gestaltung von Transformation.

Die radikalen Veränderungen des Marktes und die Einschätzungen der EnBW hinsichtlich der zukünftigen Veränderungsnotwendigkeit in Bezug auf neue Geschäftsmodelle deckten sich mit externen Untersuchungen. Danach würde weltweit bei 3000 Großunternehmen in der Annahme, mit bestehenden Produkten und Dienstleistungen auch zukünftig den gewohnten wirtschaftlichen Erfolg zu erzielen, die Entwicklung von Innovationen vernachlässigt und so die Chance des Aufbaus neuer Geschäftsfelder verhindert (Disselkamp 2012, S. 134). Auch für die EnBW war das bestehende Geschäftsmodell als „Energieversorger" lange eine „sichere Bank", die eine klare Orientierung am Markt und den Kundenbedürfnissen nicht radikal erforderlich machte. Die Trägheit in Sachen Transformation erklärt sich auch vor dem Hintergrund, dass die größte betriebliche Innovation nie bloß in einem bestimmten Produkt, sondern in der Innovation des Geschäftsmodells an sich besteht (Koulopoulos 2010, S. 10).

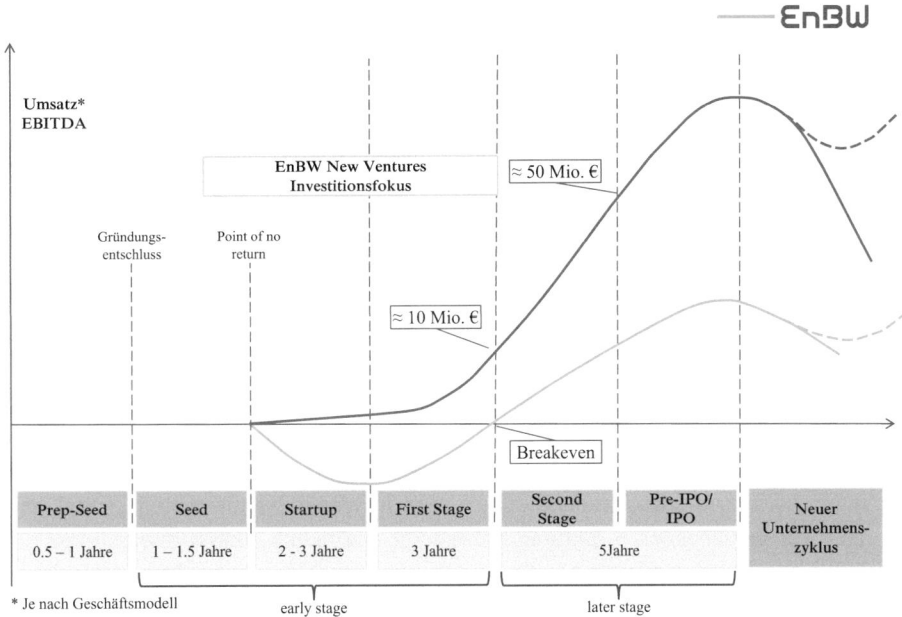

Abb. 3.2 Charakteristischer Entwicklungsverlauf einer erfolgreichen Unternehmensgründung. (Quelle: In Anlehnung an entrepreneurialwarriors.wordpress.com)

Das Kernproblem bei der Entwicklung neuer Geschäftsmodelle oder auch der Investition von Venture Capital[12] in unterschiedliche Entwicklungsstufen von Unternehmen – wie kreative Start-ups – ist das zeitliche und finanzielle Risiko, das für Unternehmen und so auch für die EnBW schlecht steuerbar ist (siehe Abb. 3.2). Gerade in der Anfangszeit sind diese meist nicht wirtschaftlich. Inkubatoren wie auch Venture Capital befinden sich daher im Spannungsfeld zwischen Erfolgsdruck (z. B. über den zukünftigen Unternehmenserfolg der EnBW mitzuentscheiden) und benötigtem kreativem Freiraum (z. B. für Ideenentwicklungen und Fokussierung auf Projekte, die zeitnah in eine Skalierungsphase überführt werden sollen).

Mit dem EnBW-InnovationsCampus wurde ein Inkubator für die Entwicklung neuer Geschäftsmodelle geschaffen, der von Beginn an prominent und für alle sichtbar im Unternehmen implementiert wurde. Der InnovationsCampus wurde zwar aus der Linienorganisation herausgelöst (auch innerhalb der Organigramme) und in einer Form des zugänglichen Start-ups mit einer hohen Thementransparenz (z. B. mit Formaten wie

---

[12]Anmerkung: Venture-Capital soll hier als eine Form der Entwicklungshilfe für eine Unternehmensidee oder ein junges Unternehmen verstanden werden. Es stellt nicht nur einen Kredit dar. Ein Venture-Capitalist finanziert z. B. in Start-ups – mit dem Risiko, dass das Unternehmen scheitert und er seine Investition verliert (Gründerszene.de 2017).

„1492@EnBW"[13] können interdisziplinäre Teams im InnovationsCampus Ideen zur Marktreife treiben. Diese Art zu arbeiten und damit eine hohe Akzeptanz zu erzeugen entspricht schon heute der Arbeitswelt von morgen) platziert, doch konnte er trotz hoher Visibilität freier und losgelöster von bestehenden Strukturen agieren. Gefördert durch das Topmanagement wurde Innovation als ein weiteres Kernziel in der Unternehmensstrategie verankert.

Ziel war es – neben der Identifikation von zukunftssichernden Marktchancen –, Führungskräfte als akzeptierte Rollenmodelle wirken zu lassen, und Geschäftsmodelle später auch ohne Widerstand der Mitarbeitenden einzugliedern, um zu skalieren. Externe Benchmarks halfen und helfen, die Entwicklung zu überprüfen und das hohe persönliche Engagement von Führungskräften und die Leidenschaft von Mitarbeitern des Campus für Themen so zu steuern, dass eine Legitimation für „Andersartigkeit" im gesamten Konzern und eine Etablierung hybrider Kulturen möglich wurde.

Aus Sicht des Topmanagements war es wichtig, dass entsprechende Rahmenbedingungen vorliegen. Mitarbeitende sollten sich in einem Umfeld befinden, das auch innerhalb von bestehenden Strukturen notwendige Freiräume zulässt, sodass diese sich entfalten können und Kreativität entsteht. Nur so konnte sich eine eigenständige bzw. unabhängige Kultur entwickeln[14], die ein innovationsförderndes Klima hervorbrachte. Hierzu trugen auch neue Raumkonzepte bei, die sich vom Rest der EnBW stark unterschieden und mit Ideen von Mitarbeitenden des InnovationsCampus selbst gestaltet wurden (siehe Abb. 3.3 sowie Abb. 3.4).

Große Ziele, große Veränderungen und Höchstleistungen bei gleichzeitiger Angstbindung von Mitarbeitenden sind nur von charismatischen Führungspersönlichkeiten zu erreichen (Paschen und Dihsmaier 2011, S. 143). Doch nicht nur Veränderung ist eine Führungsaufgabe, sondern auch Stabilität und somit die Verbindung von Altem und Neuem. Gerade in der Startphase rekrutierte der InnovationsCampus ausschließlich aus dem Unternehmen bzw. aus den eigenen Gesellschaften und erhielt zahlreiche Bewerbungen mit ersten Ideen für neue Geschäftsmodelle. Analog dem Vorgehen in Start-ups werden diese Ideen für Modelle im Campus vorgestellt und in einem offenen Dialog diskutiert. Auch diese Veranstaltungen waren und sind offen und ziehen Führungskräfte und Mitarbeiter des gesamten Unternehmens gleichermaßen an.

Für die Veränderungen von Mitarbeitenden gibt es nach Flores weitere Faktoren, die Veränderungen in Gruppen unter Nutzung der Plastizität des Gehirns begünstigen (Strauß 2012, S. 90). Diese Faktoren wurden im InnovationsCampus und parallel in anderen Einheiten des Unternehmens etabliert.

---

[13]Im Film „AUGENHÖHEwege", der Anfang März 2016 Premiere hatte, werden Unternehmen gezeigt, die heute schon die neue Arbeitswelt von morgen leben. Die EnBW AG gehört mit ihrer Initiative „1492@EnBW" dazu (EnBW 2017).

[14]Vgl. hierzu auch Liz Mohn: „Die Unternehmenskultur entwickelt sich zu einem der wichtigsten Wettbewerbsvorteile, da sie nicht ohne weiteres kopierbar ist [...]" (Mohn 2012, S. 210).

Abb. 3.3 EnBW-
InnovationsCampus. (Quelle:
EnBW)

1. Das Arbeitsumfeld muss so ausgelegt sein, dass neuronale Veränderungen möglich
   sind (Strauß 2012, S. 90). Dies ist dann gegeben, wenn die Umgebung für die Mitarbeitenden eine Bereicherung darstellt, emotional inspirierend und nach Möglichkeit
   in ein „optimales" Stresslevel eingebunden ist (Strauß 2012, S. 90). Und so passt insbesondere das Zitat des CEO der EnBW: „Büroräume radikal verändern kann jeder
   Chef. Anders ist es mit den Mitarbeitern. You either change people", sagt Mastiaux,
   „or you change people" (Unfried 2016).
2. Erlebnisorientiertes Verstehen (z. B. im täglichen Arbeitsalltag) dient als Basis für
   Veränderung der prozeduralen Gedächtnisprozesse[15] (Strauß 2012, S. 90).
3. Eine starke Bindung zu Teammitgliedern oder zum Vorgesetzten sorgt für neuronale
   Veränderungen (Strauß 2012, S. 90).

---

[15]Anmerkung: Die Herangehensweise, wie man Fertigkeiten ausführt. Diese sind im täglichen
Leben integriert und implizit vorhanden, jedoch explizit für den Menschen schwer zu beschreiben.

Abb. 3.4 EnBW-InnovationsCampus. (Quelle: EnBW)

Klar war auch, dass die Etablierung neuer Zusammenarbeitsmodelle[16] (zunächst insbesondere im InnovationsCampus) mit dem Wunsch nach Verhaltensänderungen einhergingen. Um Veränderungen dauerhaft anzunehmen, braucht es, wie bei üblichen
Lernkurven, Wiederholungen zur Stabilisierung und Festigung (siehe Abb. 3.5). Diese
Rahmenbedingungen wurden in einem Umfeld wie dem InnovationsCampus geschaffen.
Im Sinne des Effectuation-Ansatzes sollte mit den Ressourcen gearbeitet werden, die
aktuell verfügbar waren[17], und schöpferische Kollaboration etabliert werden.

Handlungsempfehlungen Phase 2
- Etablierung einer neuen Aufbau- und Ablauforganisation in Form eines Innovati-
  onsCampus außerhalb des bestehenden Umfeldes, mit der Zielsetzung, durch neue
  Ansätze und Arbeitsweisen Geschäftsmodelle zu identifizieren.

---

[16]Vgl. auch Ciesielski und Schutz (2016, S. 89): „Kreatives Handeln zieht zwangsläufig ein
Abweichen von der Norm nach sich – was im Einzelfall schwer genug sein kann. […] Im Kern
geht es […] darum, spontane, kreative Zusammenarbeit zu ermöglichen – im Wissen darum, dass
Spontanität nicht verlangt werden kann."

[17]Anmerkung: Diese Art des Innovationsprozesses konzentriert sich auf das aktuell zu steuernde
und macht sich stärker unabhängig von Vorhersagen.

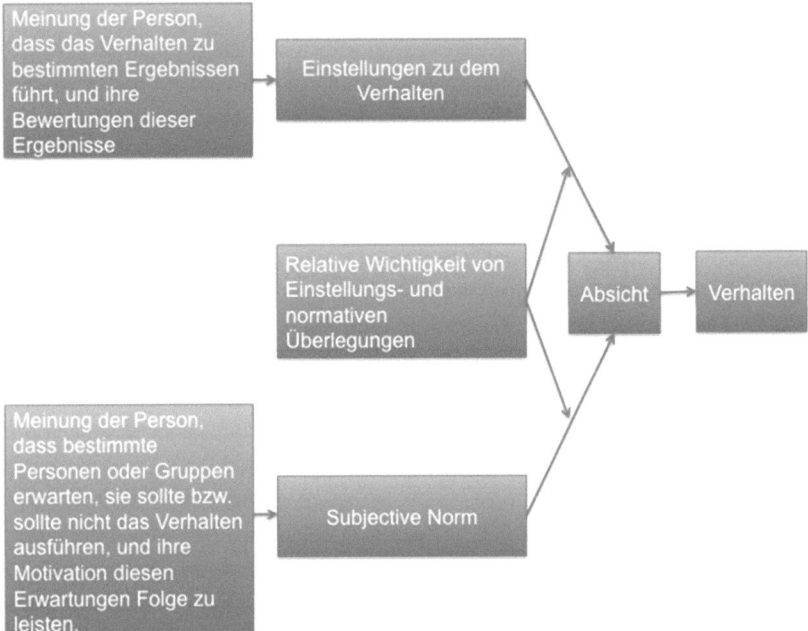

Abb. 3.5 „Determinanten individuellen Verhaltens: Die Theorie des überlegten Handelns". (Quelle: Stahlberg und Frey 1992, S. 166)

- Schaffung von Symbolik: Einführung des Labs oder InnovationsCampus mit Unterstützung des Topmanagements und einer hohen Visibilität im gesamten Unternehmen.
- Neue Raumkonzepte und Arbeitswelten, nicht nur außerhalb des bestehenden Umfeldes, schaffen Freiräume für Kreativität.
- Eine Veränderung von Arbeitsweisen macht weitere kulturelle Veränderung notwendig. So z. B. das Umfeld einer Test- und Lernkultur: Aus Fehlern zu lernen, Geschäftsmodelle ohne nennenswerte Erfolgsaussicht nicht weiter zu verfolgen und das neue Wissen aktiv zu teilen („Kill early – kill cheap") (Jaworski und Zurlino 2007, S. 149).

3.5   Phase 3: Innovatives Eco-System

Ein rasches Agieren und Reagieren (auf Veränderungen oder die jeweilige Marktsituation) muss möglich sein. Ist dies nicht gegeben, so wird dies langfristig zur Demotivation oder sogar Frustration bei Mitarbeitenden führen, da sie eine Art Hilflosigkeit im eigenen Unternehmen erfahren. Aus diesem Grunde ist bei Mitarbeiterumfragen die Einschätzung der unternehmerischen Leistungsfähigkeit wichtig. Sie zeigt auf, ob und wie sich

Mitarbeitende in Veränderungsprozesse einbringen, und wie stark sie an die Leistungsfähigkeit des Unternehmens glauben und diese selber treiben können und wollen. Mitarbeiter sind leistungsbereiter, zugleich aber auch anspruchsvoller hinsichtlich der Wahl
ihrer Arbeitsstätte, wo Leistung und eine neue Art von Heimatfunktion zusammenkom-
men (Saaman 2012, S. 17).

Als sich die EnBW der Herausforderung Innovation stellte und Verantwortliche dafür
benannte, nahm der innerbetriebliche Druck an verschiedenen Stellen des Unternehmens
zu. Nicht aus mangelndem Enthusiasmus, sondern aufgrund der Themenkomplexität, für
die es jetzt und zukünftig nicht „die Lösung" gibt und geben wird. Führungskräfte waren
gerade zu Beginn stärker denn je gefragt, um eine wahrnehmbare Veränderung von Werten und Führung erlebbar zu machen und zwischenmenschliche Arbeitsbeziehungen besser zu gestalten. Für die zu leistende Arbeit galt es, die geeigneten Rahmenbedingungen
zu schaffen, um so eine gewünschte Wirklichkeit gemeinsam und konkret in Szene zu
setzen. Die gezielte Auswahl und Förderung von Mitarbeitenden, denen der Zugang zu
wegweisenden Ideen im InnovationsCampus möglich gemacht wurde, ließ für sie die
Erfolgsaussicht auf Innovation zu.[18] Letztendlich galt es aber, Innovation überall stattfinden zu lassen, um durch ein offenes in- und externes Netzwerk mit Partnern einer VUCA
World[19] zu begegnen – eine neue Herausforderung für die EnBW, die in der Vergangenheit zumeist in geschlossenen Systemen in ihrer eigenen Geschwindigkeit arbeitete und
offenen Benchmark oder gar die Integration von Fremdsystemen vermied. Zudem fehlte
eine klare Messdimension[20], um zu prognostizieren, inwieweit auch bereits entwickelte
Zwischenschritte dem nötigen Reifegrad hinsichtlich des Zielbildes (der Etablierung
eines wirtschaftlich erfolgreichen und skalierbaren Geschäftsmodells) entsprachen.

Eine Veränderung dieser Arbeitsweise machte zudem eine weitere kulturelle Veränderung notwendig. Nämlich die, aus Fehlern zu lernen und Geschäftsmodelle ohne nennenswerte Erfolgsaussicht (auch zukünftig nicht wirtschaftlich erfolgreich und nicht
skalierbar) einzustellen bzw. nicht weiterzuverfolgen. Diese Entscheidungen selber zu
treffen, wird durch eine datenbasierte Entscheidungskultur und Integration der Kunden-
sicht nachdrücklich gefördert, da hiermit die notwendige Objektivität und Transparenz

---

[18]Siehe hierzu auch Liz Mohn: „Verantwortung und Freiraum für kreative Lösungen sind der Weg
in die unternehmerische Zukunft. Mitsprache am Arbeitsplatz und eine ausgeprägte Innovationskultur sowie partnerschaftliche Dialoge zwischen allen Beteiligten führen über ein gemeinsames
Zielverständnis zum unternehmerischen Erfolg" (Mohn 2012, S. 209).

[19]Definition VUCA World: Volatility: A brutal increase in four dimensions of the changes that we
face today: the type, speed, volume, and scale. Uncertainty: As a result of the Volatility, we are
unable to predict future events. Complexity: Widespread confusion, with no clear connection between cause and effect, affects all organisations nowadays. Ambiguity: There is a lack of precision,
and the existence of multiple meanings within the conditions surrounding us (Tovar 2016).

[20]Anmerkung: Der technologische Fortschritt und die Digitalisierung haben auch Medienland-
schaften radikal verändert. Zielbild des Axel Springer Verlags ist es, digitale Aktivitäten zu entwickeln und in 7 Jahren das Geschäftsmodell auszutauschen (Petry 2016, S. 341–342).

einhergeht und die richtigen Maßstäbe durchgängig angesetzt werden können: „Die Fluide Organisation setzt deshalb auf das Verantwortungsbewusstsein aller Handelnden, die damit zu Rollenverantwortlichen[21] werden, und das des Auswählenden, der entscheidet, wer auf der Basis welcher Potenziale welche Rollen übernimmt" (Saaman 2012, S. 109). Gemessen werden Leistungen an Ergebnissen, die für und mit anderen erbracht werden und dies in einem Umfeld, das für ein optimales Arrangement mit möglichst wenig Vorschriften und dezentralen Entscheidungsbefugnissen auskommt (Saaman 2012, S. 109).

Handlungsempfehlungen Phase 3: Innovatives Eco-System
- Agile Arbeitsweisen gehen besser mit hoher Themenkomplexität und Veränderung in einer VUCA World um.
- Einbindung des Kunden in den Produktentwicklungsprozess. Die User Experience und das damit verbundene Feedback erhöht nicht nur die Entwicklungsgeschwindigkeit, sondern stellt sicher, dass die Entwicklung nicht am Markt vorbeigeht.
- Erneute Veränderung von Führung, die sich stärker selbst reflektiert, Zusammenarbeit fordert und sich für Kooperationen mit externen Netzwerken öffnet.

3.6   Phase 4: Digitales Unternehmen

Digitale Führung[22] als ein Erfolgsfaktor sorgt dafür, dass die jeweiligen Gegenkräfte in einem Team zur Geltung kommen – nach Möglichkeit ohne als Führungskraft direkt einzuwirken, getreu dem Motto „Tue nichts, was die Gruppe nicht selber tun kann" (König 2012, S. 36). So werden auch bei der EnBW selbstorganisierte Netzwerke gefördert und mit einer Durchmischung von Teammitgliedern aus dem „Mutterkonzern" sowie externen Mitarbeitern ergänzt, um Kreativität und Entwicklungsgeschwindigkeit zu fördern. Es wird jedoch darauf geachtet, dass die Ausrichtung in einem gemeinsam definierten Rahmen stattfindet, um den Verlust einer gemeinsamen Ausrichtung zu vermeiden. Führung hat verstärkt die Aufgabe Sinnzusammenhänge aufzuzeigen, wachsende Eigendynamik in crossfunktionalen Teams zu kanalisieren und attraktive Visionen anzubieten, sodass das gemeinsame Wirken die nachhaltige Steigerung des Unternehmenswertes zum Ziel hat (Petry 2016, S. 92).

---

[21]Rollenverantwortliche sind in der Lage, ihre Rolle vielfältig auszugestalten und die mit der Aufgabe verbundene Verantwortung zu übernehmen. Dabei müssen die Dimensionen der Rolle abgestimmt sein und Potenzial, Wissen, Erfahrung und Motivation passen.

[22]Vgl. hierzu auch Ciesielski und Schutz (2016, S. 119–124): Digitale Führungskompetenz versteht sich als Querschnittskompetenz. Für kompetente Führungskräfte ist es nicht nur notwendig, den fachlich-methodischen Rahmen zu kennen, sondern auch, unter Unklarheit und hoher Unsicherheit (gepaart mit Chaos, Zeit- und Erfüllungsdruck) die in diesem Moment beste Entscheidung zu treffen und diese in Handlungen umzusetzen. Dabei kommt der Offenheit eine exponierte Stellung zu.

Zwar neigen Großkonzerne und so auch EnBW dazu, überholte Anreizsysteme zu fördern, und sie lassen sich eher an Kosteneinsparungen messen, als an kreativen Erfolgen oder Risikobereitschaft, doch dieser Kreislauf wird durchbrochen werden, wenn zukünftigen Herausforderungen nicht mit bekannten Lösungsmodellen begegnet werden kann (Petry 2016, S. 54). Bewusstseinswandel zu fördern und Mitarbeitende mit ihrem intellektuellen Kapital als treibende Kraft zu nutzen, die im schnellen Wettbewerbsumfeld Kundenbedürfnisse identifizieren und in passende Kundenlösungen überführen, bedeutet Expertise und Erfahrung zielorientiert einzusetzen (Ackermann 2012, S. 58). Denn der Erfolg des Unternehmens hängt von wirtschaftlich erfolgreichen Geschäftsmodellen ab. Der Entwicklungsdruck wird also nachhaltig hoch bleiben.

Allein die Anpassung von Arbeitsmethoden wie z. B. die Einführung von Lean-Start-up-[23] oder Design-Thinking-Methoden[24], die kundenzentriert und mit hoher Geschwindigkeit Produkte an den Markt bringen sollen, um auch Lernphasen zu verkürzen, reicht daher nicht aus. So finden in der aktuellen Phase Start-up-Beteiligungen als Mehrheitsbeteiligungen und Investitionsstrategien sowie eine stärkere Vernetzung der EnBW mit der Start-up-Welt statt. Gerade in diesem Umfeld ist die Unternehmensgröße der EnBW von Vorteil. Wird sie in manchen Teilen noch mit Bürokratie in Verbindung gesetzt, so kann sie gerade in diesem aktuellen Beteiligungsfeld ihre Kompetenz und Professionalität, ihre belastbaren, qualitativ hochwertigen und sicheren Strukturen sowie ihre Investitionskraft als attraktiver Partner gewinnbringend einsetzen, um selbst am Erfolg partizipieren zu können.

Handlungsempfehlungen Phase 4: Digitales Unternehmen
- Führung als Rahmengeber und Sicherstellung von Entwicklung und Ausrichtung von Modellen an der Gesamtstrategie des Unternehmens (Kanalisierung der sich entwickelnden Eigendynamik).
- Kreativität hat viel mit Disziplin zu tun. Aufbau klarer Prozesse, Erweiterung des Methodenkoffers und der Modelle sind im InnovationsCampus und sukzessive im gesamten Unternehmen zu etablieren.
- Kollaboration mit dem Bereich Finanzen im Zuge der Start-up-Beteiligung und -Integration
- Integration von Kompetenzfeldern, die außerhalb innerbetrieblicher Fähigkeiten liegen und deren selbstständiger Aufbau zu kostenintensiv und langwierig wäre.

---

[23]Lean-Start-up beschreibt die Gründung eines Unternehmens oder die Einführung eines Produktes, wobei alle Prozesse sehr schlank gehalten werden. Der Fokus liegt auf dem Ansatz „learning-by-doing".

[24]Design Thinking ist ein kreativer Prozess mit dem Ziel der Ideenfindung, wobei der Kunde im Zentrum steht. Der Prozess folgt klaren Schritten und wird zumeist in multidimensionalen Teams durchgeführt.

3.7 Auf dem Weg zum adaptiven Digitalunternehmen

Seien es nun externe Schocks oder klassische Verdrängungseffekte, denen sich ein Unternehmen ausgesetzt sieht – identifiziert und integriert es neue digitale Geschäftsmodelle, ist es all dem zum Trotz zukunftsfähig. EnBW hat dies anhand eines kontinuierlichen 4-Phasen-Transformations-Modells erfolgreich in die Praxis umgesetzt. Wesentliche Herausforderungen werden immer unternehmensindividuell und iterativ angepasst. Dieser Leitfaden zeigt Eckpfeiler im Bereich Führung, Incentivierung und Organisationsgestaltung bis hin zur Projektumsetzung auf. Es ist festzuhalten: Die internen und externen Bedingungen ändern sich ständig. Bleiben Sie adaptiv!

Literatur

Ackermann, J. (2012). Führung im globalen Unternehmen. In H. Bruch, S. Krummaker, & B. Vogel (Hrsg.), *Leadership – Best Practices und Trends* (S. 57–64). Wiesbaden: Gabler.

Blank, N. (2011). *Vertrauenskultur – Voraussetzungen für Zukunftsfähigkeit von Unternehmen.* Wiesbaden: Gabler.

Ciesielski, M. A., & Schutz, T. (2016). *Digitale Führung – Wie die neuen Technologien unsere Zusammenarbeit wertvoller machen.* Wiesbaden: Gabler.

DerWesten.de. (2015). Wie RWE und Eon gegen die "Energiekrise" kämpfen. Homepage Der Westen. https://www.derwesten.de/wirtschaft/wie-rwe-und-eon-gegen-die-energiekrise-kaempfen-id10983829.html. Zugegriffen: 7. Mai 2017.

Disselkamp, M. (2012). *Innovationsmanagement, Instrumente und Methoden zur Umsetzung im Unternehmen.* Wiesbaden: Gabler.

Dorfs, J., Heller, M., Drews, E., & Ludwig, W. (2016). "Wir verlieren keine Zeit mit unnötigen Debatten". Homepage Stuttgarter Zeitung. http://www.stuttgarter-zeitung.de/inhalt.enbw-chef-frank-mastiaux-wir-verlieren-keine-zeit-mit-unnoetigen-debatten.0e2da63d-5d15-480e-a8f7-929bc1174909.html. Zugegriffen: 2. Juli 2017.

Dörner, K., & Edelman, D. (2015). What ‚digital' really means. Homepage MCKinsey & Company. http://www.mckinsey.com/industries/high-tech/our-insights/what-digital-really-means#0. Zugegriffen: 7. Mai 2017.

EnBW. (2017). Nicht finanzielle Leistungskennzahlen. In EnBW (Hrsg.), *Integrierter Geschäftsbericht 2016* (S. 63–69). https://www.enbw.com/media/downloadcenter-konzern/geschaeftsberichte/enbw-integrierter-geschaeftsbericht-2016.pdf. Zugegriffen: 2. Juli 2017.

EnBW.com. (2017). Erneuerbare Energien. Homepage EnBW. https://www.enbw.com/erneuerbare-energien/uebersicht/index.html. Zugegriffen: 7. Mai 2017.

Flauger, J. (2017). Eon macht 16 Milliarden Euro Verlust. Homepage Handelsblatt. http://www.handelsblatt.com/unternehmen/industrie/rekordminus-beim-energiekonzern-eon-macht-16-milliarden-euro-verlust/19517940.html. Zugegriffen: 7. Mai 2017.

Gerstner, L. V. (2002). *Wer sagt, Elefanten können nicht tanzen? Der Wiederaufstieg von IBM.* Stuttgart: DVA.

Gründerszene.de. (2017). Venture Capital. Homepage Gründerszene. https://www.gruenderszene.de/lexikon/begriffe/venture-capital-vc. Zugegriffen: 14. Mai 2017.

Honegger, C., Neckel, S., & Magning, C. (2010). *Strukturierte Verantwortungslosigkeit – Berichte aus der Bankenwelt.* Berlin: Suhrkamp.

Jaworski, J., & Zurlino, F. (2007). *Innovationskultur: Vom Leidensdruck zur Leidenschaft. Wie Top-Unternehmen ihre Organisation mobilisieren.* Frankfurt: Campus.

König, O. (2012). Gruppendynamische Grundlagen. In B. Strauß & D. Mattke (Hrsg.), *Gruppenpsychotherapie. Lehrbuch für die Praxis* (S. 21–36). Berlin: Springer.

Koulopoulos, K. M. (2010). *Die Innovationszone – Wie sich Firmen neu erfinden.* Zürich: Midas Management.

Manager-Magazin.de. (2007). Fotostrecke: Die zehn wertvollsten deutschen Börsenunternehmen. Homepage Manager Magazin. http://www.manager-magazin.de/fotostrecke/fotostrecke-18940-2.html. Zugegriffen: 7. Mai 2017.

Mohn, L. (2012). Unternehmenskultur und Führung: Erfolgsfaktoren zur Gestaltung der Zukunft in Wirtschaft und Unternehmen. In H. Bruch, S. Krummaker, & B. Vogel (Hrsg.), *Leadership – Best Practices und Trends* (S. 209–218). Wiesbaden: Gabler.

Nerdinger, F. W., Blickle, G., & Schaper, N. (2011). *Arbeits- und Organisationspsychologie.* Berlin: Springer.

Onpulson.de. (2017). Intrapreneur. Homepage Onpulson. http://www.onpulson.de/lexikon/intrapreneur. Zugegriffen: 13. Mai 2017.

Paschen, M., & Dihsmaier, E. (2011). *Psychologie der Menschenführung. Wie Sie Führungsstärke und Autorität entwickeln.* Berlin: Springer.

Petry, T. (2016). *Digital Leadership. Erfolgreiches Führen in Zeiten der Digital Economy.* Freiburg: Haufe.

Saaman, W. (2012). *Leistung aus Kultur – Wie aus „Arbeit-Nehmern" Bestleister werden.* Wiesbaden: Gabler.

Scheele, B. (2017). Beobachtungslernen. Portal Hogrefe. Dorsch Lexikon der Psychologie. https://portal.hogrefe.com/dorsch/beobachtungslernen. Zugegriffen: 13. Mai 2017.

Stahlberg, D., & Frey, D. (1992). Einstellungen I: Struktur, Messung und Funktionen. In W. Stroebe, M. Hewstone, J.-P. Codol, & G. M. Stephenson (Hrsg.), *Sozialpsychologie. Eine Einführung* (S. 144–170). Berlin: Springer.

Strauß, B. (2012). Die Gruppe als sichere Basis: Bindungstheoretische Überlegungen zur Gruppenpsychotherapie. In B. Strauß & D. Mattke (Hrsg.), *Gruppenpsychotherapie. Lehrbuch für die Praxis* (S. 85–98). Berlin: Springer.

Tovar, P. (2016). Leadership challenges in the V.U.C.A world. Homepage Oxford Leadership. http://www.oxfordleadership.com/leadership-challenges-v-u-c-world. Zugegriffen: 17. Apr. 2017.

Unfried, P. (2016). Der Transformator. Homepage taz. http://www.taz.de/!5317200. Zugegriffen: 2. Juli 2017.

Die Digitale Wertschöpfungskette: Künstliche Intelligenz im Einkauf und Supply Chain Management

4

Christian Heinrich und Gregor Stühler

Inhaltsverzeichnis

Zusammenfassung

Künstliche Intelligenz (KI) erweist sich als mächtige und reife Technologie. Es sind große Datenmengen mit unternehmensrelevantem Bezug verfügbar und diese vervielfachen sich permanent. Dabei handelt es sich sowohl um unternehmensinterne Daten, die bisher als „Datenschätze" mit jahrelangen Erfahrungswerten bezeichnet wurden, als auch um strukturierte sowie unstrukturierte Daten, die außerhalb des Unternehmens im weltweiten Netz nutzbar sind. Da der Informationsvorsprung immer entscheidend für wirtschaftlichen Erfolg gewesen ist, werden diejenigen Unternehmen wettbewerbsstärker sein, die die relevanten Daten unmittelbar in die unternehmerischen Entscheidungsprozesse einfließen lassen. Die Möglichkeiten der

C. Heinrich (✉)
Quadriga Hochschule Berlin, Berlin, Deutschland
E-Mail: christian.heinrich@quadriga.eu

G. Stühler
Scoutbee GmbH, Würzburg, Deutschland
E-Mail: gregor@scoutbee.com

© Springer Fachmedien Wiesbaden GmbH 2018
C. Gärtner und C. Heinrich (Hrsg.), *Fallstudien zur Digitalen Transformation*,
https://doi.org/10.1007/978-3-658-18745-3_4

Nutzung aktueller und spezifischer Daten bei Einkaufsverhandlungen, dem kurzfris-
tigen Auffinden einer Alternative für einen ausgefallenen Lieferanten, dem Aufbau
eines neuen Innovationslieferanten oder der Risikoüberwachung der Lieferantenkette
steigen ebenfalls ständig an. Machbar wird dies durch den Einsatz einer lernfähi-
gen KI, die Kunden-Lieferanten-Beziehungen und viele dazugehörige Datenquellen
analysiert und durch Algorithmen für das jeweilige Unternehmen und den Einkäufer
sowie Supply-Chain-Manager als valide Handlungsempfehlung aufbereitet. Im Folgenden werden theoretische Hintergründe zu KI und Deep-Learning-Algorithmen
vermittelt und zugleich ihre Anwendung im Feld der Supply Chain an einem Praxis-
beispiel illustriert.

4.1   Die Supply Chain als unternehmerisches Erfolgskriterium

Supply Chains, Supply Networks oder einfach Wertschöpfungsketten produzierender
Unternehmen sind hinsichtlich der Produktions-, Absatz-, Lager- und Zwischenferti-
gungsstandorte global verteilt. Die Komplexität der Verteilung wird weiter zunehmen.
Die Supply Chains aus Lieferanten, Kunden, Logistikdienstleistern, eigener Produktion
und Halbfertigstandorten nehmen so die Gestalt eines Netzwerkes mit diversen Kunden-
Lieferanten-Beziehungen an (Simchi-Levi et al. 2004). Die Dynamik in globalen Mate-
rial- und Kapitalflüssen wird durch die infrastrukturellen, politischen und kulturellen
Differenzen verstärkt. Unternehmen setzen aufgrund von Kostendruck häufig Konzepte
wie Lean Manufacturing, Outsourcing und Single Sourcing ein (Christopher 2005).
Diese erhöhen die Risiken eines Lieferantenausfalls und schränken die Möglichkeiten
zum Benchmarking der bestehenden Lieferanten ein. Denkt man über die klassischen
Effizienzsteigerungspotenziale im Supply Chain Management (SCM) hinaus, lassen sich
durch moderne Kunden-Kollaborations-Projekte neue Produktinnovationen mit Partner-
lieferanten entwickeln und umsatzwirksam absetzen. Hierfür ist es jedoch erforderlich,
dass Einkäufer über profundes Wissen der potenziellen Lieferanten im eigenen Beschaf-
fungsmarkt verfügen. Um eine wirkliche Innovation voranzutreiben und den passenden
neuen Lieferanten zu identifizieren, genügt dies allein nicht. Kenntnisse zu Lieferan-
tenstrukturen und deren Produktportfolios aus angrenzenden „Nachbarindustrien" oder
insbesondere aus neu entstehenden Industrien sind notwendig, um die relevanten Partner „aufzuspüren". Beispielhaft sind an dieser Stelle verschiedene Innovationskollabo-
rationen zu nennen. Im Bereich Smart Home kollaborieren traditionelle Küchen- und
Gebäudeausstatter mit Technologieunternehmen. Selbiges gilt für die Entwicklungen im
Bereich Fahrzeugbau. Traditionelle Automobilhersteller müssen sich bei Themen wie
Batterieantrieb, technologischer Interieur-Ausstattung oder dem selbstfahrenden Auto
mit den innovativsten und kreativsten Unternehmen in Kooperationen begeben, um das
attraktivste Angebot im Markt platzieren zu können. Die unternehmensübergreifende
Zusammenarbeit in Unternehmen wird seit Jahrzehnten durch Informationssysteme
unterstützt.

4.2 Entwicklungen der Informationssysteme in Supply Chains

Informationssysteme in Wertschöpfungsketten versuchen seit der Erweiterung der Material-Requirements-Planning- (MRP) und Material-Ressource-Planning- Systeme (MRP-II-Systeme) hin zu Produktionsplanungs- und Steuerungs-Systemen (PPS) in Enterprise-Ressource-Planning (ERP)-Systemen die integrierte Planung und Steuerung in Supply Chains sicherzustellen. Dies gelang jedoch meist nur in Ausschnitten. Insbesondere die Berechnung einzelner Produktionspläne mit lokalen Optimierungen ist gelungen. Eine Erweiterung auf komplexere Zusammenhänge ist schwer möglich, da sich die Umweltbedingungen (Lieferantenkapazität, Absatzzahlen, Produktionsauslastung etc.) zu schnell und volatil ändern, um in sequenziellen Planungssystemen abgebildet zu werden. Zudem lassen diese die ökonomischen Individualinteressen einzelner Unternehmen in der Supply Chain unberücksichtigt. Deshalb kommt es kaum zu unternehmensübergreifenden System- und Datenintegrationen. Darüber hinaus ist die Mehrheit der mittleren und großen Unternehmen sogar unternehmensintern mit der Harmonisierung der System- und Datenlandschaften überfordert. Als Konsequenz sind die Stamm- und Bewegungsdaten aus den ERP-, Planungs- und Supplier-Relationship-Management-Systemen (SRM-Systeme) nicht durchgängig aussagekräftig und insbesondere für strategische Auswertungen sowie zum proaktiven Handeln nicht nutzbar. Bereits diesen Daten kann ein sehr hoher strategischer Wert beigemessen werden.

Da diese Nutzenvorteile aufgrund zu großer Informationssysteme und starrer Datenbankarchitekturen, die auf eigenen Eingabe- und Stammdaten basieren, kaum gehoben werden können, ist radikales Umdenken gefordert. Nicht nur im B2C, sondern auch im B2B werden immer mehr Daten produziert. Laut IBM wurden in den vergangen 2 Jahren 90 % aller Daten produziert (IBM 2017). Dies eröffnet die Gedankenwelt für einen fundamental neuen Ansatz zur aufgabenspezifischen Informationsgewinnung, -verarbeitung, -aufbereitung und schließlich -verwertung: Die Einbeziehung von dynamischen Daten diverser externer Datenquellen als Metaebene in Entscheidungsprozessen entlang der SC oder im Einkauf direkt. Ein 2015 gegründetes Unternehmen hat dieses Konzept umgesetzt und wird im Folgenden beispielhaft die Praxisbezüge herstellen. Dies bedeutet, dass der bisher bekannte Ansatz des Aufbaus einer unternehmensinternen Datenbank mit Stamm- und Bewegungsdaten, kombiniert mit einer Nutzeroberfläche, die stark an Unternehmensprozessen orientiert ist (Workflow), hinfällig ist. Vielmehr werden externe und für die jeweilige Aufgabe im Unternehmen relevante Daten dem Nutzer in einer agilen Nutzeroberfläche validiert und in Echtzeit zur Verfügung gestellt. Das technologische Fundament basiert auf KI.

4.3 KI und Deep Learning als strategisches Instrument

KI ist ein weiter Oberbegriff, der sich aus verschiedenen Unterthemen und historischen Entwicklungen zusammensetzt. Neuronale Netze kommen, nach Anlaufschwierigkeiten in den 90er Jahren, heute im großen Maße im Machine Learning (ML) und speziell in dessen Unterkategorie, dem Deep Learning (DL) zum Einsatz. Ziel war und ist es immer, große Datenmengen logisch und strukturiert zu interpretieren und die Ergebnisse für definierte Aufgabenstellungen nutzbar zu machen.

4.3.1 Künstliche Intelligenz und maschinelles Lernen

KI beschreibt im Allgemeinen die Fähigkeit einer Maschine, komplexe Probleme eigenständig zu interpretieren, zu lösen und von diesem Prozess zu lernen. KIs basieren heute vermehrt auf neuronalen Netzen. Diese erlauben die Simulation der Arbeitsweise eines Gehirns und ermöglichen somit eine Art „biologischer" Informationsverarbeitung. Die neuronalen Netze können als eine technische Weiterentwicklung aus wissensbasierten Systemen verstanden werden. Der Vorteil der KI besteht in der geringeren Anzahl an Eingabefaktoren, um das Zielergebnis zu erhalten. Zudem lassen sich die Modelle einfacher entwickeln als bei statistischen Verfahren und es werden Fehler in hohem Maße toleriert. Das wesentlichste Charakteristikum ist allerdings die Fähigkeit des Lernens im Sinne der Anpassung der Parameter aufgrund von Erfahrung. Das neuronale Netz modifiziert sich durch eigens festgelegte Vorschriften selbst, um eine gewünschte Ausgabe zu realisieren. Hier spricht man von ML. Abb. 4.1 zeigt den Aufbau neuronaler Netze exemplarisch (Wikipedia 2017).

Der Erfolg eines neuronalen Netzes hängt häufig von sogenannten Trainingsdatensätzen ab. Hier werden vorher bspw. die Inhalte von Bildern durch Maschinen oder Menschen beschrieben und dem Bild zugewiesen. Werden diese Trainingsdatensätze in ausreichender Anzahl in ein neuronales Netz gespeist, lernt die Maschine eigenständig ob es sich bei einem Bild z. B. um einen Hund oder eine Katze handelt.

Beim Trainieren unterscheidet man verschiedene Trainingsmuster. Der Algorithmus lernt durch folgende Kategorien (Kruse und Borchert 2015):

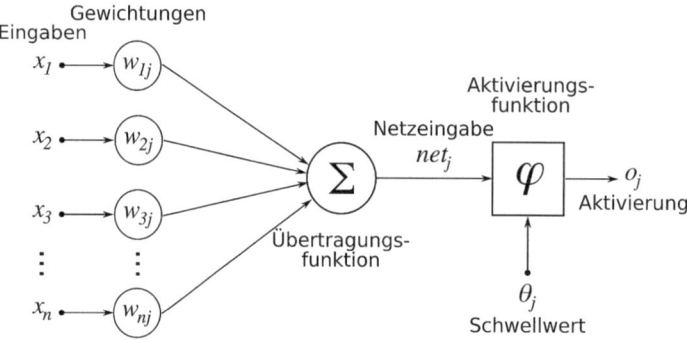

Abb. 4.1 Neuronales Netz. (Quelle: Wikipedia 2017)

- Entwicklung neuer Verbindungen
- Löschen existierender Verbindungen
- Modifikation der Verbindungsstärke
- Modifikation des Schwellenwertes
- Modifikation der Aktivierungs- bzw. Ausgabefunktion
- Entwicklung neuer Neuronen
- Löschen bestehender Neuronen

Am häufigsten wird die Verbindungsstärke, also die individuelle Veränderung der Gewichtung einzelner Parameter, verändert.

Zudem unterscheidet man beim ML drei grundlegende Arten des Lernens (Kruse und Borchert 2015):

- Das überwachte Lernen: Ein externer Lehrer gibt die Differenz der tatsächlichen zur korrekten Ausgabe an. Hierfür werden Trainingsdatenpaare aus Ein- und Ausgabedaten vorausgesetzt.
- Das bestärkende Lernen: Dem Netz wird lediglich mitgeteilt, ob die Ausgabe korrekt oder nicht korrekt war. Genaue Differenzen erfährt das Netz nicht.
- Das selbstorganisierte Lernen: Das neuronale Netz trainiert sich durch festgelegte Kriterien selbst ohne Zuhilfenahme eines externen Lehrers.

Weiterhin ist es wichtig, den Zusammenhang zwischen maschinellem Lernen und dem Algorithmus zu verstehen. Ein Algorithmus ist grundsätzlich eine präzise und endliche Beschreibung eines allgemeinen Verfahrens zur Lösung einer gegebenen Aufgabenstellung. Die dafür notwendigen Verarbeitungsschritte werden in einer definierten (Programmier-)Sprache abgefasst (Cormen et al. 2001). Bei der Problemlösung durch Algorithmen werden bestimmte Eingaben zu bestimmten Ausgaben umgeformt und spielen beim maschinellen Lernen eine tragende Rolle.

4.3.2 Deep Learning

Der Unterschied zwischen den verschiedenen Formen der KIs ist in der Art und Weise der Verarbeitung der Informationen begründet. Beim herkömmlichen maschinellen Lernen greift der Mensch in den Analyse- und Entscheidungsprozess ein, während er beim sogenannten DL lediglich die Informationen zur Verfügung stellt und alle Aktivitäten aufzeichnen lässt. Die Analyse, Prognose und Entscheidungen überlässt der Mensch der Maschine.

DL geht folglich einen Schritt weiter und arbeitet auf der Metadatenebene mit eigenständiger konzeptioneller Leistung. DL kann mit dem „Loslassen" des Menschen und somit mit einem selbstlernenden System verglichen werden. Der Mensch hat keine Kontrolle und keinen Einfluss auf das Resultat. Wenn man z. B. fragt, nach welcher Formel oder nach welchem Muster die DL-Maschine eine Entscheidung getroffen hat, wäre die logische Antwort: „Wir wissen es nicht genau!".

Was für die Maschine heute die richtigen Verarbeitungsschritte im Algorithmus sind, könnte morgen oder nächste Woche überholt sein. Dementsprechend ist DL auch gleich-zusetzen mit dem in Abb. 4.2 dargestellten Prozess. Diese Art von Aufgabe ist bisher nur mit kombinatorischer Leistungsfähigkeit, die von einem menschlichen Gehirn hervorge-bracht werden kann, lösbar gewesen (WIINF-WIKI 2017).

Diese intelligenten Systeme finden Anwendungsbereiche insbesondere bei komple-xeren Problemstellungen, die zusätzlich mit einer großen Datenmenge verbunden sind. Sie unterstützen bei Entscheidungsfindung, interpretieren Muster, steuern Prozesse oder bewegen sich in unbekannten Aufgabenstellungen autonom. Kurzum geht es um die Simulation menschlichen Denkens in bestimmten Anwendungsbereichen (Russel und Norvig 2009).

Beispiel für Anwendungen in denen DL-Algorithmen eingesetzt werden, gibt es viele:

- Analyse großer Datensätze mit strukturierten und unstrukturierten Daten
- Erkennen von Gegenständen in Bildern und Videos
- Spracherkennung

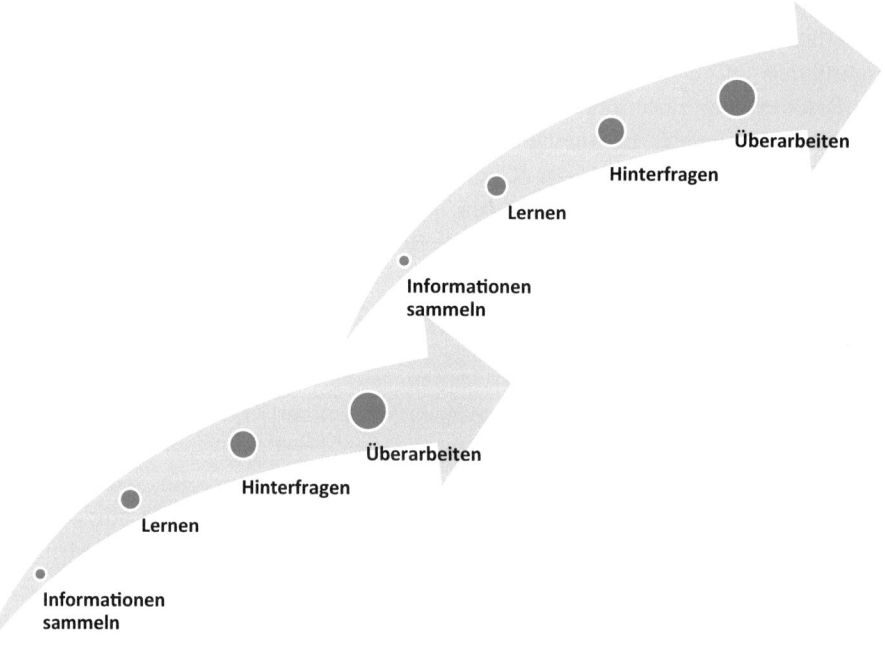

Abb. 4.2 Digitalisierter und automatisierter Prozess im Deep Learning. (Quelle: Eigene Darstel-lung)

- Übersetzung gesprochener Texte
- Vorhersage mit Wahrscheinlichkeiten (Predictive Analytics)

Im nächsten Abschnitt wird DL auf Aufgabenstellungen in Wertschöpfungsketten produzierender Unternehmen übertragen.

4.4   Wettbewerbsvorteile in der Supply Chain durch KI und DL

Traditionell stehen Produktion, Einkauf, Logistik und Risikomanager in Supply Chains vor zentralen Herausforderungen, um eine stabile, effiziente, aber dennoch innovative Wertschöpfung zu sichern. Im Folgenden konzentrieren wir uns auf drei elementare Aufgaben:

I.   Die Identifikation innovativer Lieferanten bzw. neuer Produktinnovationen bei etablierten Lieferanten.

II. Die kurzfristige Reaktion bei Lieferantenausfall sowie bessere Verhandlungsmacht im Einkauf (Benchmarking).

III. Die Reduktion von Risiken auf Basis von Lieferketten-Transparenz über die Kunden-Lieferanten-Beziehungen der eigenen Kunden hinaus.

Um die Aufgabenstellungen individuell, d. h. je Warengruppe oder Supply Chain zu lösen, muss zunächst die organisatorische Verantwortung festgelegt werden. Der jeweilige Einkaufsmanager oder Supply-Chain-Manager benötigt hierfür ein für ihn relevante Dashboard, um die durch die KI generierten Daten verständlich zu visualisieren und anzuwenden.

4.4.1   Identifikation innovativer Lieferanten und Benchmarking

Die skalierbare und automatisierte Identifikation innovativer Lieferanten erfolgt in vier Schritten. Diese werden nach Abb. 4.3 erläutert. In der Abbildung erkennt man die einzelne Abfolge des Einsatzes der KI in produzierenden Wertschöpfungsketten.

Für die Lieferantenidentifikation werden folgende Schritte technisch abgearbeitet:

1. Globale Marktanalyse und Identifikation von allen potenziellen Lieferanten:
   Ausschlaggebend für den Erfolg und die Sammlung relevanter Kandidaten ist eine ausreichende Datenbasis, bspw. Schlüsselwörter oder bereits bekannte Lieferanten. Diese Informationen „formen" den sogenannten Datensatz 0. Auf dieser Basis können nun sogenannte Selektoren definiert werden. Nun können in wenigen Minuten alle relevanten Lieferanten im Netz (global, sprachneutral) ausfindig gemacht werden und in einer Datenbank gesammelt werden. Oftmals umfasst eine solche Auswahl mehr

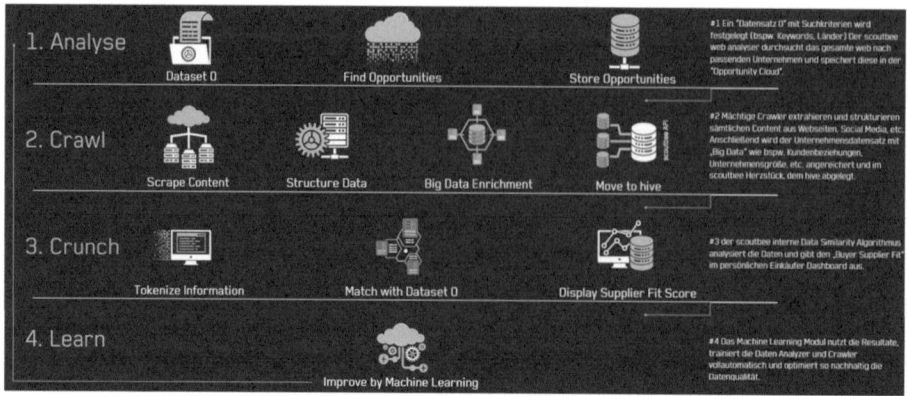

Abb. 4.3 Prozess der KI. (Quelle: scoutbee 2017)

als 100.000 Kandidaten weltweit. Durch den Einsatz von DL können sehr große Mengen an potenziellen Lieferanten ohne Sprachbarrieren berücksichtigt und analysiert werden.

2. Skalierbare Beschaffung (Crawling) von Lieferanteninformationen:
Crawler müssen sich nun der Aufgabe widmen, die durch die Selektoren definierten Informationsquellen zu beschaffen. Dies ist gerade bei einer großen Anzahl an Kandidaten ein komplexes Unterfangen und sollte aus Gründen der Qualität und der Wahrung des Datenschutzes nur von Experten durchgeführt werden. Im Anschluss müssen die Informationen aus verschiedenen Quellen vereint (merging) und mit bestehenden Daten angereichert werden. Nur so entsteht eine skalierbare und nachhaltig qualitativ hochwertige Datenbasis.

3. Entwicklung von Verfahren und Algorithmen zur Empfehlung der idealen Kandidaten:
Im ersten Schritt müssen die sogenannten Features eines Datensatzes extrahiert werden. Features sind z. B. Textmerkmale wie Schlüsselwörter und ganze Sätze. Danach wird es abstrakt. Die Features und deren Beziehungen zu anderen Features (z. B. Königin zu Frau wie König zu Mann) müssen in einem mehrdimensionalen Raum als Vektor dargestellt und im Anschluss u. a. die Distanz zwischen den Vektoren zur Ähnlichkeitsanalyse herangezogen werden. Die Kombination mehrerer ähnlicher Verfahren erhöht die Genauigkeit solcher Systeme. Dieser Schritt bestimmt über den ROI eines intelligenten Innovation-Scouting-Tools. Nicht nur die Entwicklung eines solchen Systems ist ein Kostentreiber, sondern auch die benötigte Hardware, welche häufig auf Grafikkarten (GPUs) basiert. Nicht selten muss für eine groß angelegte Analyse die Leistung hunderter GPUs gebündelt werden, um ein Resultat in wenigen Stunden bereitgestellt zu bekommen.

Auf diese Weise kann aus der großen Menge potenzieller Lieferanten eine „Short-List" mit den relevanten Top-10-Kandidaten erstellt werden. Diese technischen Schritte laufen vollautomatisiert ab. Der Einkaufs- bzw. Supply-Chain-Manager bekommt die finalen Resultate also einfach zur Verfügung gestellt und kann, sofern die Qualität der Datensätze bereits ausreichend ist, nun mit dem Informationsvorteil in die direkte Ansprache gehen.

4. Maschinelles Training:
Im letzten Schritt ist es von größter Wichtigkeit, die Qualität der Erkenntnisse und die Bewertung der Resultate an die Maschine zurückzugeben. Im Vorfeld sollte natürlich ein neuronales Netz zum Training der Maschine aufgesetzt worden sein. Ein Feedback kann bspw. durch manuelle Eingabe eines Users oder auch durch das Verfolgen des Nutzerverhaltens auf einer Plattform erfolgen. In jedem Fall entscheidet der Trainingsschritt (siehe Abschn. 4.3) über die nachhaltige Qualität der Datenbasis und damit des Innovation-Scouting-Tools.

Die KI-basierte Lieferantenrecherche befähigt den modernen Einkäufer also, durch eine umfassende, globale Marktanalyse der relevanten Lieferanten passende Anbieter für die aktuelle und spezifische Aufgabenstellung mittels Schlagwortsuche zu finden.

4.4.2   Risikoreduktion in Supply Chains durch KI

Durch die smarte Kombination hunderter Datenquellen und den Einsatz von skalierbaren DL-Systemen gelang es scoutbee, große Teile von Lieferketten führender OEMs transparent zu machen. Abb. 4.4 zeigt exemplarisch eine graphische Darstellung des Netzwerks eines großen deutschen Automobilherstellers. Die Nähe der Punkte zueinander (Gravitation) beschreibt die Intensität der Kunden-Lieferanten-Beziehung. Durch einen Klick

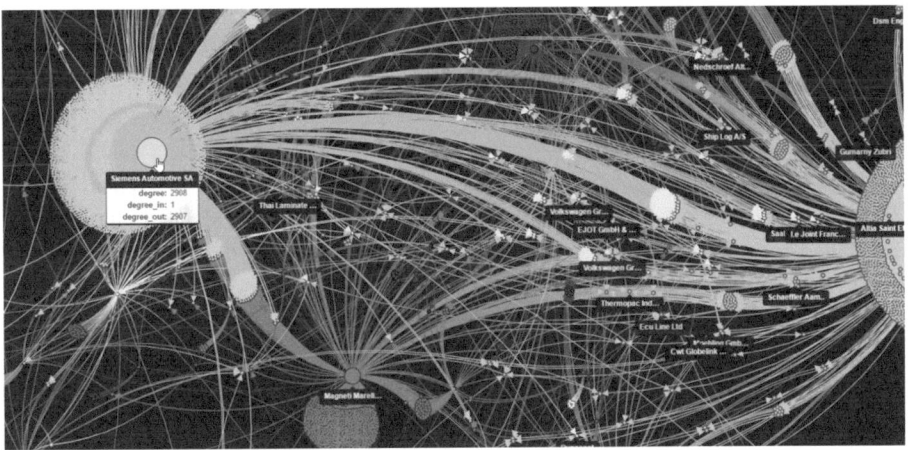

Abb. 4.4 Kunden-Lieferanten-Beziehungen eines OEM in der Automotive Supply Chain. (Quelle: scoutbee 2017)

auf die Beziehung kommen die ausgetauschten Waren und häufig auch die gezahlten Preise zum Vorschein. Heute verfügt das Unternehmen über eine Datenbank mit 2,2 Mrd. Datenpunkten mit über 300 Mio. Kunden-Lieferanten-Beziehungen.

Diese Informationen schaffen einen strategischen Vorteil im Supply Chain Management und können neben der Analyse des Wettbewerbs oder des Benchmarkings der eigenen Lieferkette auch zur Risikoabsicherung genutzt werden.

Heute sind diese Daten nahtlos in der scoutbee-Plattform integriert und kommen neben strategischen Analysen und bei der Suche globaler Lieferanten vor allem im Supply Chain Risk Management zum Einsatz. Die Kenntnis über einen Großteil der Vernetzung international agierender Unternehmen ermöglicht es nicht nur, das direkte Lieferketten-Risiko der eigenen Tier-1 zu bewerten. Durch diesen Informationsvorsprung kann der Ausfall eines Tier-4-Lieferanten erkannt, das mögliche Risiko bewertet und die Auswirkung auf die eigene Supply Chain in wenigen Sekunden berechnet werden. Risikosimulationen ermöglichen die Identifikation von Schwachstellen auf Tier-2- bis Tier-4-Ebene und bieten die Möglichkeit zur Aussprache von Empfehlungen an direkte Geschäftspartner.

Das in Abschn. 4.4.1 beschriebene Tool zur Datenbeschaffung kann auch zur Aggregation von Echtzeitinformationen genutzt werden. Auf diese Art und Weise überwacht scoutbee permanent bis zu 15.000 Ereignisse täglich. Diese sind z. B. Erdbeben-Frühwarnsysteme, geopolitische Nachrichten, lieferantenspezifische Nachrichten oder Tweets, die dem Supply-Chain-Risk-Manager bzw. Einkaufsverantwortlichen die maximale Sichtbarkeit globaler Lieferkettenrisiken geben. um dem Supply-Chain-Risk-Manager bzw. Einkaufsverantwortlichen die maximale Sichtbarkeit globaler Lieferkettenrisiken zu geben.

Ein Überfluss an Informationen erweist sich jedoch als organisatorisch zu schwer handhabbar. Ein wesentlicher Faktor für die Nutzerakzeptanz und somit die Einsatzfähigkeit in Unternehmen ist die Möglichkeit zur intuitiven Verwendung der Daten für den jeweiligen Anwendungsbezug und somit die Selektion von wesentlichen Informationen und die Weitergabe an den richtigen Ansprechpartner bzw. Entscheider. So kann durch eine spezifische System- und Informationsarchitektur der gefürchtete „Information Overload" vermieden werden.

Abb. 4.5 zeigt ein Beispiel eines intuitiven User-Dashboards. Lediglich Supply-Chain-relevante Ereignisse werden auf einer zentralen Map dargestellt. Wichtige Informationen zu den Ereignissen und betroffenen Lieferanten sowie automatisierte Handlungsempfehlungen zur Risikovermeidung werden in übersichtlichen Datencontainern bereitgestellt. Diese Nutzeroberfläche hat den Vorteil der zielgerichteten Informationsaufbereitung für die Supply-Chain-Manager. Da auch hier DL-Algorithmen hinterlegt sind, lernt das System vom Verhalten des jeweiligen Nutzers, um diesem zukünftig noch bessere Entscheidungsvorlagen liefern zu können.

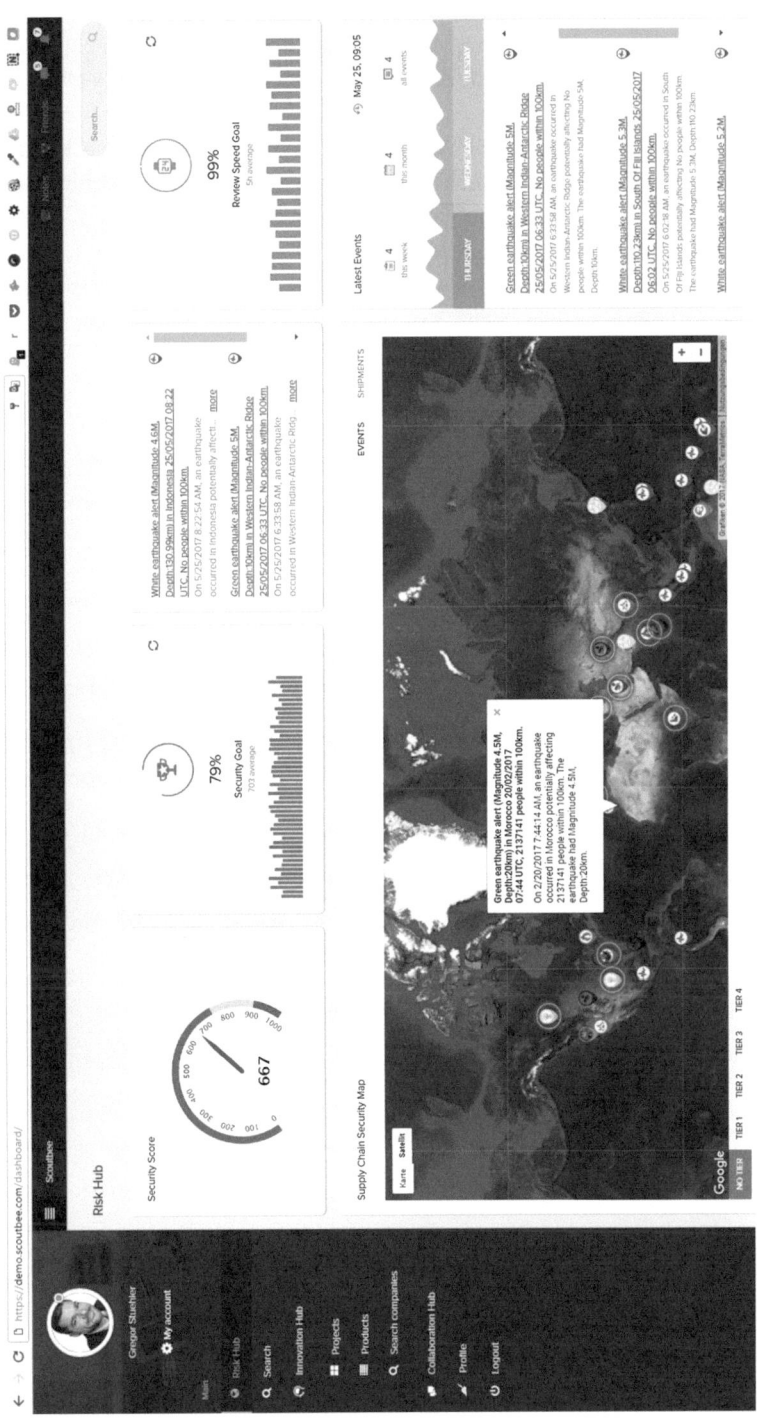

Abb. 4.5 Dashboard für das Supply-Chain-Risikomanagement. (Quelle: scoutbee 2017)

4.5 Auf dem Weg zum selbstlernenden Unternehmen

Die vorangegangenen Ausführungen zeigen, wie die Anwendungen technologischer Entwicklungen um KI auch in die strategische Entscheidungsebene produzierender Unternehmen einfließen. Der sinnvolle Einsatz von DL-Systemen für den Einkauf, das Innovation Scouting oder das Risikomanagement werden die aktuelle Wettbewerbsposition im Markt nachhaltig beeinflussen. Unternehmen, die sich weg von starren Prozessen mit fixen Abläufen sowie Datenflüssen und hin zu agilen, selbstlernenden Unternehmen entwickeln, haben größere Chancen als Profiteure hervorgehen zu können. Entscheidungen werden zukünftig nicht mehr auf Basis kaum nachvollziehbarer historischer Daten aus eigenen Systemen getroffen. Vielmehr gilt es, Aufgaben mittels dynamischer, externer Daten themenorientiert durch die Warengruppenverantwortlichen bzw. Supply-Chain-Manager direkt umzusetzen.

Literatur

Christopher, M. (2005). *Logistics and supply chain management: Creating value-added networks.* London: Pearson Education.

Cormen, T., et al. (2001). *Introduction to algorithms.* Cambridge: MIT Press.

IBM. (2017). What is big data? In https://www-01.ibm.com/software/data/bigdata/what-is-big-data.html. Zugegriffen: 2. Mai 2017.

Kruse, R., & Borchelt, C. (2015). *Computational Intelligence: Eine methodische Einführung in Künstliche Neuronale Netze, Evolutionäre Algorithmen, Fuzzy-Systeme und Bayes-Netze.* New York: Springer.

Russel, S. J., & Norvig, P. (2009). *Artificial intelligence. A modern approach* (3. Aufl.). Upper Saddle River: Prentice Hall.

Scoutbee. (2017). Eigene Abbildungen. Erstellt 30.4.2017.

Simchi-Levi, D., Kaminsky, P., & Simchi-Levi, E. (2004). *Managing the supply chain: The definitive guide for the business professional.* New York: McGraw Hill Companies.

WIINF-WIKI. (2017). Deep learning. http://winfwiki.wi-fom.de/index.php/%C3%9Cberblick_Ans%C3%A4tze_des_Deep_Learning#Deep_Learning. Zugegriffen: 2. Mai 2017.

Wikipedia. (2017). Neuronales Netz. https://de.wikipedia.org/wiki/K%C3%BCnstliches_neuronales_Netz#/media/File:ArtificialNeuronModel_deutsch.png. Zugegriffen: 2. Mai 2017.

Contentbasierte Lead-Qualifizierung – Digitales Content-Marketing zur automatisierten Lead-Qualifizierung bei einer Geschäftsbank

Andrea Kindermann

Inhaltsverzeichnis

Zusammenfassung

Für Unternehmen, die eine Bank für eine Finanzierung oder ein M&A-Projekt suchen, sind die Erfahrung der Bank mit vergleichbaren Projekten und nachgewiesenes, tiefes Branchenwissen das wichtigste Entscheidungskriterium. Da auch in diesen B2B-Segmenten die Digitalisierung auf Kundenseite voranschreitet, testet eine Geschäftsbank eine Alternative zu klassischen Lead-Generierungsmethoden: Auf für die jeweilige Zielgruppe relevanten Onlineplattformen werden branchenspezifische und -relevante Themen platziert. Interessenten, die den Content abrufen, erhalten in einem automatisierten Prozess auf Basis ihrer individuellen Nutzung des Contents in mehreren Schritten weiterführende Inhalte, die schließlich zu den relevanten Bankleistungen und einem Kontaktformular überleiten.

A. Kindermann (✉)
Quadriga Hochschule Berlin, Berlin, Deutschland
E-Mail: andrea.kindermann@quadriga.eu

© Springer Fachmedien Wiesbaden GmbH 2018
C. Gärtner und C. Heinrich (Hrsg.), *Fallstudien zur Digitalen Transformation*,
https://doi.org/10.1007/978-3-658-18745-3_5

5.1   Die Bank

Die Geschäftsbank fokussiert sich im Firmenkundengeschäft insbesondere auf die Branchen Infrastruktur & Logistik/Rail, Handel & Ernährung sowie Industrie, Dienstleistungen und Gesundheit. Finanzierungslösungen und auf die Anforderungen von Unternehmern zugeschnittene Produkte zählen zum Leistungsspektrum. Über den klassischen Kredit hinaus bietet die Bank strukturierte Finanzierungen, Risiko- und Anlagemanagement sowie Produkte für Kunden des Wealth-Managements. Zum Serviceangebot der Bank gehört auch die Beratung im M&A-Bereich sowie zu allen Facetten des Stiftungswesens.

5.2   Etablierte Methoden zur Neukundengewinnung

Ein wichtiges Geschäftsfeld der Bank ist die Beratung von Firmen bei der Unternehmens- und Projektfinanzierung. Sie konkurriert hier mit nationalen und internationalen Geschäftsbanken. Der Wettbewerb in diesem Segment ist groß. Die Unternehmensberatung Oliver Wyman geht davon aus, dass das Marktvolumen kleiner ist als die kumulierten Erlösziele der Geschäftsbanken für das Geschäftsfeld Unternehmenskunden:

> Laut der Untersuchung von Oliver-Wyman-Partner Hölzer wollen Banken 2018 in diesem Geschäftsfeld insgesamt 28,7 Milliarden Euro erlösen. Nach seiner Analyse sind das sechs Milliarden Euro zu viel. Er nennt das „Ambition Gap", also „Ambitionslücke". Seine Berechnungen ergeben nur ein moderates Wachstum für das Segment. Im Jahr 2012 lagen die Erträge im Corporate Banking bei 19,4 Milliarden Euro, 2018 rechnet Hölzer mit 22,7 Milliarden Euro […] (Hüthig und Kemper 2015, S. 17).

Für die Firmenkunden geht es darum, Banken zu identifizieren, die sich mit ihrem spezifischen Thema am besten auskennen und daher – zum Beispiel – das beste Finanzierungskonzept entwickeln können. Viele Banken versuchen daher, ihre Branchen- und Themenexpertise im Markt sichtbar zu machen und glaubwürdig zu begründen. Studien, Fachbeiträge in Branchenmedien oder Vorträge auf Branchenevents, Kundenmagazine und eigene Veranstaltungen sind die Mittel der Wahl.

Auch die Geschäftsbank geht diesen Weg:

- Auf ihrer Website bietet sie zahlreiche Inhalte und Studien an.
- Eine eigene Webseite enthält Reportagen und Interviews zu aktuellen Themen wie Energiewende, Digitalisierung oder Devisenmärkten.
- Hier wird auch über die Events berichtet, zu denen die Bank Kunden und potenzielle Kunden einlädt, um mit ihnen ins Gespräch zu kommen und so besser zu verstehen, für welche Projekte und Themen ein Kunde gerade Bankleistungen benötigt und wie sich die Fokusbranchenexpertise mit diesen Bedarfen kombinieren lässt.

Kontakte zu potenziellen Neukunden – „Leads" – generiert die Bank über diese Events, über Präsenz auf Branchenmessen und über die Studien auf ihrer Website: Sie müssen per E-Mail angefordert werden.

Der überwiegende Teil neuer Kundenkontakte wird jedoch durch die Vertriebsmitarbeiter selbst akquiriert: Sie werten Medien und Datenbanken aus, recherchieren Ansprechpartner und nehmen mit ihnen Kontakt auf, um im direkten Gespräch mit den potenziellen Kunden Vertriebschancen für die Bank zu identifizieren. Gelingt es, den Gesprächspartner für das Angebot der Bank zu interessieren, wird ein persönlicher Gesprächstermin vereinbart, in dem die Kompetenz der Bank vertieft dargestellt wird.

Diese Tätigkeit nimmt einen großen Teil der Arbeitszeit der Vertriebsmitarbeiter in Anspruch. Jede Kontaktaufnahme mit einem neuen Ansprechpartner muss individuell vorbereitet werden: Wer ist der Ansprechpartner? Mit welchen Themen und Projekten ist er aktuell in welcher Rolle befasst? Welche der Kompetenzen der Bank könnte also für ihn zum Zeitpunkt der Kontaktaufnahme hilfreich sein, sodass er einem persönlichen Gespräch zustimmt? Ob sie mit ihrer Einschätzung Recht haben, ob die Informationen, die sie recherchiert haben, stimmen: All das erfahren die Vertriebsmitarbeiter erst, wenn sie ihren Gesprächspartner erreicht haben und er auch tatsächlich bereit ist, ein längeres Telefonat mit ihnen zu führen.

Zu den Aufgaben des Vertriebsmanagements gehört es, den Vertrieb durch Generierung von Leads zu unterstützen. Flankierend dazu wirken die Studien, die Messeauftritte und Events. Weiter streuende Maßnahmen der Lead-Generierung – etwa über Kampagnen, die die Studien bewerben – führt die Bank bisher nicht durch. Denn erfahrungsgemäß lässt sich auf diesem Weg zwar die Menge der Adressen erhöhen, die der Vertrieb als Ausgangspunkt für seine Aktivitäten nutzen kann. Die Qualität dieser Leads erfüllt aber oft nicht die Erwartungen des Vertriebs: Sie sind zu wenig qualifiziert, das heißt der Vertrieb kann anhand der Informationen, die ihm zu dem Lead vorliegen, nicht erkennen, ob eine Kontaktaufnahme tatsächlich Erfolg versprechend ist, und wenn ja, zu welchem Thema.

Parallel verändert die Digitalisierung auch im B2B-Sektor das Informations- und Entscheidungsverhalten der Kunden. In den Geschäftsfeldern der Bank werden Aufträge zwar überwiegend noch nicht über Online-Marktplätze ausgeschrieben und vergeben, potenzielle Kunden informieren sich jedoch – ähnlich wie Privatkunden – vor dem ersten Kontakt mit einem möglichen Anbieter intensiv in digitalen Medien. Eine Studie von Bain & Company hat gezeigt, dass besonders erfolgreiche Unternehmen ihre Lead-Generierungs- und Vertriebsaktivitäten mithilfe digitaler Technologien an das veränderte Umfeld angepasst haben. Zu den Erfolgsrezepten, die die Beratungsgesellschaft identifiziert hat, gehören:

- Content-Marketing: Unternehmen unterstützen potenzielle Kunden in der Recherche- und Informationsphase durch Inhalte, die bestmöglich auf den Bedarf der Kunden abgestimmt sind.

- Datenanalyse: Nutzer- und Kundendaten werden systematisch analysiert, um die Interaktion mit jedem Kunden oder Interessenten an seinen spezifischen Bedarf und seine Erwartungen anzupassen.
- Produktivität des Vertriebs: Hoch qualifizierte und daher besonders teure Vertriebsmitarbeiter beschäftigen sich nur mit hochwertigen Neukundenkontakten.
- Kooperation von Marketing und Vertrieb: Marketing und Vertrieb agieren als „Einheit" auf Basis einer gemeinsamen Strategie (Bain & Company 2016).

5.3   Die automatisierte Lead-Generierung und -Qualifizierung

Die Bank verwendet daher einen neuen Weg, Interessenten durch branchenspezifischen Content zu aktivieren: Dazu wird ein Thema in kompakte Texteinheiten gegliedert, die jeweils unterschiedliche Aspekte des Themas darstellen. Diese sogenannten „Content-Objekte" bewirbt die Bank in thematisch passenden Umfeldern. Personen, die sich für die Themen interessieren, werden in einem mehrstufigen, automatisierten Prozess weiter qualifiziert, das heißt, die Bank gewinnt im Lauf des Prozesses Erkenntnisse, für welche Aspekte des Themas sich eine Person genau interessiert und warum. Durchläuft ein Interessent den gesamten Prozess, wird am Ende ein „reifer" Lead an den Vertrieb weitergegeben. Ein „reifer" Lead zeichnet sich dadurch aus, dass der potenzielle Neukunde in seinem Informationsprozess so weit fortgeschritten ist, dass er selbst Interesse daran hat, über konkrete Produkte und Dienstleistungsangebote zu sprechen, mit denen er sein Problem lösen könnte: zum Beispiel mit einem Finanzierungskonzept der Bank.

Das Lead-Generierungskonzept besteht aus zwei Teilprozessen:

- Im Ansprachprozess werden Interessenten generiert.
- Im Qualifizierungsprozess werden aus Interessenten „reife" Leads.

Der Ansprachprozess besteht aus mehreren digitalen Werbemitteln („Digital Ads"), zum Beispiel Banner, Skyscraper etc. in einem für die Zielgruppe relevanten digitalen Kanal, zum Beispiel eine stark frequentierte News-Seite oder ein Fachforum. Diese Digital Ads sind thematisch differenziert und verlinken auf ebenfalls thematisch differenzierte Landingpages[1], auf denen ein Opt-in-Prozess[2] stattfindet (Abb. 5.1), das heißt, der Nutzer trägt seinen Namen und seine E-Mail-Adresse ein und bestätigt, dass er den beworbenen Content erhalten möchte.

---

[1]Als „Landingpage" wird eine Webseite bezeichnet, die einem Nutzer angezeigt wird, nachdem er auf ein Online-Werbemittel geklickt hat.

[2]Als „Opt-in" bezeichnet man die explizite Zustimmung einer Person zu einem Werbekontakt per E-Mail, Telefon oder SMS.

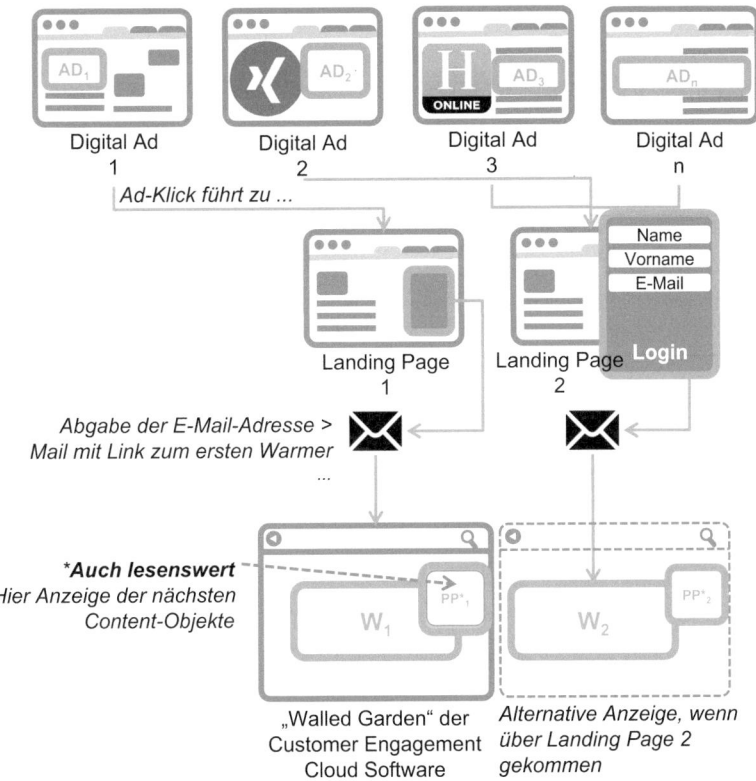

Abb. 5.1 Schematische Darstellung des Lead-Generierungsprozesses über Online-Werbemittel zur Landingpage, auf der der Interessent sich registriert, um Zugang zum Content zu erhalten. (Quelle: BrandMaker GmbH)

Nach erfolgreichem Opt-in beginnt der Qualifizierungsprozess. Dieser Qualifizierungsprozess verläuft in vier Schritten:

1. Teaser oder „Warmer" (Abb. 5.5): Die Landingpage verzweigt auf mehrere Content-Objekte der ersten Ebene, sogenannte Warmer. Ein Warmer gibt einen kurzen Vorgeschmack auf das Contentangebot, um die Zielpersonen zum Einstieg in den Prozess zu motivieren. Dazu wird die Problemstellung pointiert umrissen, für die das Contentangebot Erkenntnisse verspricht; zum Beispiel zu Eigenmarken als Margentreiber im Lebensmitteleinzelhandel (LEH).
2. Problemstellung oder „Pain Points" (oder positiv: „Chancen") (Abb. 5.6): In diesem Schritt soll das „Matching" der in dem Content-Objekt beschriebenen Problemstellung mit der Entscheidungssituation der Zielperson erreicht werden; zum Beispiel, indem die Bedeutung von Eigenmarken für Marge und Kundenbindung dem hohen Finanzbedarf für die Entwicklung und Pflege einer Marke gegenübergestellt wird.

3. Lösungsansätze oder „Solution Framework" (Abb. 5.7): Hat sich die Zielperson mit der Problemstellung auseinandergesetzt, werden ihr im nächsten Schritt Lösungsansätze angeboten. Hier geht es noch nicht darum, bestimmte Angebote der Bank zu platzieren, sondern mögliche Lösungswege zu erläutern. Im Fall des Lebensmitteleinzelhändlers kann ein Lösungsansatz sein, mithilfe einer flexiblen Finanzierungslösung in den Aufbau einer eigenen Premiummarke zu investieren. Ziel ist, die Zielperson für die Suche nach einem Lösungsanbieter zu motivieren.

4. Lösungen oder „Solution" (Abb. 5.8): Erst in dieser letzten Stufe verweist die Bank auf ein konkretes Produkt oder Leistungsangebot in ihrem Portfolio, das geeignet ist, das Problem zu lösen. An dieser Stelle erfolgt das Angebot der Kontaktaufnahme durch den Vertrieb.

Die Qualifizierung des Leads wird dadurch möglich, dass das Thema in die kompakten Content-Objekte aufgeteilt wird. Der Interessent erhält so stets einen gut konsumierbaren, überschaubaren Text („snackable content") und hat nach dem Lesen die Möglichkeit auszuwählen, welchen Aspekt des Themas er weiterverfolgen möchte.

Es gibt also nicht nur eine Variante von Warmer, Pain Point, Solution Framework und Solution, sondern auf jeder Ebene in der Regel mindestens zwei. Es entsteht eine sogenannte „Engagement-Matrix" (Abb. 5.2).

So kann ein Interessent sich beim Thema Eigenmarken des Handels für den Aspekt „Bedeutung von Eigenmarken für den Handel" oder für das Thema „Effekte von Eigenmarken auf Herstellermarken" entscheiden. Interessiert er sich für die Händlerperspektive, gelangt er auf einen „Pain Point", der die Eckpfeiler einer Erfolg versprechenden Eigenmarkenentwicklung erläutert und auf den hohen Finanzbedarf für eine solche Strategie verweist. Von dort kann er auf das „Solution Framework" zugreifen, das die Vorgehensweise zur Entwicklung von Premiumeigenmarken erläutert – oder er wählt den Text, der Strategien der Hersteller beschreibt, sich über innovative Formen des Produktmanagements gegenüber den Eigenmarken des Handels zu profilieren. Auf der letzten Stufe, der Lösungsebene, kann er dann zum Beispiel entscheiden, ob für ihn eine M&A-Beratung, eine Investitionsfinanzierung oder ein Dialog mit dem Branchenexperten der Bank zu seiner Strategie der beste nächste Schritt ist. Bricht ein Interessent den Prozess ab, das heißt, wählt er keines der angebotenen Content-Objekte aus, erhält er einmalig einen Reminder mit einem alternativen Inhalt per E-Mail.

Es ergibt sich eine Baumstruktur aus Content-Objekten, die jeder Interessent seinem Bedarf entsprechend durchläuft (Abb. 5.2).

Die unterschiedlichen Aspekte, die zu einem Themenkomplex angeboten werden, werden sehr bewusst ausgewählt, um die Interessenlage des Nutzers zu treffen. Diese muss dazu mit mindestens einem der angebotenen Content-Objekte korrespondieren. Für den Interessenten müssen die Contentalternativen daher sofort und deutlich voneinander zu unterscheiden sein. Eine passende Ab- und Anmoderation zwischen den Content-Objekten erleichtert dem Interessenten den Übergang. So wird zum Beispiel am Ende

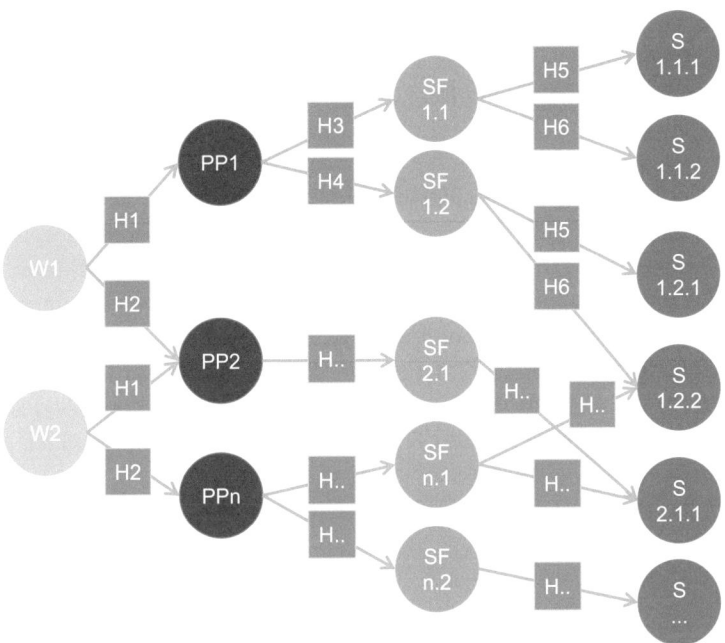

Abb. 5.2 Baumstruktur der Content-Objekte (Engagement-Matrx). W = Warmer; PP = Pain Points; SF = Solution Framework; S = Solution, H = Hypothesen. (Quelle: BrandMaker GmbH)

eines Pain Points zum Thema Produktinnovationen/Premiummarken das adressierte Thema in Bezug zur Marktpositionierung gesetzt:

> Wer Trends setzen will, anstatt zu kopieren, muss sich finanziell und strategisch stark aufstellen. Nur so lässt sich die eigene Position im Markt stärken – sonst besetzen die Regalplätze im Lebensmittel-Einzelhandel künftig andere. (Pain Point zum Thema Herstellermarken vs. Eigenmarken des Handels)

Am Beginn der folgenden Solution Frameworks wird das Thema Marktpositionierung dann erneut aufgegriffen, damit der Interessent wieder im Thema ist beziehungsweise bleibt:

> Premiummarke oder Handelsmarke, was tragen Kunden lieber zur Kasse? Der Marktanteil der Markenhersteller steigt erstmals seit 2009 wieder an. Gleichzeitig erweitern Discounter ihr Sortiment um Markenprodukte und Premium-Eigenmarken (Solution Framework für Herstellermarken: Investition in Innovationen).

Jedem Content-Objekt liegt eine Hypothese zugrunde, in welcher Situation diese Information interessant und relevant ist. Aufgrund dieser Hypothesen wird aus einem Lead auf Basis seiner Contentauswahl ein qualifizierter Lead. Eine Hypothese könnte zum Beispiel lauten: „Ein Lebensmittelhändler, der sich für ein Content-Objekt zu stadtplanerischen Konzepten für Innenstädte und den Trend zu hoher Nachfrage nach innerstädtischen A-Lagen interessiert, steht vor der Herausforderung, seine Marge zu erhöhen, um seinen Standort in der Innenstadt halten zu können." Wählt er dann das Solution Framework „Gastrokonzepte im LEH", denkt er mit hoher Wahrscheinlichkeit darüber nach, Verweildauer und Umsätze in seinem Geschäft über ein Restaurant oder Café zu erhöhen.

Technisch umgesetzt wird das Konzept mit einer Software-as-a-Service-Technologie[3] namens „Customer Engagement Cloud" des Softwareanbieters „BrandMaker". Engagement-Matrix, Hypothesen und Content-Objekte werden in die Software eingepflegt. Dies geschieht über eine grafische Benutzeroberfläche, die vom Marketing- oder Vertriebssteam selbst bedient werden kann. Außerdem wird der Mediaplan hinterlegt, das heißt, die Information, auf welchen Webseiten welche Werbemittel wann platziert werden. Für jedes Werbemittel wird eine eigene URL erzeugt, mit der sich Werbemittel, Zielgruppe und Platzierung nachvollziehen lassen. So wird transparent, über welchen Weg die meisten „reifen" Leads generiert werden. Damit wird eine kontinuierliche Optimierung des Mediaplans möglich.

Die wesentlichen Elemente der Software sind jedoch die Analyseeinheit und ein Algorithmus, mit dem die Content-Objekte nutzerindividuell ausgespielt werden. Jedem Nutzer werden basierend auf seinem bisherigen Interesse, den hinterlegten Hypothesen und dem Verhalten vergleichbarer Nutzer in Echtzeit für ihn wahrscheinlich passende Content-Objekte angeboten. Bittet der Nutzer um die Kontaktaufnahme durch den Vertrieb, kann der Vertriebsmitarbeiter aus dem Profil nicht nur ersehen, warum der Nutzer sich für welches Produkt interessiert, sondern auch, in welcher Art von Unternehmen er wahrscheinlich arbeitet und in welcher Funktion.

5.4   Die Lead-Generierungskampagne der Bank

Die Bank setzt das Konzept zur Lead-Generierung in einer Fokusbranche des Bereichs Unternehmenskunden ein. Dieser Teil umfasst zum Beispiel das Segment „Ernährung", bestehend aus den Subsegmenten „Lebensmittelproduktion und -handel". Diese stellen eine der Fokusbranchen dar, in denen das Institut wachsen möchte. Die Bank hat dazu Themenkomplexe identifiziert, die Entscheider im Ernährungsbereich zurzeit bewegen, unter anderem:

1. Lohnt der Aufbau eigener Premiummarken?
2. Wie verändert sich das Geschäftsmodell des Supermarktes in den Städten?
3. Was bedeutet der Onlinehandel mit Frischwaren für etablierte Lebensmittelhändler?

---

[3]Software as a Service (SaaS) bedeutet, dass das Unternehmen die Software nicht kauft und auf eigenen Servern installiert, sondern nach Bedarf online auf die vom Softwareanbieter vorgehaltene Software zugreift. Der Softwareanbieter berechnet dafür eine Gebühr.

Die Themen wurden nach drei Aspekten ausgewählt:

- ihre Relevanz für die Zielgruppe,
- ihre Relevanz über einen längeren Zeitraum, sodass die entwickelten Content-Objekte längerfristig eingesetzt werden können,
- Variabilität des Themas, um auf der Lösungsebene ein breites Spektrum anbieten zu können.

Das Contentangebot wird mit Bannerschaltungen in relevanten Umfeldern wie www. lebensmittelzeitung.net, www.lebensmittelpraxis.de oder www.agrarheute.de beworben, die eine hohe Reichweite in der Gruppe der Entscheider im Lebensmittelhandel erzielen. Die Anzahl der Personen, die qua ihrer Funktion im Unternehmen als Kunde für eine Geschäftsbank infrage kommen, ist vergleichsweise klein. Die Banner erfüllen so auch noch eine markenbildende Funktion. Das Inventar an Online-Werbeplätzen für die Zielgruppe, die die Bank mit der Content-Kampagne erreichen will, ist begrenzt. Die Bank hat sich daher für eine TKP-basierte Umfeldbuchung entschieden, wie sie im Special-Interest-Bereich ohnehin üblich ist.[4]

Zu jedem der drei Themenkomplexe gab es einen Banner mit einer prägnanten Illustration und einem kurzen Text (Abb. 5.3):

Abb. 5.3 Beispiel
Bannerwerbung

---

[4]TKP steht für „Tausender-Kontakt-Preis". Bei diesem Preismodell kauft der Werbetreibende eine bestimmte Menge an Kontaktchancen mit seinem Werbemittel. Der TKP gibt an, wie viel 1000 Kontaktchancen in einem bestimmten Medium kosten. Im Unterschied dazu zahlt der Werbungtreibende bei sogenannten CpX-Modellen nur dann, wenn der Kontakt mit dem Werbemittel zu einer Response geführt hat. Das X in CpX kann für unterschiedliche Responsearten stehen, zum

Lesen Sie unsere LEH-Informationen: Premiummarken vs. Eigenmarken. Ist Innovation noch finanzierbar? (Thema „Lohnt der Aufbau eigener Premiummarken?")

Lesen Sie unsere LEH-Informationen: Supermarkt vs. Super Markt. Sind Supermärkte noch profitabel? (Thema „Wie verändert sich das Geschäftsmodell des Supermarktes in den Städten?")

Lesen Sie unsere LEH-Informationen: Super-Marché vs. Super Marge. Ist der digitale Wandel finanzierbar? (Thema „Was bedeutet der Onlinehandel mit Frischwaren für etablierte Lebensmittelhändler?")

Für jedes der drei Themen wurde eine Landingpage erstellt, die den Content attraktiv auslobt, um die Interessenten dazu zu motivieren, sich zu registrieren (Abb. 5.4). Für die Registrierung wurden Vorname, Nachname und E-Mail-Adresse erfasst. Außerdem wurde die Zustimmung zur Nutzungs- und Datenschutzerklärung eingeholt (Opt-in). So lautet der Text auf der Landingpage zum Thema „Lohnt der Aufbau eigener Premiummarken?":

Premiummarken vs. Eigenmarken

Ist Innovation noch finanzierbar?

Die Markenloyalität der Kunden nimmt ab! Zeit, in eine Premium-Eigenmarke zu investieren oder das Premium in Ihrem Eigenmarken-Sortiment zu stärken:

- Wie Hersteller mit Innovationen versuchen, im Regal konkurrenzfähig zu bleiben.
- Warum Produktlabs eine lohnende Investition sind.

Lesen Sie jetzt unsere LEH Branchen-Informationen: […]

Für jeden Themenkomplex wurde der Entscheidungsbaum aus den verschiedenen Contenttypen und Themenvarianten erstellt, und für jeden Pfad wurden Hypothesen formuliert. Für das Thema „Eigenmarken vs. Premiummarken" ist zum Beispiel folgender Pfad möglich:

1. Aussage im gewählten „Warmer": „Differenzierungschance Premium-Eigenmarke"
2. Aussagen im gewählten „Pain Point": „Erfolg der Discounter setzt Supermärkte unter Handlungsdruck" und „Premium-Eigenmarken erfordern hohe Investitionen"
3. Aussagen im gewählten „Solution Framework": „Emanzipation von Markenherstellern zur Sicherung von Kundenbindung und Marge", aber „Erfolgversprechende Konzepte erfordern hohe Investitionen"
4. Leistungsangebot der gewählten „Solution": „Strategischer Dialog mit einem Branchenexperten der Bank".

Auf Basis der gebildeten Hypothesen, welche Interessenlage den Nutzer zur Wahl einer bestimmten Contentoption motiviert, ergibt sich aus dieser „Journey" durch das Contentangebot folgende Beschreibung des Nutzers: Es handelt sich um einen Entscheider im

---

Beispiel für den Klick auf den Banner, für die Registrierung auf der nachfolgenden Landingpage oder für eine Bestellung.

Abb. 5.4 Mobile Landingpages für die drei Themenkomplexe „Eigenmarken", „Geschäftsmodell Supermärkte" und „Online-Lebensmittelhandel"

klassischen Lebensmitteleinzelhandel, der nach Strategien zur Umsatz- und Margensicherung sucht, dabei den Ausbau seiner Eigenmarken in Betracht zieht, aber auch noch für strategische Alternativen offen ist.

Für das Thema „Wie verändert sich das Geschäftsmodell des Supermarktes in den Städten?" ist zum Beispiel folgender Pfad möglich:

1. Aussagen im gewählten „Warmer": „Der Kunde als Gast" und „Investitionen in Aufenthaltsqualität und Frische erhöhen den Umsatz"
2. Aussagen im gewählten „Pain Point": „Anpassung des Sortiments erfordert Kapital", „Umbau zur Wohlfühloase treibt erst die Kosten, dann die Marge" und „Auch Mitarbeiterschulungen müssen finanziert werden"
3. Aussagen im gewählten „Solution Framework": „Aufbau einer Direktlogistik ist wichtige Zukunftsinvestition", „Direktlogistik birgt großes Kundenpotenzial" und „Direktlogistik erfordert einen angepassten Zahlungsverkehr"
4. Leistungsangebot der gewählten „Solution": „Mobilien-Leasing".

In diesem Fall ergibt sich hypothesengestützt folgendes Nutzerprofil: Es handelt sich um einen Entscheider im klassischen Lebensmitteleinzelhandel, der im Markt verändertes Nachfrageverhalten beobachtet und bereit ist, darauf mit Investitionen in neue Konzepte zu reagieren. Er hat bereits eine strategische Vorentscheidung für den Einstieg in die Direktbelieferung seiner Kunden getroffen und sucht Unterstützung bei der Umsetzung.

Für das Thema „Was bedeutet der Onlinehandel mit Frischwaren für etablierte Lebensmittelhändler?" ist folgender Pfad möglich:

1. Aussage im gewählten „Warmer": „Frische steigert Zahlungsbereitschaft der Kunden"
2. Aussagen im gewählten „Pain Point": „Frische erhöht Frequenz und Umsatz" und „Verderblichkeitsrate birgt hohe Risiken"
3. Aussagen im gewählten „Solution Framework": „Eigenproduktion von Frischesortimenten"
4. Leistungsangebot der gewählten „Solution": „M&A".

Dieses Auswahlverhalten führt zu folgenden Annahmen über den Interessenten: Es handelt sich um einen Entscheider im klassischen Lebensmitteleinzelhandel, der durch den Ausbau seines Frischesortiments Frequenz und Marge erhöhen will. Er hat bereits die strategische Vorentscheidung getroffen, diesen Ausbau durch mehr Eigenproduktion zu erreichen. Die nötige Kompetenz möchte er durch die Akquisition eines existierenden Unternehmens aufbauen.

Insgesamt umfasst die Kampagne 31 Content-Objekte: Acht „Warmer" (Beispiel Abb. 5.5), acht „Pain Points" (Beispiel Abb. 5.6), acht Solution Frameworks (Beispiel Abb. 5.7) und sieben „Solutions" (Beispiel Abb. 5.8).

Die Texte zu Beginn und zum Ende des Qualifizierungsprozesses sind sehr kurz, wie die nachstehenden Beispiele zeigen:

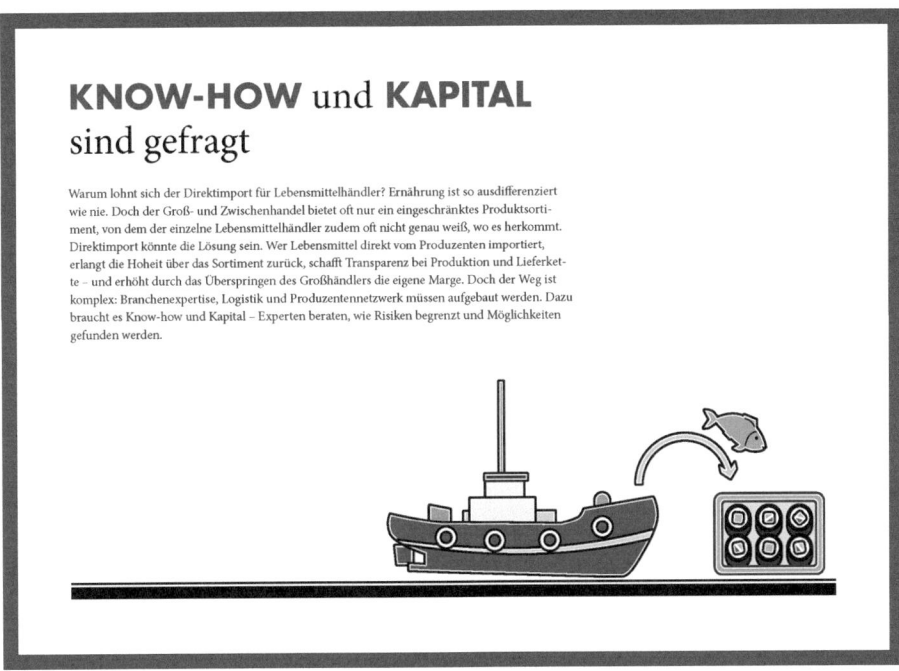

Abb. 5.5 Beispiel Content-Objekt „Warmer"

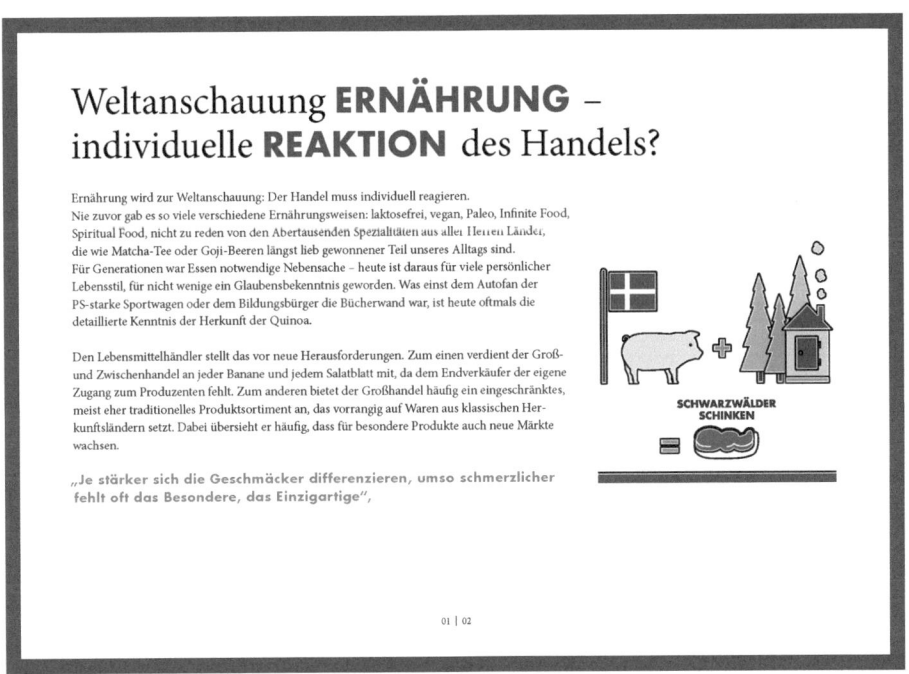

Abb. 5.6 Beispiel Content-Objekt „Pain Point"

Ein perfekt ABGESTIMMTES SORTIMENT verbessert die Bilanz

Immer mehr Menschen essen genau dann, wenn sie gerade Zeit haben. Egal, wo sie dann gerade sind. Das hat natürlich Folgen. Was online heute (noch) nicht möglich ist, muss zunehmend der Laden um die Ecke bieten: ein in Laufweite gelegenes Frischeangebot inklusive echten sozialen Austauschs.

STEIGENDE AUSGABEN FÜR SOFORTVERZEHR-PRODUKTE:
Der Lebensmittelhandel entwickelt sich zur ernst zu nehmenden Konkurrenz für Bäcker und Schnellrestaurants. So stiegen die Ausgaben für Sofortverzehr-Produkte von 987 Millionen Euro im Jahr 2010 auf rund 1,1 Milliarden Euro 2015. Die Flächengestaltung in den Filialen wird zunehmend flexibler.

„Kunden, die mit der Frischeleistung ihres Marktes zufrieden sind, kaufen dort nicht nur öfter ein, sondern geben auch mehr aus",

STRATEGIE MUSS GUT GEPLANT SEIN
Die Investition in Frische lohnt sich also nicht nur, sie ist eine existenzielle Strategie im harten Wettbewerb. Doch sie muss gut geplant werden, vor allem, um Probleme hinsichtlich Hygiene, Verderblichkeit und der Abschreibung von Waren zu vermeiden.

01 | 02

Abb. 5.7 Beispiel Content-Objekt „Solution Framework"

ERFOLG im Wandel

Erfolgreiche Handelsmarken, expandierende Discounter und die demografische Entwicklung verändern die Ansprüche der Kunden an Lebensmittelproduzenten und -händler.

Richtig investiert ist das Ihre Chance, sich im Verdrängungswettbewerb zu differenzieren. Setzen Sie dabei auf individuelle Finanzierungslösungen, die Ihren unternehmerischen Anforderungen an Kalkulationssicherheit entsprechen.

Wir unterstützen Sie in allen Belangen Ihrer Investitionsfinanzierungen. Unsere Branchen-experten erarbeiten eine passgenaue Lösung für die Finanzierung von Mobilien, Produktions-kapazitäten, Immobilien oder Marken und beraten Sie bei der Nutzung von Fördermitteln und Zuschüssen.

Unsere Branchenspezialisten stehen Ihnen gerne zur Seite:

ZUM KONTAKTFORMULAR

01 | 01

Abb. 5.8 Beispiel Content-Objekt „Lösung"

Ist ein PREMIUMMARKEN-SORTIMENT finanzierbar?

Die Konsumenten unterscheiden immer weniger zwischen Markenprodukten und Handelsmarken.

Eine Chance für den LEH, die eigene Marge zu verbessern und sich unabhängig von Markenherstellern zu machen. Denn mit der Einführung einer Premium-Eigenmarke schärfen Händler ihr Alleinstellungsmerkmal beim Kunden. Doch der Ausbau eines eigenen Premium-Handelsmarkensortiments birgt auch ein hohes Absatzrisiko! Mit einer durchdachten Finanzierung ist es jedoch umsetzbar (Warmer zum Thema „Eigenmarken vs. Premiummarken").

DEMOGRAFISCHER WANDEL: Der LEH muss vom Ort der Ware zum sozialen Ort werden!

Angesichts des demografischen Wandels steht den Nah- und Vollversorgern eine Entwicklung vom Ort der Ware zum sozialen Ort bevor. Schon jetzt müssen Händler die Weichen in Sachen Sortiment, Fläche und Logistik entsprechend stellen, um auch in Zukunft im harten Verdrängungswettbewerb bestehen zu können. (Warmer zum Thema „Geschäftsmodell des Supermarktes in den Städten")

Clever investieren in WACHSTUM und TRENDS

Um einen neuen und aussichtsreichen Markt gezielt für sich zu erschließen, gibt es verschiedene Wege. Neben der Do-it-yourself-Variante bietet sich auch die Alternative an, durch den Kauf eines bereits etablierten Unternehmens die gesteckten Ziele zu erreichen.

UNSERE BRANCHENEXPERTEN BEGLEITEN SIE, ZUM BEISPIEL DURCH EINE BUY-SIDEBERATUNG, UNTERNEHMENSBEWERTUNG, CAPITAL-/FUNDRAISING

Selbstverständlich begleiten wir Sie bei dem Erwerb von Unternehmen auch bei anspruchsvollen FINANZIERUNGSLÖSUNGEN.

Unsere M&A-Spezialisten stehen Ihnen gerne für ein Gespräch zur Verfügung, ganz egal, ob Sie bereits ein mögliches Ziel vor Augen haben oder sich einfach mit uns austauschen wollen.

Suchen Sie jetzt das Gespräch mit uns:

ZUM KONTAKTFORMULAR (Solution zu allen drei Themenkomplexen)

Die Content-Objekte zu Pain Points und zu Solution Frameworks sind länger und enthalten zum Teil thematisch passende Marktdaten. Auch sie werden aber in leicht konsumierbaren Textabschnitten präsentiert:

Weltanschauung ERNÄHRUNG – individuelle REAKTION des Handels?

Ernährung wird zur Weltanschauung: Der Handel muss individuell reagieren. Nie zuvor gab es so viele verschiedene Ernährungsweisen: laktosefrei, vegan, Paleo, Infinite Food, Spiritual Food, nicht zu reden von den Abertausenden Spezialitäten aus aller Herren Länder, die wie Matcha-Tee oder Goji-Beeren längst lieb gewonnener Teil unseres Alltags sind. Für Generationen war Essen notwendige Nebensache – heute ist daraus für viele persönlicher Lebensstil, für nicht wenige ein Glaubensbekenntnis geworden. Was einst dem Autofan der PS-starke Sportwagen oder dem Bildungsbürger die Bücherwand war, ist heute oftmals die detaillierte Kenntnis der Herkunft der Quinoa.

Den Lebensmittelhändler stellt das vor neue Herausforderungen. Zum einen verdient der Groß- und Zwischenhandel an jeder Banane und jedem Salatblatt mit, da dem Endverkäufer der eigene Zugang zum Produzenten fehlt. Zum anderen bietet der Großhandel häufig ein eingeschränktes, meist eher traditionelles Produktsortiment an, das vorrangig auf Waren aus klassischen Herkunftsländern setzt. Dabei übersieht er häufig, dass für besondere Produkte auch neue Märkte wachsen.

„Je stärker sich die Geschmäcker differenzieren, umso schmerzlicher fehlt oft das Besondere, das Einzigartige", sagt unser Experte Thomas Müller. Vor allem urbane Menschen, insbesondere ernährungs- und umweltbewusste junge Familien, suchen das Besondere: Tomaten vom Dach des Nachbarn, Slow Coffee, Backen mit Urgetreide, Mocktails in allen Farben und Kombinationen. (Pain Point zum Thema „Was bedeutet der Online-Handel mit Frischwaren für etablierte Lebensmittelhändler?", erste Seite)

Ein perfekt ABGESTIMMTES SORTIMENT verbessert die Bilanz

Immer mehr Menschen essen genau dann, wenn sie gerade Zeit haben. Egal, wo sie gerade sind. Das hat natürlich Folgen. Was online heute (noch) nicht möglich ist, muss zunehmend der Laden um die Ecke bieten: ein in Laufweite gelegenes Frischeangebot inklusive echten sozialen Austauschs.

STEIGENDE AUSGABEN FÜR SOFORTVERZEHR-PRODUKTE:

Der Lebensmittelhandel entwickelt sich zur ernst zu nehmenden Konkurrenz für Bäcker und Schnellrestaurants. So stiegen die Ausgaben für Sofortverzehr-Produkte von 987 Millionen Euro im Jahr 2010 auf rund 1,1 Milliarden Euro 2015. Die Flächengestaltung in den Filialen wird zunehmend flexibler.

„Kunden, die mit der Frischeleistung ihres Marktes zufrieden sind, kaufen dort nicht nur öfter ein, sondern geben auch mehr aus", weiß unser Experte Thomas Müller.

STRATEGIE MUSS GUT GEPLANT SEIN

Die Investition in Frische lohnt sich also nicht nur, sie ist eine existenzielle Strategie im harten Wettbewerb. Doch sie muss gut geplant werden, vor allem, um Probleme hinsichtlich Hygiene, Verderblichkeit und der Abschreibung von Waren zu vermeiden. (Solution Framework zum Thema „Was bedeutet der Onlinehandel mit Frischwaren für etablierte Lebensmittelhändler?", erste Seite)

5.5   Lessons Learned

Die Verantwortung für die Umsetzung der Lead-Generierungs- und -Qualifizierungskampagne liegt im Vertriebsmanagement der Bank. Die Content-Objekte mit ihrer Abfolge und den zugrunde liegenden Hypothesen zu entwerfen, ist die wesentliche Aufgabe bei der Erstellung einer solchen Kampagne. Zu diesem Zweck wurde ein interdisziplinäres Projektteam zusammengestellt und eine auf Content-Marketing spezialisierte Agentur hinzugezogen:

- Das Ziel des Projekts ist, „reife" Leads an den Vertrieb zu übergeben. Welche Zielgruppen angesprochen werden, wurde daher gemeinsam mit dem Vertrieb entschieden. Die Vertriebsmitarbeiter, die täglich mit diesen Zielgruppen zu tun haben, wurden auch als Experten für die Auswahl der richtigen Themen („shortlisting"), das Identifizieren der „Pain Points" und die Formulierung der Hypothesen einbezogen.
- Die Themen mussten so aufbereitet werden, dass sie den anvisierten Entscheidern im Lebensmittelhandel echten Erkenntnisgewinn bieten. Um die inhaltliche Qualität

sicherzustellen, band das Vertriebsmanagement die jeweiligen Experten aus der Bank in die Contenterstellung ein.

- Für die Akzeptanz in der Zielgruppe ist es außerdem wichtig, die Sprache der Zielgruppe zu treffen, ohne dass die Texte durch zu viele Fachbegriffe an Lesbarkeit einbüßen. Die Aufgabe der Agentur war es daher, nicht nur ein kreatives Konzept für die Gestaltung der Werbemittel und Contentelemente zu entwickeln, sondern auch für attraktive, gut lesbare Texte zu sorgen, ohne dass die inhaltliche Qualität verloren geht.
- Außerdem mussten die Texte so in die einzelnen Content-Objekte gegliedert werden, dass jedes von ihnen allein eine sinnvolle Einheit bildet und dazu motiviert, das nächste Content-Objekt aufzurufen. Die Content-Objekte müssen zusammenpassen, unabhängig von der Auswahl, die die Interessenten treffen, das heißt, alle Permutationen aus den Content-Objekten der vier Ebenen in der Engagement-Matrix müssen eine sinnvolle Contentkette bilden.

Diese vielfältigen Anforderungen an den Content erwiesen sich als die am schwierigsten zu lösende Aufgabe im Rahmen des Projekts: Die Abstimmung zwischen Vertrieb, fachlichen Experten, Textern und Illustratoren nahm am meisten Zeit in Anspruch. Eine andere Herausforderung bestand darin, die Aussagen in den Headlines und Bannern so pointiert zu formulieren, dass sie die gewünschte Zielgruppe aktivieren – ohne jedoch mit den teils divergenten Interessenlagen einzelner Marktteilnehmer in Konflikt zu geraten. Aus demselben Grund ist die Bank bei den Reaktivierungsmaßnahmen für Interessenten, die den Prozess nicht vollständig durchlaufen haben, äußerst zurückhaltend und sendet nur wenige E-Mail-Reminder.

Die Customer-Engagement-Cloud-Technologie, durch die der Lead-Qualifizierungsprozess automatisiert wird, erlaubt detaillierte Auswertungen, welche Content-Objekte tatsächlich genutzt wurden und welche Muster sich im Auswahlverhalten der Interessenten zeigen. So hat sich die Auffassung vieler Content-Marketing-Experten bestätigt, dass die Interessenten den Prozess abbrechen, wenn anstelle eines generellen Lösungsansatzes sofort Bankprodukte vorgestellt werden.

Die Bank gewinnt aber auch wichtige Erkenntnisse, welche Themen und Lösungswege ihre Zielgruppen tatsächlich bewegen und ob die aufgestellten Hypothesen zutreffend sind. Für den Vertrieb ist diese neue Transparenz ambivalent: Sie bietet die Möglichkeit, die klassischen Vertriebsaktivitäten ebenfalls zu optimieren. Sie legt aber auch offen, wo die Vertriebsmitarbeiter als die Markt- und Kundenexperten im Unternehmen Fehleinschätzungen unterliegen.

Die Bank hat die Content-Kampagne als Experiment betrachtet, eine neue Möglichkeit, hochwertige Leads zu generieren. Die Anzahl der generierten Leads ist bisher zwar zu gering, um alle anderen Wege der Kundengewinnung einfach zu ersetzen, auf die Außenwirkung und die Lerneffekte möchte die Bank jedoch nicht mehr verzichten. Die nächste Aufgabe besteht daher darin, das Pilotprojekt in einen Regelbetrieb zu überführen und die Content-Objekte auch in die eigenen digitalen Plattformen der Bank zu integrieren.

Literatur

Bain & Company. (2016): *B2B-Vertrieb und -Marketing in der digitalen Welt.* http://www.bain.
    de/press/press-archive/b2b-vertrieb-und-marketing-in-der-digitalen-welt.aspx. Zugegriffen: 28.
    März 2017.
Hüthig, S., & Kemper, C. (2015). Wo Banken ihre Chancen überschätzen. *Bankmagazin, 2015*(4),
    12–19.

Thermomix: Ein Küchenklassiker wird digital

6

Andrea Kindermann

Inhaltsverzeichnis

Zusammenfassung

Den Thermomix von Vorwerk gibt es seit mehr als 30 Jahren. Das Küchengerät vereint die Funktionen verschiedener Einzelgeräte inklusive einer Kochfunktion und hat eine große, eingeschworene Fangemeinde, die sich vor allem über verschiedene Internetplattformen austauscht. Der Thermomix selbst war jedoch bis September 2014 nicht Teil dieses digitalen Ökosystems. Dann brachte Vorwerk den Thermomix TM5 auf den Markt. Die wesentliche Neuerung: Der TM5 hat eine Datenschnittstelle, über die sich nicht nur digitale Kochbücher auslesen lassen, sondern die den Thermomix auch mit dem Vorwerk-eigenen Rezeptportal im Internet verbindet.

A. Kindermann (✉)
Quadriga Hochschule Berlin, Berlin, Deutschland
E-Mail: andrea.kindermann@quadriga.eu

© Springer Fachmedien Wiesbaden GmbH 2018
C. Gärtner und C. Heinrich (Hrsg.), *Fallstudien zur Digitalen Transformation*,
https://doi.org/10.1007/978-3-658-18745-3_6

6.1   Das Unternehmen Vorwerk

Die Vorwerk & Co. KG ist ein Familienunternehmen, das bereits 1883 von den Brüdern
Carl und Adolf Vorwerk als Barmer Teppichfabrik Vorwerk & Co. gegründet wurde.
Heute ist Vorwerk ein international agierender Konzern mit einem Jahresumsatz von
3,5 Mrd. EUR und rund 625.000 Mitarbeitern (davon 613.000 „selbstständige Berater").
Der Hauptsitz des Unternehmens ist weiterhin Wuppertal (Barmen ist ein Stadtteil von
Wuppertal), Bodenbeläge machen jedoch nur noch rund 2,5 % des Konzernumsatzes aus
(Vorwerk 2017a).

Vorwerk ist etwa 14 Jahre nach seiner Gründung den Schritt vom Hersteller zum
Technologieunternehmen gegangen: Zunächst begann das Unternehmen, die Web-
stühle für die Produktion von Teppichen und Möbelstoffen selbst weiterzuentwickeln
und zu produzieren. Dann nahm der damalige Firmenchef August Mittelsten Scheid –
ein Schwiegersohn von Carl Vorwerk – die Herstellung von Elektromotoren für Grammofone auf. Doch der Markt für Grammofone geriet in eine Krise, als in den 1920er
Jahren der Hörfunk aufkam. In dieser Situation suchte das Unternehmen nach neuen
Anwendungsfeldern für sein Know-how: Es entstand die Idee, einen elektrisch betriebenen Handstaubsauger zu entwickeln. Vorwerk entwickelte den „Kobold Modell 30", der
1930 zum Patent angemeldet wurde. Der Verkaufserfolg stellte sich jedoch erst ein, als
Vorwerk zum Direktvertrieb überging. Ein Sohn von August Mittelsten Scheid hatte das
Konzept des Staubsaugervertreters in den USA kennengelernt (IHK Wuppertal-Solingen-
Remscheid 2012; Vorwerk 2008b).

Diversifikation blieb eine Wachstumsstrategie des Unternehmens: Vorwerk gründete
gemeinsam mit dem Bankhaus Lampe die AKF Bank. Aus der hauseigenen EDV-Abtei-
lung wurde ein IT-Dienstleister, den Vorwerk 2003 an T-Systems verkauft hat. Auch ein
1974 gegründetes Tochterunternehmen für Gebäudereinigung ist heute nicht mehr Teil
der Vorwerk & Co. KG, sondern gehört zu einem Schwesterunternehmen. Zum Portfolio des Unternehmens zählten phasenweise Beteiligungen an Fertighausherstellern, der
Vertrieb von Kaffeemaschinen, Vorwerk Einbauküchen und ein Bügelsystem. Nicht jede
dieser Aktivitäten war erfolgreich: Das Geschäftsfeld Einbauküchen gab Vorwerk 2004 –
nach dreißig Jahren – auf. Das Bügelsystem Feelina wurde nach nur sieben Jahren wieder vom Markt genommen (Kewes und Nesshöver 2006; Vorwerk 2003, 2008a, 2009).

Heute ist Vorwerk im Wesentlichen in sieben Geschäftsfeldern aktiv:

1. Direktvertrieb Thermomix (Küchenmaschinen)
2. Direktvertrieb Kobold (Staubsauger, Fensterputzgeräte und Zubehör)
3. Direktvertrieb JAFRA Cosmetics (Kosmetik)
4. Direktvertrieb Lux Asia Pacific (Wasserfilter)
5. Direktvertrieb Twercs (seit 01.07.2015; Elektrowerkzeuge)
6. AKF Finanzdienstleistungen (Finanzierung und Leasing-Services)
7. Vorwerk Flooring (Bodenbeläge)

Hinzu kommt der Unternehmensbereich Vorwerk Engineering, zuständig für die Entwicklung und Produktion von Thermomix, Kobold, Twercs und Teilsortimenten von Lux Asia Pacific (Vorwerk 2015).

Vorwerk definiert sich maßgeblich über die Vertriebsform:

Vision
Wir wollen weltweit führend in all unseren Aktivitäten im Direktvertrieb werden.

Mission
Als verlässliches Familienunternehmen ermöglichen wir es Menschen überall auf der Welt mit unseren hervorragenden Produkten und Dienstleistungen erfolgreich zu sein (Vorwerk 2017b, S. 10)

Vorwerks Wachstumsstrategie fußt auf zwei Kernkompetenzen:

1. Direktvertrieb: Die Fähigkeit, eine direkte, persönliche Beziehung zu den Käufern herzustellen, um die eigenen Produkte im Zuhause der Käufer vorzuführen und ihre Besonderheiten und Stärken überzeugend zu demonstrieren.
2. Eigenständige Produktkonzepte: Die Fähigkeit, höchste Qualität und Langlebigkeit der Produkte sowie nutzerorientierte Innovationen sicherzustellen, die Verkäufer und Käufer gleichermaßen überzeugen.

Über Akquisitionen wie Lux und JAFRA baute Vorwerk den Marktanteil im internationalen Direktvertrieb aus. Vorwerk war eine Zeit lang an Tupperware beteiligt, hat diese Anteile aber 2005 verkauft, um sich auf den Ausbau der eigenen Aktivitäten zu fokussieren (ohne Autor 2005).

Seit 2007 investiert Vorwerk gezielt in Start-ups (vgl. Tab. 6.1). Dazu wurde die Vorwerk Direct Selling Ventures GmbH gegründet. Vorwerk Ventures sucht in erster Linie nach jungen Unternehmen, deren Geschäftsmodell auf dem Direktvertrieb an Endverbraucher basiert. Die eingesetzte Technologie und die Produktkategorie sind dabei nachrangig. Vorwerk ist nur an Unternehmen interessiert, deren Geschäftsmodell sich am Markt bereits bewährt hat, und strebt ausschließlich Minderheitsbeteiligungen an. Vorwerk Ventures ist Exit-orientiert, das heißt, Ziel der Beteiligung ist nicht, die Start-ups mittel- bis langfristig in das eigene Unternehmen zu integrieren. Vorwerk Ventures hat

Tab. 6.1 Eigenkapital, liquide Mittel und Investitionen der Vorwerk Gruppe 2006 bis 2015 in Mio. Euro. (Quelle: eigene Darstellung; Vorwerk Geschäftsberichte 2006 bis 2015)

	2006	2007	2008	2009	2010	2011	2012	2013	2014	2015
Eigenkapital	796	809	856	920	1112	1211	1329	1445	1575	1747
Liquide Mittel	723	640	600	670	658	709	884	929	1003	1113
Investitionen[a]	26	27	48	45	226	307	281	364	383	483

[a]ohne Finanzbeteiligungen

zum Beispiel in Pauldirekt (einen Shopping-Club für Männer) investiert, der allerdings nicht erfolgreich war. Vorwerk war auch an Stylefruits, einem Social-Shopping-Portal, und Ringana, einem Versender von Kosmetik, beteiligt. Im April 2017 hält Vorwerk unter anderem Beteiligungen an Pippa & Jean, die sogenannte Style-Parties-Modeartikel vermarkten, und an Hello Fresh, die „Kochboxen" mit Rezepten und sämtlichen Zutaten versenden. Zum Portfolio gehört auch ein direkter Wettbewerber von Vorwerk: Neato Robotics, die Saugroboter verkaufen. Das Unternehmen ist allerdings auch ein Kooperationspartner: Der Vorwerk Saugroboter wurde mithilfe von Neato Robotics entwickelt (Golem.de 2011).

Um die unternehmensinterne Kompetenz im Direktvertrieb bestmöglich zu nutzen, vernetzt Vorwerk die internationalen Führungskräfte über regelmäßige Treffen. Erklärtes Ziel ist, den Transfer von Erfahrungen und Know-how sicherzustellen und Konzepte, die als Best Practice identifiziert wurden, flächendeckend zu nutzen (Vorwerk 2008b). Seit einigen Jahren setzt Vorwerk zudem ein Sharepoint-basiertes Social Intranet ein: Hier können sich die Mitarbeiter weltweit nicht nur über Aktuelles aus ihrem Unternehmen informieren. Über digitale Arbeitsräume lassen sich auch standort-übergreifende Projektteams leichter organisieren (IPI o. J.).

Ausgerechnet im Heimatmarkt Deutschland stieß Vorwerk mit dem Direktvertrieb an seine Grenzen: Die Umsätze im Geschäftsfeld Kobold sanken, und Vorwerk schrieb mit dem Staubsaugervertrieb in Deutschland mehrere Jahre lang rote Zahlen. Vorwerk entschied sich daher 2011, die Vertriebsstrategie für Kobold umzustellen. Die Vertriebsmitarbeiter erhielten feste Gebiete und Kunden, mit denen sie vorab telefonisch Besuchstermine vereinbaren. Bisher hatten die Mitarbeiter ihre Region auf gut Glück bereist. Doch da es immer weniger Vollzeithausfrauen gibt, trafen sie immer seltener jemanden an, wenn sie unangemeldet an der Haustür klingelten. Vorwerk betreibt seit 2011 zudem einen Onlineshop, in dem die Kobold-Staubsauger, Zubehör und Verbrauchsmaterialien bestellt werden können.[1] Bisher mussten die Kunden sich dafür an den zuständigen Vorwerk-Vertreter oder an eine Vorwerk-Serviceniederlassung wenden. Ende 2011 eröffnete Vorwerk in Hamburg darüber hinaus den ersten Vorwerk-Flagship-Store. Der Thermomix ist weiterhin nur über Repräsentantinnen zu erwerben, doch Staubsauger und Zubehör werden auch in den Stores und Shops verkauft. Die Stores dienen zudem als Showrooms, in denen Vorwerk-Produkte vorgeführt werden (Schumacher 2012).

Zwischen dem Vorwerk-Vertriebskonzept und den Vorwerk-Produktkonzepten besteht eine enge Verbindung: Produktvorteile können im persönlichen Gespräch erklärt und demonstriert werden, sie müssen nicht ins Auge springen. Aus den Fragen und Kommentaren der Kunden erhält das Unternehmen wertvolle Informationen, wie sich Produkte verbessern lassen. Die hohe technische Kompetenz und Qualität, mit der Erkenntnisse

---

[1]Das Sortiment des Onlineshops in Deutschland unterscheidet sich von dem anderer Märkte. In Italien können Staubsauger zum Beispiel nicht online bestellt werden. Hier funktioniert der Direktvertrieb über Vertreter noch.

zu Kundenbedürfnissen in Produkte umgesetzt werden, ist die zweite Säule der Vorwerk-Strategie. Vorwerk entwickelt und produziert seine Produkte selbst. Das gilt sowohl für die Kobold-Produkte und den Thermomix als auch für die JAFRA-Kosmetikprodukte. Lediglich im asiatischen Raum verkauft Vorwerk unter der Marke Lux zum Teil auch Ware, die nicht aus dem eigenen Produktionsnetzwerk stammt (Vorwerk 2015, S. 24). Vorwerk unterhält Produktionsstätten am Hauptsitz in Wuppertal sowie in Hameln (Vorwerk Teppiche), in Cloyes (Frankreich), Shanghai (China) und Querétaro in Mexiko (JAFRA Cosmetics) (Vorwerk 2017a). Eine Produktionsstätte in Arcore (Italien) hat Vorwerk (2014a) verkauft (Mbnews.it 2014).

Vorwerk beschäftigt sich schon seit mehr als 10 Jahren mit Möglichkeiten, seine Produkte zu digitalisieren, und kooperiert dafür mit anderen Technologieunternehmen. 2004 stellte Vorwerk gemeinsam mit Infineon den Prototypen eines Teppichbodens vor, der mithilfe eingeweber, vernetzter Mikrochips Daten über die Nutzung des Bodens verfügbar machen sollte, indem die Sensoren Druck- und Temperaturänderungen registrieren. Der Prototyp basierte auf Nutzungsszenarien wie der Steuerung von Licht und Temperatur oder der Warnung bei Feuer oder Einbrüchen (Vorwerk 2004, S. 25). 2006 brachte Vorwerk den „Smart Floor" auf den Markt: Ein mit RFID-Chips ausgestatteter Bodenbelag, der unter anderem dazu dienen sollte, Roboter über den Boden zu navigieren, zum Beispiel zur Reinigung (Kaufmann 2006). Das Konzept setzte sich jedoch nicht durch. Sehr erfolgreich war dagegen der Vorwerk-Saugroboter, den Vorwerk seit 2011 anbietet.[2] Das aktuelle Modell – der VR200 – lässt sich auch über eine App steuern. 2014 folgte der digitalisierte Thermomix TM5 (Abschn. 6.5).

6.2   Entwicklung von Umsatz und Mitarbeiterzahl

Vorwerk erzielte im Jahr 2015 einen Umsatz von 3,46 Mrd. EUR. 2,9 Mrd. EUR davon stammen aus dem Direktvertrieb, das heißt aus dem Verkauf des Thermomix, der Kobold-Bodenpflegeprodukte, der JAFRA-Kosmetikartikel und von Haushaltsgeräten der Marke Lux im asiatischen Raum. Innerhalb von 10 Jahren hat Vorwerk den Umsatz um rund 1,18 Mrd. EUR bzw. um etwa 50 % gesteigert (vgl. Tab. 6.2). Rund 1,08 Mrd. EUR des Umsatzzuwachses seit 2006 trug das Geschäftsfeld „Thermomix" bei: Um durchschnittlich 18,8 % wuchs der Umsatz jedes Jahr. Auch das Stammgeschäft mit den Kobold–Bodenpflegesystemen gehört mit einer CAGR (Compound Annual Growth Rate) von rund 7 % zwischen 2009 und 2015 zu den wichtigen Wachstumsfeldern von Vorwerk.[3]

---

[2]Die Stiftung Warentest testete bereits im Jahr 2004 die Saugroboter von Kärcher und Electrolux.

[3]2006 bis 2008 sind in der Rubrik „Kobold Systems" noch die Umsätze mit Vorwerk Einbauküchen enthalten, daher ergibt sich für die Jahre 2006 bis 2015 eine deutlich niedrigere CAGR.

Tab. 6.2 Umsatzentwicklung nach Geschäftsfeldern 2006 bis 2015 in Mio. Euro. (Quelle: eigene Darstellung, Vorwerk Geschäftsberichte 2006 bis 2015)

	2006	2007	2008	2009	2010	2011	2012	2013	2014	2015
Summe	1835,6	1796,5	1737,5	1891,6	2372,0	2367,1	2494,1	2639,1	2793,4	3460,0
Kobold Systems[a]	746,9	686,7	695,8	695,4	717,9	728,3	809,7	857,3	898,4	1043,4
Thermomix	291,1	330,8	386,2	419,8	509,6	591,1	683,9	800,1	920,5	1375,0
Bügelsystem Feelina	3,7	3,8	3,3	0,9	–	–	–	–	–	–
JAFRA Cosmetics	447,2	432,2	409,1	390,2	447,5	438,9	465,8	460,9	427,5	457,0
Lux Asia Pacific	66,8	42,0	35,9	33,8	31,7	34,1	35,1	29,5	27,9	27,0
Hectas[b]	187,6	186,6	201,2	195,1	198,9	102,7				
Flooring	74,1	77,9	79,1	69,5	69,4	73,9	74,2	68,8	88,1	87,5
Sonstige	18,2	16,9	21,1	21,7	21,3	16,6	17,3	22,6	26,4	27,2
AKF-Bank[c]	507,0	546,1	605,1	451,0	375,7	381,5	408,1	399,9	404,6	443,4

[a]bis 30.06.2008 inklusive Einbauküchen; [b]bis 30.06.2011; [c]bis 2009 at Equity im Konzernabschluss, seit 2010 vollkonsolidiert

Vorwerk hat „Internationalisierung" 2010 als eines von fünf Erfolgskriterien für seine Wachstumsstrategie bezeichnet (Vorwerk 2010, S. 13). Das Ziel, ein globales Unternehmen zu werden, verfolgt Vorwerk jedoch schon deutlich länger. Die Akquisitionen von JAFRA Cosmetics im Jahr 2004 und von Lux im Jahr 2001 dienten dazu, auch auf dem amerikanischen Kontinent bzw. im asiatischen Raum Fuß zu fassen. Auf Euro-Basis haben diese beiden Geschäftsfelder im Vergleich von 2006 mit 2015 jedoch nur wenig bzw. negativ zum Umsatzwachstum von Vorwerk beigetragen. 2001 war Vorwerk über eigene Ländergesellschaften oder über Distributoren in 48 Ländern präsent. Seitdem hat Vorwerk seine globale Präsenz ausgebaut, sich aber auch immer wieder an Marktentwicklungen angepasst (vgl. Tab. 6.3):

- 2006: 24 Ländergesellschaften, 39 Länder über Distributoren (Vorwerk 2006)
- 2011: 27 Ländergesellschaften, 49 Länder über Distributoren (Vorwerk 2011)
- 2015: 22 Ländergesellschaften, 49 Länder über Distributoren (Vorwerk 2015)
- 2017: 27 Ländergesellschaften, 44 Länder über Distributoren (Vorwerk 2017b)

Trotz der Internationalisierungsbemühungen ist auch 2015 Deutschland mit 26,5 % des Gesamtumsatzes der mit Abstand umsatzstärkste Markt.[4] 80,6 % der Umsätze werden

---

[4]Ohne AKF-Umsätze (Annahme: 100 % der AKF-Umsätze entfallen auf Deutschland.).

Tab. 6.3 Unternehmensstruktur Vorwerk. (Quelle: Vorwerk Unternehmenspräsentation 2017 Vorwerk 2017b)

Vorwerk & Co. KG								
Direktvertrieb						Nicht-Direktvertriebe		Vorwerk Facility Mgmt.[a]
Thermomix	Kobold	Vorwerk Engineering[b]	JAFRA Cosmetics	Lux Asia Pacific	Twercs	akf-Gruppe	Vorwerk flooring	HECTAS
Deutschland	Italien	Deutschland	Mexiko	Thailand	Deutschland	Deutschland	Deutschland	Deutschland
Frankreich	Deutschland	Frankreich	USA	Taiwan		Spanien		Niederlande
Italien	China	China	Brasilien	Indonesien		Polen		Österreich
Spanien	Österreich		Deutschland	Vietnam				Tschechien
Polen	Spanien		Indonesien	Singapur				Polen
Portugal	Frankreich		Italien	+ Distributoren				Belgien
Österreich	Tschechien		Österreich					Ungarn
Taiwan	Schweiz		Schweiz					
GB/Irland	Großbritannien		Niederlande					
Mexiko	+ Distributoren		Russland					
China			+ Distributoren					
Tschechien								
+ Distributoren								

[a]Vorwerk Facility Management Holding KG; [b]Vorwerk Engineering ist das Entwicklungs- und Produktionsnetzwerk von Vorwerk und tritt nicht im Markt in Erscheinung

in Europa generiert. Die regionale Umsatzverteilung hat sich gegenüber 2006 nur wenig verändert: Der Umsatzanteil Deutschlands ist leicht gesunken, der Anteil sonstiger europäischer Märkte ist um rund 10 Prozentpunkte gestiegen. Americas trägt prozentual etwas weniger zum Umsatz bei (auf Euro-Basis), der Anteil der sonstigen Märkte ist fast unverändert (Tab. 6.4). Das überproportionale Wachstum in Deutschland geht vor allem auf den Erfolg des Thermomix zurück: 2006 trug Deutschland nur knapp 14 % zum Gesamtumsatz in dem Geschäftsfeld bei. Italien, Spanien und Frankreich waren die wichtigsten „Thermomix-Länder". 2011 lag der Anteil Deutschlands am Thermomix-Umsatz bereits bei rund 20 %, 2015 waren es 31 % (Abb. 6.1).

Limitierender Faktor für das Umsatzwachstum bei Vorwerk ist die Vertriebskapazität, das heißt die Anzahl von Mitarbeitern, die potenzielle Käufer zu Hause aufsuchen und sie von Vorwerk-Produkten überzeugen. Vor allem im Heimatmarkt Deutschland fiel

Tab. 6.4 Umsatzentwicklung nach Regionen 2006 bis 2015 (in Mio. Euro, ohne AKF-Bank[a]). (Quelle: eigene Darstellung, Vorwerk Geschäftsberichte 2006 bis 2015)

	2006	2007	2008	2009	2010	2011	2012	2013	2014	2015
Deutschland	514,1	461,1	459,9	428,8	800,8	772,4	813,8	899,4	961,4	1243,3
Davon Thermomix	40,0	41,3	66,0	71,0	93,9	121,0	153,0	204,0	225,0	429,0
Sonst. Europa	808,4	832,2	910,7	952,0	1077,3	1105,6	1160,0	1204,8	1304,2	1631,5
Americas	416,4	405,9	385,3	363,8	422,0	411,1	437,1	431,7	402,5	434,0
Sonst. Ausland	96,7	77,7	75,8	81,8	71,9	78,0	83,2	103,2	125,3	151,8

[a]Annahme: Umsätze AKF-Bank ausschließlich in Deutschland

Abb. 6.1 Anteil Deutschland am Gesamtumsatz mit dem Thermomix in %. (Quelle: Vorwerk Geschäftsberichte 2006 bis 2015)

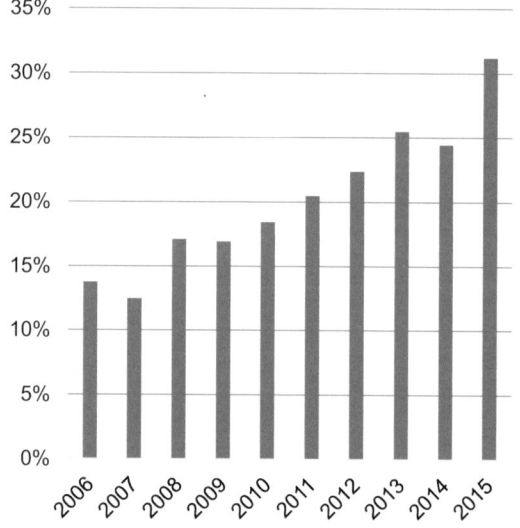

Tab. 6.5 Entwicklung Mitarbeiterzahl 2006 bis 2015. (Quelle: eigene Darstellung, Vorwerk Geschäftsberichte 2006 bis 2015)

	2006	2007	2008	2009	2010
Festangestellte	22.628	22.570	22.475	21.796	22.096
Davon Thermomix	914	968	954	1062	1377
Selbstständige Berater	510.857	543.415	555.718	589.251	601.664
Davon Thermomix	14.614	16.361	18.569	20.670	21.979
Davon Haushaltsgeräte	28.473	28.264	29.855	31.436	32.847
	2011	2012	2013	2014	2015
Festangestellte	16.156	12.342	12.536	12.771	12.612
Davon Thermomix	1556	1528	1734	1944	2264
Selbstständige Berater	590.733	610.516	609.721	591.156	612.884
Davon Thermomix	24.428	27.717	30.330	34.417	41.884
Davon Haushaltsgeräte	34.475	36.988	40.028	44.576	52.947

es Vorwerk schwer, ausreichend viele Verkäufer für die Kobold-Produkte zu gewinnen. Neue gesetzliche Regelungen zur Scheinselbstständigkeit stellten zudem die Rechtmäßigkeit des Vorwerk-Vertriebskonzepts infrage, das in erster Linie auf selbstständig tätigen Verkäufern basierte. Vorwerk hat sein Vertriebskonzept daher inzwischen auf einen Multikanal-Vertrieb umgestellt (siehe Abschn. 6.1). Dennoch ist die Anzahl festangestellter Mitarbeiter von 2006 bis 2015 kontinuierlich gesunken. Der Geschäftsbereich Thermomix hat jedoch 2015 mehr als doppelt so viele feste Mitarbeiter wie 2006. Durch die Akquisition von JAFRA Cosmetics im Jahr 2004 ist die Zahl der für Vorwerk tätigen selbstständigen Berater sehr hoch: 2015 arbeiteten fast 560.000 Menschen für JAFRA Cosmetics, meist Frauen, die die Produkte als Nebenerwerb verkaufen. Von den knapp 53.000 selbstständigen Beratern für Haushaltsgeräte vertreiben 79 % den Thermomix – auch sie zumeist Frauen und in Teilzeit (Tab. 6.5).

6.3   Der Thermomix

Der Kobold-Staubsauger entstand, weil der damalige Vorwerk Chefingenieur Engelbert Gorissen nach neuen Anwendungsmöglichkeiten für Vorwerks Kompetenz in kleinen Elektromotoren suchte. Er entwickelte einen kleinen, aber dennoch leistungsfähigen Handstaubsauger. Auch das Produktkonzept des Thermomix geht auf die Ideen von Vorwerk-Ingenieuren zurück. Der Legende nach kamen zwei Ingenieure auf Dienstreise auf die Idee, dass ein Gerät, in dem man Suppe nicht nur kochen, sondern auch gleich pürieren kann, sehr praktisch wäre (Eisenbrand 2016b). In der offiziellen Vorwerk-Historie war es der damalige Geschäftsführer der französischen Landesgesellschaft, Hans-Jörg Gerber, der vorschlug, einen Mixer zu entwickeln, der das Mixgut auch erwärmt (Vorwerk 2008b).

1971 kam der „Ur-Thermomix" unter dem Namen VM 2000 auf den Markt. Zunächst wurde er nur in Frankreich, Spanien und Italien verkauft. „Thermomix" heißen die Geräte erst seit 1980. In Italien und in Portugal wird der Thermomix unter der Bezeichnung „Bimby" angeboten.

Das Produkt-Konzept wurde in mehreren Gerätegenerationen weiterentwickelt: Der Thermomix konnte bald nicht nur mixen und pürieren, sondern auch sanft rühren. Eine Zeitschaltuhr wurde ergänzt. Eine elektronische Waage wurde eingebaut, mit der Zutaten in 5-g-Schritten abgewogen werden können. Zubehör wie ein Gareinsatz für Reis und Kartoffeln, ein Rühraufsatz für Kuchenteig oder zum Sahneschlagen und ein Aufsatz zum Dampfgaren wurde ergänzt. Ziel war, möglichst viele Funktionen einer Küchenmaschine in den Thermomix zu integrieren. Der TM31, der von 2004 bis 2014 verkauft wurde, umfasste die folgenden Anwendungsmöglichkeiten:

1. Aufschlagen mit Rühraufsatz
2. Dampfgaren
3. Emulgieren (z. B. Mayonnaise, Salatsoßen)
4. Garen
5. Hacken
6. Kneten (z. B. Kuchen- oder Brotteig)
7. Mahlen
8. Mixen
9. Pürieren
10. Pulverisieren (z. B. Zucker zu Puderzucker)
11. Raspeln
12. Reiben
13. Rühren
14. Wiegen

Kern des Produktkonzepts des Thermomix ist, all diese Funktionen in einem Gerät mit nur wenigen Zubehörteilen zu ermöglichen:

> Einzigartig am Thermomix ist die Kombination aus Zerkleinern, Rühren und Garen in einem Gerät. Küchenmaschine, Waage, Reibe, Mixer, Getreidemühle, Dampfgarer und Küchenuhr haben ausgedient. Der Thermomix kann alles, ohne Umbauen, ohne Umrüsten, alles in einem Topf und mit nur einem Messer (Vorwerk o. J.).

Das wesentliche Verkaufsargument für den Thermomix ist der geringe Zeitaufwand, der notwendig ist, um gesundes, hochwertiges Essen frisch zuzubereiten:

> Durch die vielfältigen Möglichkeiten des Kochens mit dem Thermomix können Sie Genuss neu erleben:

- Gartenfrische Rohkost in 10 Sekunden
- Frische Suppen in 10–15 Minuten
- Wasserbadgerichte wie Zabaglione in 5 Minuten

- Reibekuchenteig in 15 Sekunden
- Hefe- und Vollkornteig in 2–3 Minuten
- Konfitüre aus frischen Früchten in 10 Minuten
- Vitaldrink in 25 Sekunden
- Komplettes Gericht in 30 Minuten, z. B. Spargel mit Kartoffeln und Sauce Hollandaise (Vorwerk o. J.).

Zum Produktkonzept des Thermomix gehören Rezeptbücher und eine Zeitschrift mit Thermomix-Rezepten, in denen genau angegeben ist, wie die unterschiedlichen Funktionen einzusetzen sind. Dazu zählen Anleitungen für vollständige Menüs, aber auch Grundrezepte wie das Kochen von Reis oder das Andünsten von Zwiebeln:

70g Zwiebeln
20g Olivenöl

- Zwiebeln in den Mixtopf geben und 4 Sek./Stufe 5 zerkleinern.
- Olivenöl zugeben und 2 ½ Min./Varoma/Stufe 1 andünsten[5] (Thermomix 2004, S. 21).

Jeder Käufer erhält das Basis-Kochbuch und drei Ausgaben des *Thermomix Magazins* und kann an einem Kochkurs in einem Thermomix-Studio teilnehmen.[6] Außerdem hat jeder Thermomix-Besitzer eine persönliche Ansprechpartnerin – in der Regel eine Thermomix-Repräsentantin –, an die er sich bei Fragen und Problemen wenden kann.

Dennoch legt Vorwerk großen Wert darauf, dass der Thermomix nicht ohne eine ausführliche Vorführung gekauft wird, damit jeder neue Nutzer mit Grundkenntnissen zu Funktionen und Anwendungsmöglichkeiten startet:

Wenn sie ein Gerät im Handel kaufen, haben sie entweder Glück und kommen damit zurecht, oder es klappt nicht und das Ding verstaubt im Keller. Bei uns ist das anders. Dadurch, dass wir den Kunden dabei helfen, mit dem Thermomix zu kochen, generieren wir Erfolgserlebnisse – und damit startet schon ein Word-of-Mouth-Effekt. Daraus erfolgt ein Empfehlungsgeschäft, und das führt dann noch mal zu neuen Verkäufen (Eisenbrand 2016b).

Anders als die Kobold-Staubsauger ist der Thermomix bei Vorwerk auch heute noch nicht online bestellbar.[7] Im Idealfall lädt eine Interessentin eine Thermomix-Repräsentantin zu einer Produktdemonstration zu sich nach Hause ein. Ähnlich wie bei einer Tupperware-Party übernimmt die Interessentin die Rolle der Gastgeberin und lädt weitere Personen aus ihrem Freundes- und Bekanntenkreis ein. Kauft die Gastgeberin einen Thermomix, erhält sie 50 EUR Rabatt (Vorwerk 2017c).

---

[5]„Varoma" ist die Bezeichnung für die Dampfgarstufe des Thermomix.

[6]In Deutschland gibt es zurzeit 77 Thermomix-Studios.

[7]Auf Ebay werden allerding neben vielen Gebrauchtgeräten auch neue TM5 angeboten, auf Amazon jedoch nicht.

Vorwerk bewirbt den Thermomix kaum, sondern setzt fast ausschließlich auf den Direktvertrieb und auf Mundpropaganda sowie Kooperationen. Die Repräsentantinnen sind meist selbst überzeugte Thermomix-Nutzerinnen und können das Gerät und seine Einsatzmöglichkeiten daher besonders überzeugend und authentisch präsentieren.

6.4   Das digitale Ökosystem des Thermomix

Thermomix-Nutzer machten sich die Möglichkeiten des Internets und vor allem des Social Web schon früh zunutze, um sich mit anderen Nutzern zu vernetzen:

2001 gründeten Barbara Böing und Melanie Winkler-Vorbeck mit www.wunderkessel.de ein Internetforum, in dem Thermomix-Nutzer Rezepte und Anwendungstipps austauschten. Diese Community existiert auch im Jahr 2017 noch und wird intensiv genutzt. Inzwischen ist neben dem Internetforum ein Buchverlag für Thermomix-Kochbücher mit Webshop entstanden. Es gibt einen WhatsApp-Newsletter und eine Smartphone-App.

Auch Foren wie Chefkoch.de dienen Thermomix-Nutzern schon seit langem als Plattform, um über Rezepte und Tipps zu diskutieren. Hinzu kommen zahlreiche Facebook-Seiten und -Gruppen wie zum Beispiel die Facebook-Gruppe „Thermomix Rezepte" mit mehr als 106.000 Mitgliedern.[8] Thermomix-Repräsentantinnen nutzen die Communities, um Fragen zu beantworten, aber auch, um Angebote zu kommunizieren. Im Wunderkessel-Forum gibt es zum Beispiel die Möglichkeit, sich als Thermomix-Repräsentantin anzumelden. In dieser Rolle ist die Auslobung von Angeboten erlaubt und wird von den Administratoren des Forums unterstützt:

An alle Hexen, die schon länger mit Jaques liebäugeln.
Jetzt gibt es ein wirklich einmaliges Geburtstagsangebot von Vorwerk-Thermomix:
Vorwerk wird 125 und deshalb gibt es ab sofort eine Geburtstagsfinanzierung.
Für nur 125 Euro Anzahlung und dann 24 mal 35,26 Euro holt Ihr Euch Euren „Traum-Küchenjungen" ins Haus.
Das ist ein Zinssatz von 1,25%, in Euro ganze 11,25!
Wer den Gastgeberrabatt in Höhe von 50 Euro in Anspruch nimmt, (davon gehe ich jetzt einfach aus!) reduziert seine monatliche Zahlung noch einmal um ca. 2 Euro. Damit habt Ihr die Kosten von lächerlichen 11,24 Euro sofort wieder rein.
Und das Beste: Das neue Varomakochbuch „Volldampf voraus" wird noch obendrauf gelegt.
Also:
„Wenn nicht jetzt, wann dann?"
Liebe Grüße von euren Beraterinnen im Forum,
die wirklich ALLEN den TM in der Küche wünschen!
Bei Interesse wendet euch bitte an eure TR oder an info@wunderkessel.de
Bei dem Angebot handelt es sich um ein befristetes Geburtstagsangebot! (Wunderkessel.de 2008)

---

[8]Stand April 2017.

Auf Youtube existieren mehr als 2000 Kanäle zum Thermomix. „Thermifee®" ist seit 2011 auf Youtube aktiv und hat mit mehr als 47.000 Abonnenten und über 11 Mio. Aufrufen eine größere Reichweite als der offizielle Kanal von Thermomix Deutschland mit nur 50 Videos, gut 7000 Abonnenten und rund 715.000 Aufrufen. Den Kanal betreibt Stefanie Holtz, die als selbstständige Beraterin die Produkte von „Pampered Chef" verkauft. Auch Pampered Chef ist ein Direktvertrieb von Küchengeräten und -utensilien. Der Thermomix gehört allerdings nicht zum Sortiment. Stefanie Holtz hat Thermifee markenrechtlich schützen lassen. Sie betreibt außerdem die Website www.thermifee-das-original.de. „Tanjas Thermi TV" und „Thermimaus" sind zwei weitere Beispiele für eine ganze Reihe deutschsprachiger Youtube-Kanäle, die Thermomix Rezepte vorstellen. Beide Kanäle werden von Thermomix-Repräsentantinnen betrieben. „Tanjas Thermi TV" hat knapp 18.000 Abonnenten und fast 3 Mio. Aufrufe, „Thermimaus" erreicht rund 15.000 Abonnenten und nahezu 2,6 Mio. Aufrufe ihrer Videos.[9]

Vorwerk selbst hat Social Media erst 2010 zu einem von fünf „strategischen Erfolgskriterien" erklärt (Vorwerk 2010, S. 13). Im Jahr zuvor wurde die Thermomix Rezeptwelt lanciert, eine Website, auf der Vorwerk eigene Rezepte veröffentlicht, aber auch registrierte Nutzer ihre Rezepte vorstellen können. Sie können sich außerdem eigene Rezeptsammlungen zusammenstellen sowie Rezepte bewerten und kommentieren. Inzwischen sind auf Rezeptwelt.de knapp 67.000 Rezepte[10] verfügbar. 500.000 Nutzer haben sich bei Rezeptwelt.de registriert (Eisenbrand 2016b).

Im Jahr 2011 rollte Vorwerk Facebook-Seiten zum Thermomix in den wichtigsten Thermomix-Märkten aus. Die Seiten in Frankreich, Italien[11], Spanien und Deutschland haben inzwischen 284.539 bzw. 600.448, 355.108 und 298.324 Abonnenten.[12] Anfragen über die Facebook-Seite werden in der Regel innerhalb einer Stunde beantwortet – nicht jedoch am Wochenende und an Feiertagen. Von der Facebook-Seite aus lassen sich auch Rezepte der Rezeptwelt aufrufen, das Angebot im Shop beschränkt sich jedoch auf das Abonnement der Thermomix-Zeitschrift.

Ebenfalls im Jahr 2011 veröffentlichte Vorwerk die erste Thermomix-App für iPhone und iPad. In der kostenpflichtigen App wurden 145 Rezepte aus einem der Thermomix-Kochbücher angeboten. Die App kostete 2014 6,99 EUR – deutlich weniger als ein Thermomix-Kochbuch – und enthielt auch die Funktion, Einkaufslisten zu erstellen und Rezepte auf Facebook zu teilen. Inzwischen ist die Thermomix-App kostenlos, bietet aber nur noch wenige Gratis-Rezepte. Weitere Rezepte können über In-App-Käufe freigeschaltet werden (Abschn. 6.5). 2015 gehörte Vorwerk mit der Thermomix-App zu den 20 umsatzstärksten Publishern in Deutschland im Apple App-Store. Knapp 1,7 Mio. US$ hatte Vorwerk mit der App in Deutschland umgesetzt (Eisenbrand 2016a).

---

[9]Stand April 2017.

[10]Stand April 2017.

[11]In Italien wird der Thermomix unter dem Namen Bimby verkauft.

[12]Stand April 2017.

Neben Rezepten bietet die App ergänzende Funktionen: Mithilfe der App lässt sich sehr einfach ein Wochenplan erstellen, indem Rezepte per Drag-and-drop auf einen Wochentag gezogen werden. Aus den ausgewählten Rezepten wird automatisch eine Einkaufsliste erstellt, die sich bei Bedarf manuell nachbearbeiten lässt. Es lassen sich eigene Rezeptsammlungen anlegen. Es gibt allerdings keine Community-Funktionen. Die App ist bisher nur für iPhone und iPad verfügbar.

2015 lobte Vorwerk erstmals die Aktion „Thermomix it yourself" (TIY) aus. Dahinter stand die Erkenntnis, dass es immer beliebter wird, selbstgemachtes zu verschenken. Vorwerk erklärte daher den 24. Juni zum Schenk-mal-was-Tag und führt die Aktion seither jährlich durch:

Köstliche Kreationen – Schenk-mal-was-Tag

Der Schenk-mal-was-Tag 2015 und 2016 haben gezeigt, wie kreativ und liebevoll die Thermomix® Community gebacken, gekocht und gebastelt hat. Und wir sind uns ganz sicher, dass der Schenk-mal-was-Tag 2017 nicht anders aussehen wird. Die köstlichen Kreationen unserer Community finden Sie hier. Einfach lecker! (Vorwerk 2017d).

Ein Etiketten-Designer auf der Website und Anleitungen für schöne Geschenkverpackungen unterstützen die Nutzer dabei, ihre Geschenke ansprechend zu präsentieren. Zugleich kommuniziert der Etiketten-Designer durch einen Aufdruck die Ideen-Urheberschaft von Thermomix.

6.5   Der Thermomix TM5

Im September 2014 brachte Vorwerk eine neue Gerätegeneration des Thermomix auf den Markt, den TM5. Die Markteinführung erfolgte ohne längere Vorankündigung. Auch die weltweit etwa 34.000 Thermomix-Repräsentantinnen wurden von der Nachricht überrascht.[13] Vorwerk musste sie daher sehr schnell mit dem neuen Gerät vertraut machen. Dazu gab es unter anderem Schulungsveranstaltungen für jeweils mehrere Tausend Repräsentantinnen in Messehallen. Käufer, die gerade das Vorgängermodell gekauft hatten, waren verärgert und machten ihrer Enttäuschung auf Facebook und in Foren Luft: Sie hatten fast 1000 EUR für ein nun veraltetes Gerät ausgegeben:

Ich bin auch sehr enttäuscht, habe mir den TM 31 Mitte August bestellt wegen der Aktion einen Topf Gratis zu bekommen. Jetzt weiß ich auch warum es diese Aktion gab! Hatte mir schon gedacht, da wird bestimmt bald ein neuer kommen. Hätte ich mich bloß auf mein Bauchgefühl verlassen! Ich hatte erst letzte Woche die Vorführung und habe den 2. Topf noch nicht geliefert bekommen.

---

[13]Im Forum Wunderkessel.de wurde allerdings schon seit April 2014 über einen neuen Thermomix spekuliert (Wunderkessel.de 2010).

Wenn es eine Möglichkeit gibt den alten TM umzutauschen gegen Zuzahlung auf den neuen, wäre es schön wenn das Moderationsteam eine klare Stellungnahme gibt wie und ob das möglich ist! (Vorwerk 2014b)

Eine frühzeitige Kommunikation erscheint zwar naheliegend, ist aber mit Blick auf rechtliche, marken- und produktionstechnische Aspekte leider nicht möglich. Am 5. September fand weltweit die Einführung des neuen Thermomix statt. Bitte sehen Sie es der Repräsentantin nach, dass Sie Ihnen deshalb vor der offiziellen Enthüllung noch nicht das neue Modell anbieten konnte. So wurden auch unsere Mitarbeiter erst gestern offiziell informiert. Vorwerk Moderationsteam

[…]
Hallo liebes Moderationsteam
was Sie hier antworten ist doch Murx, schließlich handelt es sich bei dem TM31 nicht um einen Suppentopf für 10,00 EUR.
Bei dem Preis erwarte ich einfach Offenheit gegenüber dem Kunden, ähnlich wie beim Autokauf, wo ich beim Modellwechsel in der Übergangzeit informiert werde und selber entscheiden kann, ob ich warten oder das alte Modell kaufen will.
Ich habe den TM 31 im Juli 2014 gekauft und fühle mich von meiner Beraterin und Vorwerk getäuscht und als Kunde verraten.
Von dieser Firma kaufe ich jedenfalls nie wieder etwas!
Gruß
Paulha (Rezeptwelt.de 2014c)

Vorwerk reagierte mit dem Angebot, für einen Aufpreis von 90 EUR statt des TM31 das neue Modell TM5 zu kaufen – allerdings nur für die Kunden, die den TM31 schon bestellt, aber noch nicht erhalten hatten. Das Unternehmen verteidigte sein Vorgehen auch in der Presse:

[…] „Natürlich bedauern wir es, dass einige unserer Kunden enttäuscht sind", sagt ein Sprecher.

Aber bei der Neueinführung eines Produktes ließen sich Übergangszeiten nicht ganz vermeiden – auch aus rechtlichen und technischen Gründen. „Eine frühere Ankündigung des Produkts hätte das Thema also nur verschoben, gerade weil unsere letzte Produkteinführung zehn Jahre zurückliegt" (Hackhausen 2014).

Trotz der Kontroverse wurde der Thermomix ein großer Erfolg. Die Nachfrage überstieg die Erwartungen bei Weitem. Phasenweise betrug die Lieferzeit drei Monate. Vorwerk investierte daher in den schnellen Ausbau der Produktionsstätten in Deutschland und Frankreich, um die Produktionskapazität innerhalb von zwei Jahren auf zwei Millionen verdoppeln zu können (Dierig 2015). Im April 2017 ist ein Thermomix innerhalb von ein bis zwei Wochen lieferbar.

Der Thermomix TM5 verfügt über dieselben mechanischen Funktionen wie der TM31. Die wesentliche Neuerung ist eine Datenschnittstelle, durch die das Gerät selbst Teil des digitalen Ökosystems werden kann. Über diese Datenschnittstelle lassen sich Rezepte auf den Thermomix übertragen, sodass „Guided Cooking" möglich wird.

„Guided Cooking" bedeutet, dass auf dem Display des Gerätes genaue Anweisungen für jeden einzelnen Arbeitsschritt eines Rezepts erscheinen, zum Beispiel „100 g Zucker hinzufügen". Hat der Nutzer den Arbeitsschritt erledigt, drückt er auf dem Touchscreen des Thermomix „weiter", und das Gerät nimmt selbsttätig alle notwendigen Einstellungen für den nächsten Verarbeitungsschritt vor, zum Beispiel, wie lange, bei welcher Temperatur und auf welcher Stufe eine neu hinzugefügte Zutat untergerührt wird. Das Kochen wird so noch einfacher.

Um die Auswahl der verfügbaren Rezepte zu vergrößern, gibt es zwei Möglichkeiten: Der Nutzer kann Rezeptchips kaufen, auf denen eine bestimmte Anzahl Rezepte gespeichert sind. Der Rezeptchip ist also ein digitales Kochbuch. Vorwerk verkauft die Rezeptchips im Thermomix-Webshop. Sie kosten zwischen 30 und 49 EUR – genauso viel wie das Kochbuch mit denselben Rezepten. Die Rezeptchips werden über die Datenschnittstelle mit dem Thermomix verbunden, das Rezept über den Touchscreen ausgewählt und der Kochvorgang gestartet.

Die zweite Möglichkeit, Rezepte auf den Thermomix zu übertragen, ist der sogenannte Cook-Key. Auch er wird an die Datenschnittstelle angeschlossen und stellt dann per W-LAN eine Verbindung zu dem Rezeptportal „Cookidoo" her, das zum Produktkonzept des TM5 gehört. Anders als bei Rezeptwelt.de gibt es hier keine Community-Elemente. Cookidoo ist die Desktop-Version der Thermomix-App. Die Rezepte aus den Thermomix-Kochbüchern sind in diesem Portal digital verfügbar. Über den Cook-Key lassen sich Rezepte aus dem Portal auf den Thermomix übertragen, sodass sie mithilfe der Guided-Cooking-Funktion nachgekocht werden können. Nur 12 Rezepte auf Cookidoo sind kostenlos verfügbar. Der Nutzer kann weitere Rezepte in Form von Kollektionen kaufen. Eine Kollektion heißt zum Beispiel „Superfoods", enthält 10 Rezepte und kostet 3,99 EUR. Die Kollektion „Das Thermomix-Kochbuch" enthält 206 Rezepte zum Preis von 68 EUR. Es besteht aber auch die Möglichkeit, für 36 EUR pro Jahr ein Cookidoo-Abonnement abzuschließen, das den Zugriff auf sämtliche Rezepte eröffnet. Vorwerk verspricht 60 neue Rezeptideen pro Monat.[14] Der Cook-Key ist seit September 2016 verfügbar, also zwei Jahre nach der Markteinführung des TM5. Er kostet 129 EUR. In diesem Preis ist ein sechsmonatiges Probe-Abonnement für Cookidoo enthalten.

Die Entwicklung des TM5 hat fünf Jahre gedauert. Er kam 10 Jahre nach Einführung des TM31 auf den Markt. Vorwerks Forschungschef Thomas Redemann hat schon 2016 angekündigt, dass die Weiterentwicklung des TM5 nicht so lange dauern wird (Brück et al. 2016). Reiner Strecker, persönlich haftender Gesellschafter von Vorwerk, beschrieb in einem Interview mit dem Handelsblatt mögliche weitere Entwicklungen, zum Beispiel die Verwendung von Nutzerdaten für neue Services. Über den Cook-Key ist potenziell erkennbar, welche Rezepte wie oft und wann genutzt werden:

---

[14]Das gedruckte *Thermomix Magazin* (ehemals *Finessen*) erscheint sechsmal pro Jahr, verspricht pro Jahr 120 Rezepte und kostet 18 EUR jährlich (Vorwerk 2017e).

Mit Kooperationspartnern könnten wir rund ums Thema Ernährung eine perfekte Welt anbieten, inklusive der Lieferung aller notwendigen Zutaten. […]

Es wird sicherlich keine zehn Jahre mehr dauern, bis der Thermomix selbst Essen bestellt, auch wenn die Logistik da immer noch Probleme bereitet. Angesichts unserer mehreren Millionen Nutzer müsste sich eigentlich das notwendige Volumen realisieren lassen, damit sich solche Geschäfte auch lohnen (Reiner Strecker, zitiert nach Terpitz und Thuma 2016).

Vorwerk ist an dem Start-up Hello Fresh beteiligt, das unter dem Motto „Leichter kochen, besser essen!" sogenannte Kochboxen verschickt, die Rezepte und alle für die Zubereitung notwendigen Zutaten enthalten. Hello Fresh bietet bereits Kochboxen für den Thermomix an. Thermomix-Besitzer können dieses Merkmal in ihrem Nutzer-Profil angeben und erhalten dann automatisch die Thermomix-Version der gewünschten Kochbox.

Auch die Bedienung des Thermomix könnte völlig neu konzipiert werden. Vorwerk war an dem Start-up Gestigon beteiligt, einem Unternehmen, das sich mit Virtual-Reality-Technologien und Gestensteuerung beschäftigt. Es ist darauf spezialisiert, die berührungslose Steuerung von Geräten und Anlagen zu realisieren.

6.6   Marktumfeld in Deutschland

Der große Erfolg des Thermomix in den letzten Jahren gerade in Deutschland wird auch durch zwei Trends befeuert:

- Das Interesse an gesunder, bewusster Ernährung steigt. Die Herkunft von Lebensmitteln und Transparenz der Zutaten ist den Deutschen wichtiger als früher. Gleichzeitig fehlt vielen Menschen die Zeit zum Kochen, weil der Anteil der Vollzeithausfrauen in der Bevölkerung beständig sinkt (Nestlé 2016). Der Thermomix verspricht eine Lösung für dieses Dilemma.
- Die Küche und ihre Ausstattung werden immer mehr zu einem Statussymbol. In einer Studie des Zukunftsinstituts im Auftrag von Siemens antworten auf die Frage „Was ist Ihnen wichtiger" 57 % der Befragten „eine tolle Küche" und nur 29 % „ein tolles Auto" (Zukunftsinstitut 2015, S. 16).

Dennoch blieb der Thermomix viele Jahre ohne relevante Wettbewerber mit vergleichbaren Produktkonzepten, trotz der offensichtlich großen Ausgabebereitschaft der Konsumenten: Vorwerk-Produkte sind hochpreisig. Das gilt auch für den Thermomix. Das aktuelle Modell TM5 kostet je nach Ausstattung 1199 bis 1299 EUR, der Preis für das Vorgänger-Modell TM31 lag knapp unter 1000 EUR. Vorwerk registrierte erst 2004 eine erhöhte Wettbewerbsdynamik (Wurzer und Schäffner 2015). Das spanische Unternehmen Taurus brachte 2006 eine kochende Küchenmaschine mit dem Namen „MyCook" auf den Markt. Der Thermomix wird in vielen Restaurantküchen genutzt. Taurus entwickelte für professionelle Nutzer ein eigenes Modell, das leistungsstärker ist als der

„MyCook" für private Haushalte. Inzwischen gibt es unter anderem von Krups, Kenwood, KitchenAid, Philips und GourmetMaxx Geräte für private Haushalte mit einem dem Thermomix vergleichbaren Funktionsumfang. Lidl und Aldi nutzten 2015 den „Hype" um den Thermomix und boten Küchenmaschinen mit Kochfunktion für knapp 200 EUR an.[15] Während die Discounter-Produkte deutlich weniger Leistung und Funktionen bieten als der Thermomix, können die höherpreisigen Angebote durchaus mit dem Thermomix mithalten. Die Stiftung Warentest testete Küchenmaschinen mit Kochfunktion im Dezember 2015 und platzierte den Thermomix TM5 nur auf Rang 4 hinter den Geräten von Kenwood, KitchenAid und Krups.[16] In einem früheren Test im Jahr 2010 war der Thermomix noch Testsieger. Dem Markterfolg des Thermomix hat diese unerwartet schlechte Bewertung jedoch nicht geschadet. Vorwerk hat auch 2016 mehr als eine Million Exemplare des Thermomix verkauft und den Absatz gegenüber 2015 noch einmal gesteigert (Plusminus 2017).

Vorwerk hat auf den höheren Wettbewerbsdruck mit einer neuen IP-Strategie reagiert. Für den TM5 wurden 130 Patente angemeldet. Beim TM31 waren es nur 13. Hatte sich Vorwerk in der Vergangenheit darauf fokussiert, die technologischen Entwicklungen und die Produktnamen zu schützen, stehen nun die aus Kundenperspektive differenzierenden Funktionen und Designaspekte im Vordergrund:

> Es stellte sich […] heraus, dass darüber hinaus vor allem technische Features Patentschutz genossen – hauptsächlich solche, die von Kunden wenig wahrgenommen wurden, wie etwa die Dämpfungsvorrichtung der Antriebswelle. Zahlreiche Eigenschaften des Thermomix dagegen, auf die Kunden großen Wert legten, beispielsweise die Messerform, fanden sich gar nicht im Patentportfolio wieder. So hinderte nichts die Wettbewerber daran, beim Display, bei den Bedienelementen oder der Verwendung von abgespeicherten Rezepten ganz ähnlichen Nutzen zu bieten wie der Thermomix (Wurzer und Stöffen 2015, S. 4).

---

[15]Die TZ berichtete von tumultartigen Szenen in mehreren Aldi-Filialen: „Wie die Polizei berichtet, war der Kundenansturm in der Filiale in Weiden in der Oberpfalz enorm. Am Donnerstag habe es schon vor Ladenöffnung um 8 Uhr keinen freien Parkplatz mehr gegeben. Als sich die automatischen Schiebetüren öffneten, brach das Chaos aus. Dem Bericht zufolge rief eine Aldi-Angestellte sechs Minuten später die 110. Eine Kundin soll einen Karton mit der Küchenmaschine gepackt haben, als ein Mann sie grob zurückriss, um sich selber in der ersten Reihe eine Box zu schnappen. Die Frau stieß mit ihrem Ellbogen gegen das hinter ihr stehende Regal. Ein blauer Fleck erinnert sie nun an den Tumult im Discounter. Den Karton hielt sie trotzdem fest umklammert, teilte die Polizei in ihrem Pressebericht mit" (TZ.de 2015).

[16]Die Testergebnisse wurden von zahlreichen Thermomix-Nutzern kommentiert und infrage gestellt. Bemängelt wurde zum Beispiel, dass der sehr hohe Lärmpegel des Thermomix zu hohen Abwertungen geführt hat, obwohl er nur bei bestimmten Anwendungen relevant ist, und dass Aspekte wie Spülmaschinentauglichkeit nicht ausreichend berücksichtigt wurden (Stiftung Warentest 2015).

Abb. 6.2 Google Suchindex für die Begriffe Thermomix, Cooking Chef, MyCook und Prep & Cook 2014 bis 2017

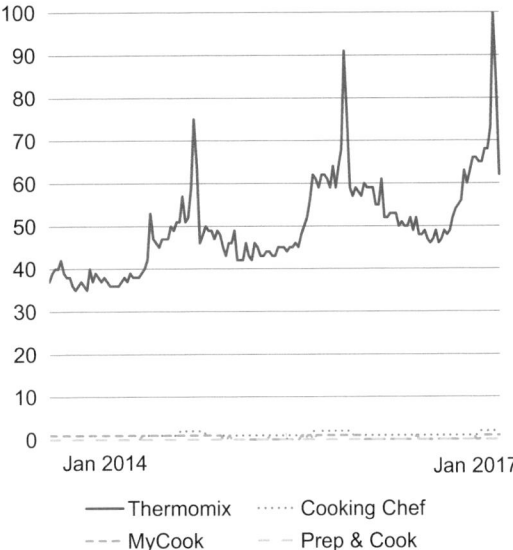

Im Rahmen der neuen IP-Strategie schützt Vorwerk nun zum Beispiel die Datenschnittstelle, über die neue Rezepte für das „Guided Cooking" genutzt werden können,[17] oder die Sicherheitsfunktionen, die vor allem für Familien mit Kindern wichtige Entscheidungskriterien für den Thermomix sind (Wurzer und Stöffen 2015).

Bisher zeichnet sich kein Wettbewerber ab, der ähnlich populär werden könnte wie der Thermomix. Ein Grund dafür ist sicherlich auch das ausgedehnte digitale Ökosystem, über das der Thermomix bereits seit Langem verfügt (Abschn. 6.4). Jeder, der einen Thermomix kauft, weiß, dass es eine große Nutzer-Community gibt, die zu fast allen Anwenderfragen erprobte Lösungen bereithält. Für die vergleichsweise neuen Geräte von Kenwood, Krups oder KitchenAid gibt es ähnlich große und aktive Communitys noch nicht. Die große Dominanz des Thermomix in der Google-Suche spiegelt dies wider (vgl. Abb. 6.2).

Teil des Thermomix-Geschäftsmodells ist auch der Verkauf von Rezepten, die für den Thermomix konzipiert sind und die sicher gelingen. Amazon Deutschland listet 646 Bücher und Rezepthefte zum Thermomix auf, die vor September 2014 erschienen sind. Nach September 2014 sind 722 Einträge hinzugekommen. Nur 25 dieser 722 Einträge beziehen sich auf Vorwerk-Kochbücher. Die beiden Kochbücher „Mix ohne Fix – Lieblingsgerichte aus dem Thermomix" Band eins und Band zwei rangieren in der Kategorie „Kochen & Genießen/Allgemeines, Grundwissen & Lexika" auf Platz 5 und 7 der

---

[17]Auch für den technischen Schutz der Datenschnittstelle hat Vorwerk gesorgt. Zumindest ist der Elan einer Hacker-Gruppe, die Wege finden wollte, eigene Rezepte einzuspielen, offenbar schnell erlahmt (Heise.de 2016).

Bestsellerliste.[18] Die Autorin Corinna Wild ist gemeinsam mit ihrem Mann Inhaberin des Verlags, in dem die Bücher erscheinen, und betreibt auch die Website Mixgenuss.de. Doch auch Großverlage wie Gräfe und Unzer haben inzwischen Thermomix-Kochbücher veröffentlicht.

Neben dem Vorwerk-eigenen *Thermomix Magazin* existiert eine Reihe von Zeitschriften anderer Verlage wie zum Beispiel *Einfach Backen mit dem Thermomix, Mixx, Gemixt* oder *Rezepte mit Herz. Rezepte mit Herz* ist die Printversion des gleichnamigen Blogs. Vorwerk achtet verstärkt darauf, die Hoheit über die Verwendung des Markennamens „Thermomix" zu behalten. Sein eigenes Magazin *Finessen* hat er in *Thermomix Magazin* umbenannt. Den Falke-Verlag hat Vorwerk gezwungen, seine Zeitschrift *Mein Thermo* nach der ersten Ausgabe umzubenennen (Schade 2016). Das Magazin heißt nun *Mein Zaubertopf.*

Literatur

Brück, M., Firius, T., Kamp, M., Prange, S., Schumacher, H., & Weißenborn, C. (2016). Einer für Alle. *Wirtschaftswoche, 2016*(52), 20–26.

Dierig, C. (2015). Die Gier nach dem Thermomix ist grenzenlos. https://www.welt.de/wirtschaft/article141317643/Die-Gier-nach-dem-Thermomix-ist-grenzenlos.html. Zugegriffen: 17. Apr. 2017.

Eisenbrand, R. (2016a). Die deutsche App Economy: Diese Unternehmen haben 2015 hierzulande am meisten mit Apps verdient. http://www.onlinemarketingrockstars.de/app-publisher-umsatz-ranking/. Zugegriffen: 17. Apr. 2017.

Eisenbrand, R. (2016b). Umsatzwunder Thermomix: So erschafft man ein Marketingphänomen. http://www.onlinemarketingrockstars.de/thermomix-marketing/. Zugegriffen: 17. Apr. 2017.

Golem.de. (2011). Der Kobold VR100 macht dem Roomba Konkurrenz. https://www.golem.de/1111/88038.html. Zugegriffen: 17. Apr. 2017.

Hackhausen, J. (2014). Vorwerk überrumpelt seine Thermomix-Fans. https://archiv.wiwo.de/document/HBON__HB%2010708674?ticket=ST-6314461-NKdzO6qFVOU6SyktwYAt-ap3. Zugegriffen: 17. Apr. 2017.

Heise.de. (2016). Re: Hack erforderlich. https://m.heise.de/forum/heise-online/News-Kommentare/Thermomix-TM5-mit-Netzwerkanschluss/Re-Hack-erforderlich/posting-29143873/show/. Zugegriffen: 17. Apr. 2017.

IHK Wuppertal-Solingen-Remscheid. (2012). Vorwerk – viel mehr als nur Staubsauger. *Bergische Wirtschaft,* (1), 34–35. https://www.wuppertal.ihk24.de/blob/wihk24/servicemarken/downloads/1401556/db535e209af3a1d1e1f5ffd6cfc39283/Artikel_aus_Bergischer_Wirtschaft_01_12_Vorwerk_Mehr_als_nur_St-data.pdf. Zugegriffen: 17. Apr. 2017.

IPI. (o. J.). Erfolgsfaktor Collaboration – Das Intranetportal der VORWERK & CO. KG vernetzt Mitarbeiter, Informationen und Dokumente. http://www.ipi-gmbh.com/de-de/unternehmen/Case%20Studies/CaseStudy_Vorwerk_Intranet.pdf. Zugegriffen: 17. Apr. 2017.

---

[18]Stand: 16. April 2017.

Kaufmann, St. (2006). Vorwerk-Chef Schwanitz über intelligente Teppiche, Staubsaugervertreter und die Expansion in China "Männer drücken sich vor der Hausarbeit". http://www.berliner-zeitung.de/15607852. Zugegriffen: 17. Apr. 2017.

Kewes, T., & Nesshöver, C. (2006). Der Familienmanager. *Handelsblatt, 2006*(96), 12.

Mbnews.it. (2014). Vorwerk Folletto vende lo stabilimento di Arcore. La Brianza perde un marchio importante. https://www.mbnews.it/2014/02/vorwerk-folletto-vende-stabilimento-di-arcore-la-brianza-perde-un-marchio-importante/. Zugegriffen: 17. Apr. 2017.

Nestlé. (2016). Nestlé Studie 2016 – So is(s)t Deutschland. http://www.nestle.de/verantwortung/nestle-studie/2016. Zugegriffen: 17. Apr. 2017.

Ohne Autor. (2005). Vorwerk stößt Tupperware ab. http://www.raumausstattung.de/business/artikel-record_id-34854-Wirtschaft.htm. Zugegriffen: 17. Apr. 2017.

Plusminus. (2017*).* Thermomix: Wie erklärt sich der Hype um ein Küchengerät? http://www.daserste.de/information/wirtschaft-boerse/plusminus/sendung/thermomix-hype-100.html. Zugegriffen: 17. Apr. 2017.

Schade, M. (2016). Thermomix-Hefte: Vorwerk zwingt Falkemedia zur Umbenennung von Mein-Thermo. http://meedia.de/2016/11/07/thermomix-hefte-vorwerk-zwingt-falkemedia-zur-umbenennung-von-meinthermo/. Zugegriffen: 17. Apr. 2017.

Schumacher, H. (2012). Kobolds neue Welt. *Wirtschaftswoche, 2012*(39), 62–65.

Stiftung Warentest. (2015). Küchenmaschinen mit Kochfunktion: Drei von neun sind gut. https://www.test.de/Kuechenmaschinen-mit-Kochfunktion-Drei-von-neun-sind-gut-4947836-0/. Zugegriffen: 17. Apr. 2017.

Terpitz, K., & Tuma, T. (2016). Bald bestellt der Thermomix das Essen selbst. *Handelsblatt, 2016*(96), 14–15.

Thermomix. (2004). *Jeden Tag genießen*. Wuppertal: Vorwerk Deutschland Stiftung & Co. KG.

TZ.de. (2015). Prügelei um Aldi-„Thermomix" – so reagiert der Discounter. https://www.tz.de/bayern/aldi-thermomix-kuechenmaschine-pruegel-randale-tumulte-in-filiale-weiden-oberpfalz-polizei-5616432.html. Zugegriffen: 17. Apr. 2017.

Vorwerk. (2003). Geschäftsbericht 2003. http://www.vorwerk.com/annualreport/. Zugegriffen: 17. Apr. 2017.

Vorwerk. (2004). Geschäftsbericht 2004. http://www.vorwerk.com/annualreport/. Zugegriffen: 17. Apr. 2017.

Vorwerk. (2006). Geschäftsbericht 2006. http://www.vorwerk.com/annualreport/. Zugegriffen: 17. Apr. 2017.

Vorwerk. (2007). Geschäftsbericht 2007. http://www.vorwerk.com/annualreport/. Zugegriffen: 17. Apr. 2017.

Vorwerk. (2008a). Geschäftsbericht 2008. http://www.vorwerk.com/annualreport/. Zugegriffen: 17. Apr. 2017.

Vorwerk. (2008b). 125 Jahre Vorwerk. Das Jubiläumsmagazin. http://www.vorwerk.com.my/pdf/presse/publications/magazin_125jahre.pdf. Zugegriffen: 17. Apr. 2017.

Vorwerk. (2009). Geschäftsbericht 2009. http://www.vorwerk.com/annualreport/. Zugegriffen: 17. Apr. 2017.

Vorwerk. (2010). Geschäftsbericht 2010. http://www.vorwerk.com/annualreport/. Zugegriffen: 17. Apr. 2017.

Vorwerk. (2011). Geschäftsbericht 2011. https://corporate.vorwerk.de/presse/publikationen/s. Zugegriffen: 17. Apr. 2017.

Vorwerk. (2012). Geschäftsbericht 2012. https://corporate.vorwerk.de/presse/publikationen/. Zugegriffen: 17. Apr. 2017..

Vorwerk. (2013). Geschäftsbericht 2013. https://corporate.vorwerk.de/presse/publikationen/. Zugegriffen: 17. Apr. 2017.

Vorwerk. (2014a). Geschäftsbericht 2014. https://corporate.vorwerk.de/presse/publikationen/. Zugegriffen: 17. Apr. 2017.

Vorwerk. (2014b). Der neue Thermomix TM5. https://www.rezeptwelt.de/forum/Der-neue-Thermomix-TM5/4936?page=5. Zugegriffen: 17. Apr. 2017.

Vorwerk. (2014c). Wieso war die Einführung des neuen Thermomix geheim. https://www.rezeptwelt.de/forum/Wieso-war-die-Einfuehrung-des-neuen-Thermomix-geheim/4903?page=1. Zugegriffen: 17. Apr. 2017.

Vorwerk. (2015). Geschäftsbericht 2015. https://corporate.vorwerk.de/presse/publikationen/. Zugegriffen: 17. Apr. 2017.

Vorwerk. (2017a). Über Vorwerk. https://corporate.vorwerk.de/ueber-vorwerk/. Zugegriffen: 17. Apr. 2017.

Vorwerk. (2017b). Vorwerk Unternehmenspräsentation 2017. https://corporate.vorwerk.de/fileadmin/data/master_corporate/04_Presse/Publikationen/Vorwerk-Unternehmenspraesentation-2017_4zu3.pdf. Zugegriffen: 17. Apr. 2017.

Vorwerk. (2017c). Gastgeberpräsente. http://thermomix.vorwerk.de/service/gastgeber-praesente/. Zugegriffen: 17. Apr. 2017.

Vorwerk. (2017d). SCHENK-MAL-WAS-TAG – Kreative Geschenkideen. http://thermomix.vorwerk.de/tiy/schenk-mal-was-tag/. Zugegriffen: 17. Apr. 2017.

Vorwerk. (2017e). Das Thermomix magazin. http://thermomix.vorwerk.de/rezepte-mehr/thermomix-magazin/. Zugegriffen: 17. Apr. 2017.

Vorwerk. (o. J.). *Der Alleskönner Thermomix TM 31*. Wuppertal: Vorwerk Deutschland Stiftung & Co. KG.

Wunderkessel.de. (2008). Thermomix Geburtstagsaktion. http://www.wunderkessel.de/t/thermomix-geburtstagsaktion.36448/. Zugegriffen: 17. Apr. 2017.

Wunderkessel.de. (2010). Der neue Vorwerk Thermomix TM 5. http://www.wunderkessel.de/t/der-neue-vorwerk-thermomix-tm-5.110570/. Zugegriffen: 17. Apr. 2017.

Wurzer, A. J., & Schöffner, K. (2015). Patente Küchenmaschine. *Harvard Business Manager, 2015*(8), 2–7.

Zukunftsinstitut. (2015). Future living. https://www.zukunftsinstitut.de/fileadmin/user_upload/Publikationen/Auftragsstudien/Future_Living_Zukunftsinstitut_Siemens_Future_Living.pdf. Zugegriffen: 17. Apr. 2017.

Human Resource Management bei und von XING

Christian Gärtner

Die Zeiten des unternehmensinternen Feudalismus sind endgültig vorbei. Die Revolution hat begonnen, das Internet sorgt für Transparenz, der Fachkräftemangel in vielen Branchen für eine Machtverschiebung hin zu den Talenten.

(Vollmoeller 2016a)

Inhaltsverzeichnis

Zusammenfassung

XING ist als berufliches Netzwerk bekannt, bietet aber auch digitale Produkte und Lösungen für die moderne Personalarbeit von Unternehmen: Stellenanzeigen, Employer Branding-Profile sowie Arbeitgeberbewertungsportal, Talent Management und das Management von Mitarbeiterempfehlungen. Diese HR-Produkte von XING werden ebenso beschrieben wie das Themenfeld HR bei XING: Mit welchen Regeln,

C. Gärtner (✉)
Quadriga Hochschule Berlin, Berlin, Deutschland
E-Mail: christian.gaertner@quadriga.eu

© Springer Fachmedien Wiesbaden GmbH 2018
C. Gärtner und C. Heinrich (Hrsg.), *Fallstudien zur Digitalen Transformation*,
https://doi.org/10.1007/978-3-658-18745-3_7

Praktiken und Instrumenten werden „New Ways of Working" bei XING etabliert? Wie ist die HR-Abteilung bei XING aufgestellt, um ein digitales Unternehmen zu unterstützen?

7.1   XING: Vom Karrierenetzwerk zum Begleiter in der Arbeitswelt

XING ist mit über 12 Mio. Mitgliedern das führende soziale Netzwerk für berufliche Kontakte im deutschsprachigen Raum. Gegründet im Jahre 2003, ist es mittlerweile mehr als ein Karrierenetzwerk: XING versteht sich als Begleiter durch die Umwälzungsprozesse der Arbeitswelt. In einem Umfeld, das von Digitalisierung, Fachkräftemangel und Wertewandel gekennzeichnet ist, möchte XING seine Mitglieder dabei unterstützen, Arbeiten und Leben miteinander in Einklang zu bringen. So können die Mitglieder auf dem XING Stellenmarkt den Job suchen, der ihren individuellen Bedürfnissen entspricht, mit den News-Angeboten von XING auf dem Laufenden bleiben und mitdiskutieren oder sich auf dem Themenportal XING spielraum über die Veränderungen und Trends der neuen Arbeitswelt informieren. In rund 80.000 Gruppen tauschen sich XING-Mitglieder zu unterschiedlichen Themen aus: von Golf-professionell-Netzwerken bis hin zu Design Thinking und Industrie 4.0. Die persönliche Vernetzung wird über den Marktplatz XING Events unterstützt, bei dem mehr als 150.000 Events pro Jahr gelistet werden. Außerdem gehört seit Anfang 2015 Jobbörse.com, eine der größten Jobsuchmaschinen im deutschsprachigen Raum, zum XING-Portfolio. Zuvor hatte XING mit dem Kauf von kununu, der marktführenden Plattform für Arbeitgeberbewertungen im deutschsprachigen Raum, seine Position als Marktführer im Bereich Social Recruiting weiter gestärkt.

XING ist seit 2006 börsennotiert und seit September 2011 im TecDAX gelistet. Das Unternehmen hat über 900 Mitarbeiter an den Standorten Hamburg, München, Barcelona und Wien. Insgesamt hat XING in 2016 knapp 48.000 neue zahlende Mitglieder gewonnen und verzeichnete 929.000 Mitglieder, die die kostenpflichtigen Produkte von XING (Premium, ProJobs und ProCoach) nutzen. Diese kostenpflichtigen Dienste haben einen maßgeblichen Anteil an Umsatz und Gewinn. Der Gesamtumsatz von XING lag im Jahr 2016 bei 148,5 Mio. € und damit 21 % über dem Vorjahreswert (122,9 Mio. €). Das EBITDA erhöhte sich um 31 % auf 47,9 Mio. € (36,6 Mio. €), der Gewinn konnte um 34 % auf 23,6 Mio. € (17,6 Mio. €) gesteigert werden. Als Wachstumstreiber nennt der Konzern den Bereich E-Recruiting. Der Umsatz mit dieser Sparte stieg 2016 um ein Drittel an. Haupterlösquelle mit einem Umsatzanteil von 52 % ist das B2C-Geschäft, das die Umsätze durch kostenpflichtige Mitgliedschaften beinhaltet. Dieses konnte um 14 % auf 77,2 Mio. € (67,9 Mio. €) gesteigert werden (XING 2017a).

7.2 HR von XING: Produkte für die digitale HR-Arbeit

In den letzten Jahren hat XING vor allem Produkte im Bereich E-Recruiting auf- und ausgebaut. Die XING E-Recruiting GmbH & Co. KG offeriert hierfür im Kern vier verschiedene Dienstleistungen: Stellenanzeigen, Employer Branding-Profile, Talent Management und EmpfehlungsManager. Bei den ersten beiden Produkten werden zusätzliche Informationen aus dem zu XING gehörenden Arbeitgeberbewertungsportal kununu eingebunden. Zwar ist XING mit diesen Angeboten für Unternehmen nicht so dominant wie mit den Angeboten im B2C-Bereich, aber die Möglichkeit, Zugriff auf mehrere Millionen Profile von potenziellen Mitarbeitern zu haben, ist für viele Firmen interessant. Eine Umfrage des Informationsdienstes Statista unter 250 Personalern aus dem Jahr 2017 ergab, dass XING die am meisten genutzte Plattform für Online-Recruiting ist (Tab. 7.1).

Je mehr der Fachkräftemangel und die Digitalisierung den „War for Talents" zumindest in bestimmten Berufsprofilen befeuern, desto wichtiger wird es, dass das Personalmarketing und die Personalbeschaffung auf einen möglichst großen Pool an Kandidaten zielen, dann aber schnell und kostengünstig die Passung prüfen können und bei der Ansprache keine Fehler machen (z. B. Kandidaten mehrfach ansprechen oder Rückmeldungen vergessen). In diesem Umfeld sollen die vier digitalen Produkte – Stellenanzeigen, Employer Branding-Profile, Talent Management und EmpfehlungsManager – HR-Professionals unterstützen.

7.2.1 Stellenanzeigen

Bereits seit 2007 bietet XING eine Jobbörse mit Stellenangeboten und der Möglichkeit nach freien Stellen zu suchen an. Mittlerweile sind die XING Stellenanzeigen eine der

Tab. 7.1 Nutzung von sozialen Netzwerken als Recruiting-Instrument. (Quelle: Statista 2017)

Personalsuche	Werte
Anteil von Internet-Stellenbörsen an Neueinstellungen	41,4 %
Anteil der Arbeitgeber, die Stellenanzeigen in Internet-Stellenbörsen platzieren	70,8 %
Nutzung von XING	24,2 %
Stellensuche	
Nutzung von generellen Internet-Stellenbörsen durch Bewerber	65,4 %
Bewerber schreiben Internet-Stellenbörsen die besten Erfolgschancen zu	52,2 %
Monster ist die bekannteste Online-Jobbörse	53 %
Statista-Umfrage unter 250 Personalern hinsichtlich deren Nutzung von sozialen Netzwerken als Recruiting-Instrument	

führenden Jobbörsen im deutschsprachigen Raum. Im Hintergrund der ca. 1 Mio. ausge-
spielten Stellenanzeigen steht ein Repertoire von 2 Mio. Jobs. Diese werden von Stellen-
börsen wie beispielsweise Jobware eingespielt – hier besteht seit mehreren Jahren eine
Kooperation – oder von den Karrierewebseiten der Unternehmen gezogen. Dazu XING-
Chef Thomas Vollmoeller: „Wir nutzen die Anzeigen von Jobbörse.com, die für unsere
Zielgruppe relevant sind. (…) Wir wollen in den nächsten Jahren zu den Top drei der
deutschen Stellenmärkte gehören" (Wirtschaftswoche 2017).

Unternehmen können ihre offenen Positionen auch direkt auf XING ausschreiben.
Diese werden dann automatisch passenden Personen auf deren XING-Startseite angezeigt. Auch passenden Mitgliedern, die latent auf Jobsuche sind, wird die Stellenanzeige
empfohlen. In beiden Fällen können Unternehmen auf einen viralen Verbreitungsef-
fekt hoffen, wenn nämlich Mitglieder die Stellenanzeige als XING Nachricht, als Neu-
igkeit im eigenen Netzwerk oder per Twitter weiterempfehlen. Um die Empfehlungen
noch passgenauer zu machen, arbeitet das XING-Data-Science-Team immer wieder an
der Verbesserung der Algorithmen, sodass sich z. B. aus Stellenanzeigen, die sich Nutzer einmal angeschaut haben, Hinweise auf deren Interessen ergeben. Im Gegensatz zu
klassischen Stellenanzeigedatenbanken, lassen sich mit den XING Stellenanzeigen und
durch die virale Verbreitung im Kontaktnetzwerk auch solche Personen ansprechen,
die nicht aktiv eine Suche angestoßen haben. Zudem lässt sich über die Verknüpfung
mit kununu einsehen, wie aktuelle und ehemalige Mitarbeiter und sogar Bewerber das
suchende Unternehmen bewertet haben. Die dort getätigten Aussagen zu Betriebsklima,
Benefits oder Gehältern werden oft als glaubwürdiger eingestuft als die Versprechungen
der Unternehmen (Hassler 2017).

Für Recruiter ist der XING JobManager das Cockpit für die Schaltung von Stellenanzeigen. Mit ihm können Anzeigen erstellt, veröffentlicht und bearbeitet werden. Auch
lässt sich der Erfolg einer Anzeige anhand von Kennzahlen wie Klickraten und Weiter-
empfehlungen bemessen. Per Klick können Kandidaten Interesse an einer ausgeschriebenen Stelle bekunden. Diese Interessenten werden im JobManager angezeigt, und der
Recruiter kann dann aktiv mit ihnen in Kontakt treten.

Je nach Anzeigeart variieren die Produktfeatures und die Kosten: Von der „Gratis
Stellenanzeige" über die „Stellenanzeige Standard" bis hin zur „Stellenanzeige Professional" und „Stellenanzeige Professional+" gibt es eine Reihe von unterschiedlichen Aus-
gestaltungsmöglichkeiten. So ist z. B. die Einbindung von YouTube- oder Vimeo-Videos
nur bei der „Stellenanzeige Professional+" möglich. Die Kosten berechnen sich entweder nach Klicks (nur in der „Standard"-Variante: 0,85 € pro Klick) oder nach Pauschalen
(z. B. kostet die „Professional+"-Variante 731,00 € für 30 Tage Laufzeit) (XING 2017b).
Das Festpreismodell ist branchenüblicher. Interessant für Personaler ist, dass durch die
Einbindung von weiteren Informationsquellen rund um die Stelle der sogenannte „realistic job preview" und damit die Aussicht auf spätere Arbeitszufriedenheit und Motivation
gesteigert werden kann (Landis et al. 2014).

Der Erfolg einer Stellenanzeige hängt nicht nur von der Passgenauigkeit, Verbreitung und Informationsdichte ab, sondern auch von der Präsentation des Unternehmens.

Über Employer Branding-Profile kann der Onlineauftritt auf der XING-Plattform gestaltet werden.

7.2.2 Employer Branding-Profile

Die professionelle Darstellung der Vorteile des eigenen Unternehmens als Arbeitgeber wird seit einigen Jahren unter dem Begriff „Employer Branding" diskutiert: Der Arbeitgeber (Employer) wird als eine Marke (Brand) betrachtet, die auf dem Markt der Anbieter von Arbeitskraft (Arbeitnehmer) möglichst vorteilhaft zu platzieren ist (Edwards 2010). Mit dem Produkt „Employer Branding-Profile" profitiert XING von der These, dass, je mehr potenzielle Mitarbeiter sich im Internet bzw. über Social Media informieren und austauschen, es umso erfolgsrelevanter wird, dass Employer Branding auch online stattfindet – und die Informationen umfänglich, ästhetisch ansprechend und nutzerfreundlich gestaltet sind (Lievens und Slaughter 2016). Bei den XING Employer Branding-Profilen können sich Arbeitgeber mit Bildern, Logos, Videos und Texten sowie den geschalteten Stellenanzeigen darstellen und beschreiben, warum Mitarbeiter gerne bei ihnen arbeiten. Die Validität dieser Botschaften lässt sich durch die Arbeitgeberbewertungen auf kununu prüfen, welche in das Profil eingebunden werden. Wie potenzielle Mitarbeiter die Marke eines Arbeitgebers wahrnehmen, lässt sich deshalb nur bedingt durch den Arbeitgeber kontrollieren, weil mit der Digitalisierung und Vernetzung von Informationen auch eine Demokratisierung oder zumindest Dezentralisierung der Informationshoheit einhergeht.

Sofern das Unternehmen unbekannt ist, bedeutet Employer Branding zunächst die Erschaffung einer Marke. Es kann auch die Verbesserung des Markenimages bei Arbeitgebern mit beschädigter Marke beinhalten. Im Bestfall fühlen sich potenzielle Bewerber von der Marke des Arbeitgebers angezogen und bewerben sich (mit einer höheren Wahrscheinlichkeit als ohne positiv wahrgenommene Arbeitgebermarke). Vor dem Hintergrund des Wettbewerbs um gute und hoch qualifizierte Mitarbeiter ist das Employer Branding somit eine wichtige strategische Investition. Neben der Außenwirkung kann Employer Branding auch zu einer höheren Bindung von bereits beschäftigten Mitarbeitern führen (Kanning 2017).

Ähnlich wie bei den Stellenanzeigen offeriert XING ein kostenloses Employer Branding-Profil, mit dem sich Arbeitgeber eine Präsenz auf XING sichern können. Neben einer Über-uns-Seite mit Logo und automatisch generierter Mitarbeiterliste können die aktuellen XING-Stellenangebote angezeigt werden, und Personaler können Unternehmensneuigkeiten mitteilen. Ab 395 € pro Monat (abhängig von der Mitarbeiteranzahl) lassen sich auch Videos, Bilder, Präsentationen und Arbeitgeber-Gütesiegel einbinden. Wichtiger für die meisten Personaler dürfte aber sein, dass sie für ihr Unternehmen Werbung auf Mitbewerber-Profilen (Branchen-Targeting) schalten und ihr Unternehmen auf der kununu-Startseite sowie in Suchergebnissen einblenden lassen können. Außerdem ermöglichen es Reporting- und Statistikfunktionen, den Erfolg der Aktivitäten zu bewerten (XING 2017c).

7.2.3 Talent Manager

Der XING Talent Manager ist die digitale Lösung für das Active Sourcing in HR-Abteilungen, d. h. es lassen sich Kandidaten aktiv ansprechen, auch solche, die nicht aktiv, sondern nur latent auf Stellensuche sind. Einmal mehr ist die aktive Suche nach qualifiziertem Personal vor allem in Zeiten knapper Fachkräfte notwendig – sei es, weil die Knappheit durch eine älter werdende Belegschaft und Bevölkerung hervorgerufen wird, oder weil Kandidaten mit Top-Kompetenzen für die Digitalisierung (z. B. Software Developer, Data Scientists, Performance Marketer) rar sind. Dass bereits viele Unternehmen soziale Netzwerke für die aktive Suche nach Kandidaten nutzen, zeigt die Abb. 7.1.

Die webbasierte Talent-Manager-Lösung bildet die Historie von der ersten Ansprache bis zum Vertragsabschluss ab (im Folgenden siehe XING 2017d). Über eine Filterfunktion können Recruiter nach Kandidaten suchen, die in ihrem XING-Profil entsprechende Schlagwörter angegeben haben, z. B. als Qualifikation bzw. Fähigkeit, in ihrer Berufserfahrung oder unter „Ich suche". Von den automatisch vorgeschlagenen Kandidaten – es sind bis zu 2000 Suchergebnisse darstellbar – können Recruiter zusätzliche Informationen über Gehaltsvorstellungen, Jobwechsel- und Umzugsbereitschaft erhalten (sofern diese angegeben wurden). Die Kandidaten lassen sich einzelnen Projekten, d. h. offenen Stellenprofilen, zuordnen und Recruiter können gemeinsam auf Projektordner, Nachrichten und Notizen zugreifen. Das hat mehrere Vorteile. Einmal kann ein Kandidatenpool aufgebaut und für künftige Vakanzen wieder verwendet werden. Zudem wird kein Kandidat unbeabsichtigt mehrfach oder von unterschiedlichen Recruitern angesprochen – oder

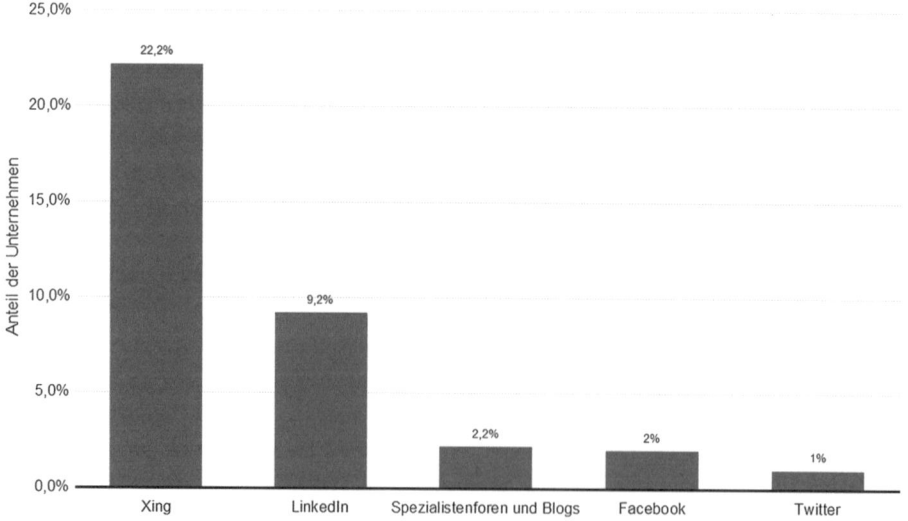

Abb. 7.1 Anteil der Unternehmen, die die folgenden sozialen Netzwerke für die aktive Suche nach Kandidaten nutzen. (Quelle: Statista 2017)

gar vergessen. Alle Aktivtäten und besuchte Profile bleiben im Blick. Für Unternehmen, die die offerierten 1000 Nachrichten pro Monat tatsächlich an potenzielle Bewerber versenden, ist dies sicher eine Erleichterung. Darüber hinaus liegen die Daten unabhängig vom einzelnen Recruiter vor, sodass auch bei Urlaub, Krankheit oder Kündigung die Informationen im Unternehmen bleiben und nicht verloren gehen. So gesehen, meint Frank Hassler, der Geschäftsführer der XING E-Recruiting GmbH & Co. KG, „trägt unser Produkt ein Stück weit zur Demokratisierung bei, weil alle die gleichen Informationen haben und Mitarbeiter kein Herrschaftswissen aufbauen können" (Hassler 2017).

7.2.4   EmpfehlungsManager

Der EmpfehlungsManager ist das jüngste E-Recruiting-Produkt von XING; die Umsätze der anderen drei sind relativ ähnlich. Im April 2016 übernahm XING das Schweizer Start-up Buddy Broker, das die Suchtechnologie Eqipia entwickelt hat, mit deren Hilfe Unternehmen recherchieren können, ob ihre Mitarbeiter bei XING Kontakte haben, die auf offene Stellen passen, und sie darauf hinweisen. Der XING EmpfehlungsManager ist eine Weiterentwicklung von Eqipia und bietet Unternehmen eine digitale Lösung, offene Stellen durch Empfehlungen aus der eigenen Belegschaft zu besetzen.

Technisch läuft der Prozess so ab, dass die Stellenanzeigen entweder über Schnittstellen von Job-Plattformen eingespielt oder selbst hochgeladen werden. Ein Parsing-Algorithmus zerlegt die Anzeige und schlägt dem Recruiter die wichtigsten Schlagwörter zur Ergänzung und Validierung vor (z. B. zu Tätigkeiten und Fähigkeiten). Nachdem diese klar sind, empfiehlt ein Matching-Algorithmus Mitarbeiter, in deren Netzwerk sich passende Kandidaten finden. Dies sind Kontakte, die in ihrem XING-Profil ihre Fähigkeiten, Interessen oder andere Punkte im Lebenslauf mit ähnlichen Begriffen wie den gesuchten Schlagwörtern beschrieben haben. Vom Recruiter darauf aufmerksam gemacht, kann der jeweilige Mitarbeiter seine Bekannten gezielt kontaktieren oder die Anzeige über weitere soziale Netzwerke noch weiter streuen. Unternehmen bezahlen für die Nutzung der Software eine monatliche Gebühr.

Für das Unternehmen liegen die Vorteile vor allem darin, im Bestfall eine schnelle und effektive Stellenbesetzung zu erreichen. Verbessert wird durch die digitale Lösung im Vergleich zu traditionellen Referral-Programmen vor allem die Transparenz: Die Mitarbeiter wissen oft gar nicht, wer in ihrem Netzwerk auf welche Stelle passen könnte – schon allein, weil die wenigsten wirklich alle ihre Kontakte kennen, geschweige denn im Kopf haben. Der Algorithmus schlägt den Mitarbeitern direkt zur ausgeschriebenen Stelle passende Kandidaten aus dem eigenen Netzwerk vor. Für die Mitarbeiter erübrigt sich eine potenziell aufwendige Suche und sie behalten dennoch die Kontrolle darüber, ob der vorgeschlagene Kandidat kontaktiert werden soll oder nicht. Für die HR-Abteilung wiederum wird durch die digitale Abbildung des Prozesses transparent, wie weit die unterschiedlichen Empfehlungen fortgeschritten sind. Mithilfe der Standardschnittstellen zu klassischen Bewerber-Management-Systemen wie beispielsweise von haufe-umantis,

HR4you oder rexx systems, können die Empfehlungen nahtlos in den Rekrutierungsprozess übernommen werden. Das erlaubt umfangreiche Auswertungen zum (Miss-)Erfolg der Empfehlungen und stellt gleichzeitig sicher, dass die Prämien rechtzeitig ausgegeben werden. „Die meisten Mitarbeiter sind frustriert, wenn sie nicht wissen, was nach ihrer Empfehlung passiert", ist sich Xenia Meuser, Senior Vice President HR der XING AG, sicher (Meuser 2017).

7.3   HR für XING: New Ways of Working@XING

Dieser Abschnitt beschreibt die Rolle von HR als Funktion bei XING. Im Fokus steht die Frage, mit welchen Regeln, Praktiken und Instrumenten „New Ways of Working" bei XING etabliert werden. Vorausgeschickt sei die wenig überraschende Information, dass auch die XING-Personaler die E-Recruiting-Lösungen des Konzerns nutzen. Für ein Unternehmen der digitalen Wirtschaft nicht unüblich kommen dabei 25 % der Mitarbeiter über das Active Sourcing und weitere 25 % über Empfehlungen (Meuser 2017).

7.3.1   New Ways of Working: Mehr als Kickertisch und freies Obst

Das Artefakt, das zum Symbol für Start-up-Kulturen geworden ist, steht in einem Aufenthaltsraum im 5. Stockwerk in der XING-Zentrale in Hamburg: der Kickertisch. Dahinter zeigt eine Bilderwand denkwürdige Momente vergangener Turniere. Daneben: ein Spielautomat aus den 1980er-Jahren. Freies Obst, Kaffeevollautomaten und Wassersprudler gibt es auf jeder Etage. Die Frage, ob damit die neuen Arbeitsformen ausreichend beschrieben sind, ist natürlich rhetorischer Natur. Doch was macht die „New Ways of Working" überhaupt aus? Wie bei vielen Buzzwords ist die zugrunde liegende Vagheit nicht eine Schwäche, sondern eine Stärke, zumindest, wenn es um weitest mögliche Verbreitung geht (Cluley 2013): Jeder versteht etwas darunter, auch wenn es etwas leicht anderes ist – die Differenzen und fluktuierenden Definitionen werden dabei meist nicht so ernst genommen.

Hinweise auf das, was die „New Ways of Working" aus Sicht von XING charakterisiert, finden sich im eBook *Aufbruch in eine neue Arbeitswelt* (XING 2016a). Für Thomas Vollmoeller sind es die Themen „Flexibilität, Zufriedenheit und Sinnhaftigkeit", die in digital transformierten Arbeitswelten vor den „Angeboten klassischer Anreizsysteme wie Gehalt, Firmenwagen und Titel" rangieren (Vollmoeller 2016b). Sinnhaftigkeit in der Arbeit, also zumindest sinnvolle und sinnstiftende Arbeit, zu gewährleisten, ist ein komplexes Unterfangen, weil es über die eigentliche Tätigkeit hinausweist (Jäger und Röttgers 2008). Sowohl die Kollegen und Vorgesetzten als auch Familie, Freunde und die gesellschaftlichen Institutionen treten mit Erwartungen und Bewertungen an das Individuum heran, das dann versucht, aus dieser vielstelligen Relation „Sinn" zu ziehen. Arbeitszufriedenheit ist zwar kein neues Thema (siehe Neuberger 1974), wird aber im Zusammenhang mit Fluktuation, Retention, Work-Life-Balance und dem „War for Talents" heute immer noch genauso heiß diskutiert wie im 20. Jahrhundert. Ebenfalls aus dem vergangenen Jahrhundert stammt die Idee, dass Mitarbeiter ein höheres Maß an Mitbestimmung und Mitgestaltung haben sollten. Meist ist damit eine Teilhabe an Entscheidungsprozessen und mithin eine Demokratisierung von Entscheidungen gemeint, in selteneren Fällen aber auch die kapitalbasierte Mitarbeiterbeteiligung. Vollmoeller macht aber auch klar: „Es wird am Ende immer noch jemanden geben müssen, der die Entscheidungen trifft" (Handelsblatt 2017). Der gleichen Meinung ist HR-Chefin Xenia Meuser (2017): „Ich glaube, viele verwechseln Agilität mit Demokratisierung von Allem – aber es muss immer jemanden geben, der Entscheidungen trifft und dafür die Verantwortung trägt". Im Handelsblatt-Interview spricht Thomas Vollmoeller ein weiteres Thema an: „Ich sage immer, die Arbeitswelt wird skandinavischer. Die Unternehmen zeichnen sich dort durch große Transparenz aus, und dahin wird die Digitalisierung auch hier die Unternehmen treiben" (Handelsblatt 2017). Auf dem Weg dahin gilt es, der Vielfältigkeit von Lebensphasen und -entwürfen sowie Bedürfnissen der Mitarbeiter gerecht zu werden und sie nicht in eine Schublade oder ‚Generation' zu stecken. Deshalb gibt es bei XING zwar einige Regeln zur Gestaltung der Arbeitsrealität, bei der Ausgestaltung aber auch regelmäßig individuelle Absprachen.

7.3.2 Flexibilität

Die Regeln, Instrumente und Praktiken zur Steigerung der Flexibilität bei XING sind vielfältig. Sie umfassen zunächst die Gestaltung von zeitlich flexibilisierten Beschäftigungssystemen und die Etablierung agiler Arbeitsmethoden, aber auch die Haltung und das Verhalten der Mitarbeiter und Führungskräfte.

Zentrale Regeln in Bezug auf das Beschäftigungssystem betreffen die Teilzeitarbeit, Sabbaticals und die Möglichkeit, im Homeoffice zu arbeiten. Neben den allgemein gültigen Regeln gibt es noch das Prinzip „Du kannst mit deiner Führungskraft und deinem Team vereinbaren, was du möchtest, solange es dem Unternehmen dient und nützlich ist" (Meuser 2017). Zum Beispiel die Homeoffice-Regelung: Die Regel lautet, dass alle Mitarbeiter einen Tag im Monat im Home Office verbringen können – aber in einigen Bereichen ist es deutlich mehr, weil dort keine permanente Anwesenheit vonnöten ist. Der Bereich „User Care" wiederum muss ständig für die Kunden erreichbar sein, hier können keine Ausnahmen gemacht werden. Grundsätzlich setzt XING auf Selbstorganisation von Arbeitszeiten. Dies führt unter anderem dazu, dass HR viele Änderungen der Wochenarbeitszeit zu bearbeiten hat: von 30 auf 40 oder 24 h pro Woche und wieder zurück sind kein seltener Fall. Es heißt aber auch, dass bei Mitarbeitern, die die Freiheitsgrade zu sehr ausnutzen, soziale Kontrollmechanismen greifen. Dann, so Meuser (2017), fragen die Kollegen schon einmal nach: „Ich konnte dich die letzten dreimal nicht erreichen – wo warst du denn?".

Auszeiten können nach dreijähriger Betriebszugehörigkeit für bis zu zwei Monate genommen werden – in Absprache mit der Führungskraft auch länger. Mit gutem und öffentlichkeitswirksamem Beispiel ging Vorstandschef Thomas Vollmoeller im Herbst 2016 voran: „Ich habe beschlossen, ein dreimonatiges Sabbatical zu machen", schrieb er auf der Internetseite des Unternehmens – von einem Café in Sydney aus (XING 2017e). Er wolle „dem Teil des Lebens Raum geben, der im Alltag fast immer zu kurz kommt" und mit neuen Ideen und frischer Energie zurückkehren. Außerdem wolle er den Mitarbeitern zeigen, dass es okay ist, ein Privatleben zu haben (XING 2017e). Das Setzen von Zeichen scheint manchmal nötig, um sogar gesetzlich verankerte Optionen wie Teil- und Elternzeit auf breiter Basis zu legitimieren.

Agile Arbeitsmethoden sind bei XING schon seit Jahren im Alltag verankert – zumindest in der Softwareentwicklung. Hier wird die Scrum-Methode eingesetzt und durch Software von Atlassian (JIRA) unterstützt. Der Fokus auf das Ergebnis und die Selbstorganisation beeindrucken an dieser Methode:

> Es geht weniger um ‚Was mach ich, was machst du?', sondern darum gemeinsam ein Thema voranzubringen. Bei den Sprints verpflichtet sich ja das Team darauf, ein bestimmtes Ergebnis bis zu einem bestimmten Zeitpunkt auszuliefern. Wenn es hier Probleme gibt, ist es Aufgabe der agilen Coaches, diese zu lösen (Meuser 2017).

In letzter Zeit sind andere Teams auf das Scrum-Framework aufmerksam geworden und haben dessen Vorzüge für sich entdeckt. So arbeitet beispielsweise auch der User-Care-Bereich mit täglichen Abstimmungsrunden, bei denen jeder seine Fortschritte vorstellt, sich mit anderen abstimmt und nebenbei dadurch auch noch eine Wertschätzung für seine Arbeit erfährt. Im HR-Bereich bedient man sich einer anderen Methode, die erst in der Automobilindustrie entwickelt und in den letzten Jahren für den IT-Bereich adaptiert wurde: Kanban. So werden beispielweise im Recruiting Kampagnen im Social-Media-Bereich an der Kanban-Wand besprochen, sodass die Verantwortlichkeiten für die einzelnen Schritte allen klar sind (Meuser 2017). Es gibt aber auch andere Bereiche wie das Business Development, die Techniken des agilen Arbeitens wie z. B. das Daily-Stand-up-Meeting ausprobiert und dann wieder eingestellt haben, weil sie nicht zu ihren Arbeitserfordernissen gepasst haben. Sind die gegenseitigen Abhängigkeiten und Schnittstellen nicht allzu groß und kann das Endprodukt bereits von Anfang an gut in seinen Eigenschaften abgeschätzt werden, genügen klassische Planungstools. Iterative und häufige Abstimmungen sind dann nur ein Zeitfresser. Flexibilität heißt auch, dass Arbeitsmethoden geändert werden, wenn sie nicht (mehr) passen – unabhängig davon, ob sie als „agil" tituliert werden.

Dennoch: Gerade das iterative Vorgehen hat sich als Haltung in weiten Teilen von XING etabliert. Im Gegensatz zu großen Konzernen, in denen Projekte schon komplett durchdacht sein müssen, bevor sie starten dürfen, arbeitet man bei XING stark mit ergebnisorientierten Thesen und Inputabschätzung – der Weg zum Ergebnis muss aber nicht detailliert dargelegt werden. Stattdessen vertraut man auf die Fähigkeiten der Mitarbeiter, dass sie mit Unwägbarkeiten umgehen können. Mittels eines Vorlagenblattes zur Auftragsklärung wird bei größeren Projekten soweit wie möglich skizziert, was das Ergebnis sein soll und wie es gemessen werden kann, welchen Nutzen der Kunde davon hat und welcher Input dafür benötigt wird. Entscheidend ist, dass alle Beteiligten akzeptieren, dass der Auftrag auf Hypothesen basiert. „Dann testen wir und verwerfen Hypothesen auch wieder", so Xenia Meuser (2017). Um dieses iterative Validieren zu ermöglichen, bedarf es häufig der Abstimmung über Team- und Abteilungsgrenzen hinweg. Sei es, um bei den internen oder externen Kunden nachzufragen, was sie benötigen, oder sei es, um von anderen zu erfahren, was sie von den entwickelten Lösungen halten und wo sie helfen können. Beispielsweise hat sich HR bei der Entwicklung von Social-Media-Kampagnen im Recruiting zunächst mit dem Corporate-Communications-Team zusammengesetzt, weil diese bereits viel Erfahrung mit Facebook, Twitter & Co. hatten. „Davon profitiert nun sogar noch die tägliche Zusammenarbeit, weil es keine formalen Regeln braucht, wer wofür zuständig ist, sondern sich dies aus dem gemeinsamen Start ergeben hat" (Meuser 2017).

Prägend für die XING Organisationsstruktur sind relativ autark arbeitende Business Units (z. B. für „Platform/Content", „Premium Network" oder „Advertising") (XING 2016b). Nimmt man die flexiblen Arbeitszeitregeln und die selbstorganisierenden Teams mit hinzu, stellt sich die Frage, wie dieses System zusammengehalten wird. Für HR-Chefin Meuser ist es die Antwort auf die Frage „Wofür mache ich das eigentlich, und für wen mache ich das?" (Meuser 2017). Und das heißt, dass neben den inhaltlichen Führungsinstrumenten auch immer der persönliche Kontakt zwischen Business Units, Standorten und Fachexperten gepflegt werden soll. Um ein „Wir-Gefühl" zu schaffen, gibt es unterschiedliche Events. Einmal die Business-Unit-übergreifenden „Prototyping Days", zu denen jeder Mitarbeiter für drei Tage aus seinem Job herausgehen und sich an Projekten beteiligen kann (2016 und 2017 thematisch zu sozialem Engagement). Mehrmals pro Jahr finden „Hackweeks" für interessierte Softwareentwickler statt. In dieser Woche können sich Entwickler aus dem täglichen Business zurückziehen und z. B. Programmiersprachen erlernen bzw. vertiefen oder sich mit neuen Technologien wie 3D-Druck beschäftigen, auch wenn diese noch gar nicht bei XING eingesetzt werden. Entlang solcher oder anderer Fachthemen bilden sich immer wieder „Communities of Practices", z. B. zwischen User-Experience-Designern und agilen Projektmanagern. Diese Communities laufen sehr selbstorganisiert. Das bedeutet einerseits, dass niemand genau weiß, wie viele existieren, und andererseits, dass immer wieder welche aussterben, weil keiner mehr hingeht oder sie sich thematisch überholt haben. Ein Event, das sich so schnell wohl nicht mehr wiederholen wird, ist der Ausflug der gesamten Firma nach Mallorca zum Jahresauftakt 2017 (manager magazin 2017). Hintergrund der Aktion: 2012 hatte CEO Vollmoeller das Ziel ausgegeben, den Jahresumsatz bis 2016 zu verdoppeln, und bei Erreichen den gemeinsamen Kick-off in Spanien in Aussicht gestellt – dieses Versprechen „musste" er nun einlösen.

7.3.3 Transparenz

Transparenz kann auf mehreren Dimensionen gezeigt werden: hinsichtlich der Strategie und operativen Arbeitsinhalte sowie -ergebnisse, mit Blick auf die Stimmungslage in der

Belegschaft oder in Bezug auf die Gehälter. Immer geht es um die Frage „Wo stehen wir als Team und als Firma"? Um diese nicht nur einmalig, sondern regelmäßig zu beantworten, stellen viele Unternehmen Informationen im Intranet zur Verfügung: Präsentationen, Links, Videos und vermehrt auch Chatrooms, in denen nicht nur die Kollegen der Kommunikationsabteilung antworten, sondern auch Führungskräfte bis hin zum Vorstand. Bei XING gibt es ähnliche Informationsinstrumente, aber immer wieder kommt ein ganz anderes zur Sprache: das wöchentliche Company Meeting. Für dieses wird wöchentlich eine Stimmungsumfrage gemacht und per App bis zum Vorabend über den „Stand" der Firma abgestimmt: Wie sind wir diese Woche gegenüber unseren Kunden aufgetreten, und wie waren wir als Arbeitgeber? Außerdem können die Mitarbeiter für Themen und Fragen votieren, zu denen der Vorstand während des Company Meetings Stellung nehmen soll. Freitags steht dann entweder Vollmoeller oder ein Vorstandskollege Rede und Antwort: „Am Freitagmittag um zwölf Uhr stelle ich mich dann hin und nehme zu den wichtigsten Punkten der Mitarbeiter Stellung. Die Mitarbeiter erwarten Antworten und Lösungen zu ihren Problemen. Dazu ist das Tool super, denn endlich wird gemeinsam diskutiert, was sonst nur in der Kaffeeküche zu hören ist", so Vollmoeller in der Süddeutschen Zeitung (2016).

Bei einem Thema wird wohl nicht nur in der Kaffeeküche diskutiert werden: Seit Mitte 2017 herrscht eine weitgehende Gehaltstransparenz bei XING. Alle Mitarbeiter können sehen, wo sie innerhalb der Bandbreite ihrer Job Role (z. B. Controller, Product Owner, Front-End- und Back-End Engineer) liegen und was die anderen Karrierelevel (Junior Manager, Senior Manager, Team Lead, Director und Vice President) monetär bedeuten. Die Mitarbeiter können sowohl die Daten ihrer Vergleichsgruppe einsehen (z. B. Senior Manager vs. Team Lead) als auch die Gehälter aller anderen Job Roles. Die Vergütung des Vorstands ist im Vergütungsbericht des Geschäftsberichtes aufgeschlüsselt (XING 2017f) und die Vergütung des Aufsichtsrats ist in der Satzung der XING AG geregelt (XING 2017g). Einzig Job Roles und Karrierelevel mit weniger als drei Mitarbeitern werden nicht dargestellt, um die Anonymität zu gewährleisten. „Wir machen damit auch transparent, ob wir für z. B. HRler mehr oder weniger zahlen als für Controller. Da ist natürlich mannigfaltige Sprengkraft drin. Aber wir sind uns sicher, dass Transparenz besser ist als keine, um Herrschaftswissen abzubauen und Dialoge auf Augenhöhe zwischen allen Mitarbeitern zu ermöglichen" (Meuser 2017). Um mit dieser Sprengkraft umgehen zu können, wurden spezielle Trainings für Führungskräfte entwickelt, in denen diese auch lernen sollen, standhaft zu bleiben, wenn Mitarbeiter ihre Eingruppierung nicht akzeptieren. Transparenz führt nicht automatisch zu Demokratisierung, sondern macht die kleinen und großen Differenzen deutlich.

7.3.4 Demokratisierung und Diversität fördern

Statussymbole gibt es wenige bei XING und manche von ihnen sind eher ein ironisches Zitat. So baumelt über Thomas Vollmoellers Schreibtisch inmitten eines Großraumbüros ein Plastikschild mit der Aufschrift „CEO" – mehr weist ihn auf den ersten Blick nicht als Chief Executive Officer aus (Kopka 2017). Dass seine Macht auch auf den zweiten Blick begrenzt ist, illustriert eine Anekdote, die Vollmoeller gern erzählt: Als er zu XING kam, wollte er den Stellenmarkt für Südeuropäer öffnen und scheiterte am Widerwillen der Belegschaft. Vollmoeller, der seine Idee nach wie vor gut findet, erinnert sich: „Ich dachte, ich bin der CEO und kann das durchsetzen. Aber kaum einer meiner Mitarbeiter reagierte, niemand zeigte das nötige Engagement. […] Ich wurde sauber ausgezählt" (Niejahr und Rohrbeck 2014).

„Ausgezählt" wurde auch die Idee der Einrichtung eines Betriebsrats. Dieser Wunsch wurde 2015 durch Mitarbeiter geäußert und während eines Town-Hall-Meetings mit der Belegschaft der XING AG in Hamburg diskutiert. Zusätzlich wurde ein Team eingesetzt, das sich um die Ausarbeitung von Alternativen zum klassischen Betriebsrat kümmerte. Das Ergebnis dieses längeren Prozesses: Es sollte ein Gremium zur Repräsentation der Mitarbeiter auf Vorstandsebene etabliert, aber kein formeller Betriebsrat eingerichtet werden. Zuvor hatte sich schon XING Events GmbH in München gegen die Einrichtung eines Betriebsrats ausgesprochen. Nun gibt es ein sogenanntes Employee Committee, das die Mitarbeiterinteressen vertritt, z. B. bei Problemen mit Vorgesetzten, der Organisationsstruktur oder den Räumlichkeiten. Strategische Entscheidungen trifft der Vorstand (Kopka 2017). Zumindest solange die Mitarbeiter ihn nicht wieder „sauber auszählen".

Über die Hälfte aller XING-Mitarbeiter sind in den 1980er Jahren geboren, knapp ein Viertel haben in den 80ern ihre Teenagerzeit verbracht (XING 2017f). Damit ist trotz eines insgesamt im deutschen Vergleich relativ geringen Altersdurchschnitts klar: auch XING wird älter. Ebenso klar ist: XING ist mehrheitlich männlich, nämlich zu 60 % (XING 2017f). Darüber hinaus scheint sich aber kein „Normalarbeitsverhältnis" abzuzeichnen: Die vielen Teilzeit- und Elternzeitverträge, die große Zahl an Freelancern und auch die international besetzten Entwicklerteams erfordern eine Personalarbeit, die sich auf unterschiedliche Lebensphasen und -entwürfe einstellt. Flexible Arbeitszeitmodelle sind dabei zwar ein wichtiger Baustein, müssen aber durch weitere Maßnahmen wie spezifisch angepasste Trainings, Onboarding- und Wiedereingliederungsmaßnahmen ergänzt werden. Bei der Vergütung gibt es trotz der Diversität eine Gemeinsamkeit: Variable Gehaltsanteile gibt es nur für Führungskräfte, alle anderen haben fixe Vergütung. Die arbeitsbezogenen Ziele sind nicht an monetäre Elemente gekoppelt (Meuser 2017).

7.4 HR bei XING

Die XING-HR-Abteilung ist in viele der bereits geschilderten Regeln und Maßnahmen eingebunden. Im Folgenden werden das Selbstverständnis der HR-Arbeit bei XING und die strukturelle Aufstellung näher beleuchtet.

7.4.1   Purpose & Performance

Die Vision von XING lautet „For a better working life" und die Mission „Enabling professionals to grow". Für die HR-Arbeit bedeutet dies einerseits, dazu beizutragen, dass
XING als Gesamtorganisation zeigen kann, wie ein besseres Arbeitsleben aussehen
kann. Andererseits lautet die Mission für HR „Enabling the business to grow" – und da
XING einen Nettoaufbau von ca. 200 Mitarbeitern pro Jahr zu bewerkstelligen hat, heißt
das vor allem durch Recruiting die richtigen Personen einzustellen, Führungskräfte zu
den bestmöglichen People Managern zu machen und „Wachstumsschmerzen zu vermeiden" (Meuser 2017). HR versteht sich als Ermöglicher, der das Business unterstützt, aber
nicht als Besserwisser oder gar Kontrolleur. Das Grundthema bei HR ist „Get the basics
right", wozu neben einem exzellenten Recruiting das Performance Management und die
Kulturarbeit gehören.

Für das Performance Management hat HR den sogenannten Performance Development Dialogue (PDD) entwickelt. Dieser besteht aus zwei Teilen. Im ersten Teil sind pro
Rolle 6–8 Kompetenzen definiert, die aus einem Pool an 20 Basis-Kompetenzen ausgewählt wurden. Hierüber sprechen Führungskräfte und Mitarbeiter mindestens einmal
jährlich, um (positive wie negative) Diskrepanzen zu erkennen und Entwicklungsfelder sowie Karriereschritte abzuleiten. Auf Basis der Entwicklungsfelder kann HR passende Trainings vorschlagen, denn für jedes Training ist definiert, welche Kompetenzen
adressiert werden. Im zweiten Teil werden Ziele festgelegt. Dieser Part ist vor allem für
Führungskräfte relevant, weil nur diese einen an die Zielerreichung gekoppelten Bonus
haben. Die meisten Mitarbeiter füllen diesen Teil gar nicht aus und die Aufgabensteue-
rung findet im Arbeitsalltag statt. HR kontrolliert nicht, ob die PDDs durchgeführt werden: „Ich sehe HR nicht als Kontrolleur, der nachfragt ‚Hast du deine PDDs gemacht?'
oder ‚Hast du dies und das gemacht', weil dann die Führungskräfte die PDDs nur aus-
füllen, weil Druck gemacht wird, aber nicht, weil sie dahinterstehen" (Meuser 2017).
Allerdings wird über die Führungslinie nachgehalten, ob die PDDs erstellt wurden,
weil die jeweils nächst höhere Führungskraft die PDDs ihrer zugeordneten Mitarbeiter
bekommt – und da dies bis zum „Vorstand und seinen Direct Reports geht", sagt Xenia
Meuser, „wäre ein Nicht-Nachhalten ein Zeichen dafür, dass es in der Führungskultur
eben nicht gewünscht wird. Finde ich das als HRlerin gut? Nein, aber wenn es nicht
gewollt wird, bringt es nichts. Und ich kann mich nur fragen: Habe ich nicht gut genug
erklärt, wofür es gut ist? Und wie kann ich das Instrument besser auf die Bedarfe der
Fachbereiche abstimmen?" (Meuser 2017).

7.4.2   Struktur und Schlüsselpositionen

Da in Hamburg ca. drei Viertel aller XING-Mitarbeiter angesiedelt sind, ist dort auch
Corporate HR mit 24 Mitarbeitern angedockt. Zusätzlich beschäftigen sich dezentrale
Personaler an den Standorten München, Barcelona, Zürich und Wien mit den operativen

Belangen der dortigen Belegschaft. Konzepte werden zentral vom Corporate HR in Hamburg entwickelt und dann ausgerollt. Unterhalb der HR-Chefin gibt es die HR-Beratung und das Recruiting-Team, das mit 12 Recruitern personell die stärkste Einheit bildet (siehe Abb. 7.2).

In der HR-Beratung kümmern sich zwei Business Partner um alle Mitarbeiter und Führungskräfte der XING AG. Sie beraten bei den Themen Performance und Talent Management (z. B. Gehaltsbandverhandlungen), übernehmen das Onboarding der Führungskräfte und unterstützen mit Basiskenntnissen zum Arbeitsrecht. Ebenfalls in der HR-Beratung ist die Stelle Organisationsentwicklung angesiedelt. Hier findet die Entwicklung von Konzepten, Führungsinstrumenten und Trainings statt (z. B. „Wie führe ich kritische Gespräche beim Gehaltsthema oder der PDD"). Beim Ausrollen unterstützt die Rolle des Change Managers. Für die operative und koordinative Abwicklung von Trainings und internen Veranstaltungen wie Brot-und-Spiele-Events (z. B. Kickerturniere, Lauf-Challenges) gibt es wiederum eine eigene Stelle. Die beiden HR-Controller arbeiten die Personalplanung aus und liefern Kennzahlen für das Recruiting (z. B. Time To Hire, Effizienz der unterschiedlichen Recruiting-Kanäle, Optimierungshebel etc.). Weitere drei Mitarbeiter übernehmen die administrativen Aufgaben (z. B. neue Mitarbeiter und Stammdatenänderungen ins System einspielen, Gehaltsänderungen einpflegen, Austritte umsetzen).

Das Recruiting-Team ist nach Zielgruppen aufgestellt, d. h. es gibt beispielsweise für Vertriebler einen Recruiter, einen Coordinator und einen Active Sourcer. Die operativen Recruiter arbeiten eng mit dem Fachbereich zusammen, um die Motive der jeweiligen Zielgruppe zu verstehen, Ausschreibungen passend erstellen zu können und Gespräche auch inhaltlich und nicht nur diagnostisch führen zu können. Die Recruiter entscheiden, welche Anforderungen ins Active Sourcing gehen. Die Koordinatoren übernehmen das Bewerbermanagement (z. B. organisieren sie Termine) für jeweils zwei Recruiter.

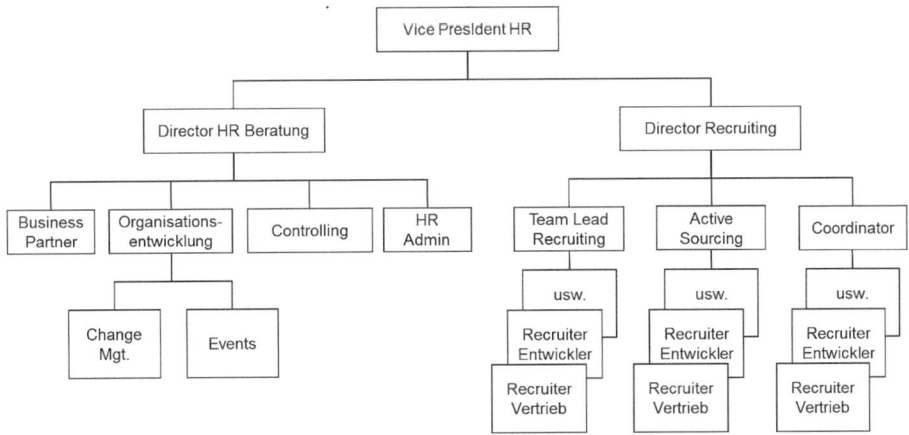

Abb. 7.2 Organigramm XING Corporate HR. (Quelle: Eigene Darstellung)

Da XING in vielen Bereichen zweistellig wächst und die Fluktuation bei 14–18 % liegt, sind das Recruiting und die operative Personalarbeit zentral für den Erfolg des Business. Neben diesem Brot-und-Butter-Geschäft, das reibungslos funktionieren muss, gilt es die Führungskräfte zu befähigen, denn „Mitarbeiter verlassen nicht das Unternehmen, sondern ihre Führungskraft" (Meuser 2017). Die Befähigung beinhaltet vor allem Soft-Skill-Trainings (z. B. The art of giving feedback), wobei HR selektiv Trainer engagiert und auf individuelle Passung Wert legt. Auf dem Feld der fachlichen Weiterbildung suchen sich die Fachbereiche ihre Trainings ohnehin selbst aus. Schließlich wissen sie am besten, was sie brauchen – und wofür sie zahlen möchten.

7.5   Status quo und Way forward

XING ist im deutschsprachigen Raum das marktführende Karrierenetzwerk und hat sich durch eine Reihe von Produkten sowie die vorgelebten Arbeitsmethoden einen Namen als Begleiter in der Arbeitswelt gemacht. Einige Herausforderungen treiben die Verantwortlichen jedoch nach wie vor um:

1. Die Demokratisierung durch digitale Technologien hat mehrere Dimensionen. Einerseits treibt sie die Kunden von XING um, weil sie einen Verlust der Kontrolle über ihr Unternehmensimage bzw. ihre Employer Brand befürchten müssen. Wie positionieren sich Unternehmen hierzu und welche Rolle spielen HR- und Kommunikationsabteilungen? Mit welchen Produkten und Lösungen könnte sich XING hier positionieren? Andererseits ist das Ausmaß an Demokratisierung (und Transparenz) ein XING-internes Thema: Wie viel Demokratisierung soll sein und bei welchen Themen ziehen Manager Grenzen?

2. Bei allen XING-E-Recruiting-Produkten gibt es Webinare, die deren Bedienung erklären, und sogenannte Success Teams unterstützen die Kunden bei der Einführung und der optimalen Nutzung, sowohl vor Ort als auch online. Zudem gibt es lokale Events für Personaler, z. B. BarCamps für Recruiter in Großstädten. Wie kann XING diesen und andere Zugänge ausbauen, um ein wirkliches Talent-Relationship-Management zu etablieren? Was kann XING tun, damit (Top-)Talente nicht immer wieder angesprochen werden, sondern nur einmal und dann eine Beziehung aufgebaut wird? Wie kann XING Arbeitnehmern helfen, die zu bestimmten Arbeitgebern oder in eine bestimmte Region oder Gehaltsklasse wollen – unabhängig davon, ob aktuell tatsächlich eine passende Stelle ausgeschrieben ist?

3. Mit dem starken personellen und produktseitigen Wachstum sowie mit den flexiblen Arbeitszeiten steigt der Bedarf an Koordination, der durch selbstorganisatorische Mechanismen nur bedingt gedeckt werden kann. In der Vergangenheit wurden eher zu viele Abstimmungsrunden abgehalten und die Maßnahmen zur Verringerung der Anzahl an Meetings und zur Reduzierung ihrer Dauer (z. B. Meetingfreier Mittwoch,

Stand-up-Rooms für max. 30-min.-Meetings) fruchteten nur teilweise. Wie kann diese Herausforderung angegangen werden und welche Rolle spielt HR dabei? Wie kann sich ein Großunternehmen noch einen Rest von Start-up-Kultur bewahren?

Für People Manager, die sich ein Beispiel an XING nehmen möchten, stellen sich unter anderem folgende Herausforderungen:

1. XING ist wirtschaftlich erfolgreich und erhält überwiegend positive Mitarbeiterbewertungen (kununu-Score von über 4 von 5 möglichen Punkten, 89 % Weiterempfehlungsquote). Dennoch gibt es kritische Stimmen auf kununu (o. V. 2017). Wie sind diese einzuordnen, und wie geht man als (HR-)Manager mit negativen Bewertungen auf Arbeitgeberbewertungsplattformen um?
2. XING hat einige Aspekte der digitalen Arbeitswelt umgesetzt. Welche anderen bzw. weitergehenden Vorstellungen dessen, was „New Ways of Working" beinhaltet, gibt es (z. B. Hackl et al. 2017)? Was sind Bedingungen für ihre Einführung? Angenommen, man möchte die eigene Organisation entlang des XING-Beispiels umbauen: Soll die Transformation vom Top-Management aktiv vorangetrieben werden oder eher Bottom-up geschehen? Sollten erst die Unternehmenskultur und das Leadership-Verständnis in Richtung Flexibilität, Transparenz, Demokratisierung und Diversität verändert werden, um dann Homeoffice, flexible Arbeitsformen und Gehaltstransparenz einzuführen, oder geht es auch anders?
3. Aus dem Silicon Valley mehren sich die Anzeichen, dass softwarebasierte Unternehmen dazu tendieren, eine sogenannte „Bro Culture" auszubilden: Diese Unternehmenskultur ist von weißen, jungen und technikaffinen Männern geprägt, die ein kumpelhaftes und kindisches Verhalten an den Tag legen – manchmal bis hin zu Ausgrenzung anderer Ethnien und sexueller Belästigung. Anfang 2017 hat beispielsweise Uber-Chef Kalanick bekannt gegeben, seinen Führungsstil ändern und „erwachsen werden" zu wollen (Wired 2017) – dazu kam es nicht mehr, weil er im Juni 2017 von seinem Amt zurücktreten musste. Wie kann die Bildung einer Bro Culture verhindert werden bzw. wie können potenzielle Nachteile kompensiert werden? Welche Vorteile hat eine solche Kultur?

Danksagung Die Informationen für diese Fallstudie stammen aus offiziellen Dokumenten, mehreren Interviews mit Verantwortlichen bei XING und den eigenen Erfahrungen, die der Autor während seiner Zeit als Freelancer bei der XING AG zwischen 2014 und 2016 sammeln konnte. Ein großer Dank geht an Xenia Meuser (Vice President Human Resources, XING AG), Frank Hassler (Geschäftsführer XING E-Recruiting GmbH & Co. KG) und Marc-Sven Kopka (Vice President External Affairs, XING AG) für ihre Kooperationsbereitschaft und Beiträge zu dieser Fallstudie.

Literatur

Cluley, R. (2013). What makes a management buzzword buzz? *Organization Studies, 34*(1), 33–43.
Edwards, M. R. (2010). An integrative review of employer branding and OB theory. *Personnel Review, 39*(1), 5–23.
Hackl, B., Wagner, M., Attmer, L., & Baumann, D. (2017). *New Work: Auf dem Weg zur neuen Arbeitswelt*. Wiesbaden: Springer Fachmedien.
Handelsblatt. (2017). Digichat-Interview mit Thomas Vollmoeller. http://morningbriefing.handelsblatt.com/digichat/artikel/die-richtige-kultur-fuer-die-generation-y. Zugegriffen: 10. Apr. 2017.
Hassler, F. (2017). Persönliches, halbstrukturiertes Interview mit Frank Hassler (14.03.2017).
Jäger, W., & Röttgers, K. (Hrsg.). (2008). *Sinn von Arbeit. Soziologische und wirtschaftsphilosophische Betrachtungen*. Wiesbaden: VS Verlag.
Kanning, U. P. (2017). *Personalmarketing, Employer Branding und Mitarbeiterbindung: Forschungsbefunde und Praxistipps aus der Personalpsychologie*. Heidelberg: Springer.
Kopka, M.-S. (2017). Persönliches, halbstrukturiertes Interview mit Marc-Sven Kopka (15.03.2017).
Landis, R. S., Earnest, D. R., & Allen, D. G. (2014). Realistic job previews: Past, present, and future. In K. Y. T. Yu & D. M. Cable (Hrsg.), *The Oxford handbook of recruitment* (S. 423–436). New York: Oxford University Press.
Lievens, F., & Slaughter, J. E. (2016). Employer image and employer branding: What we know and what we need to know. *Annual Review of Organizational Psychology and Organizational Behavior, 3*, 407–440.
Manager magazin. (2017). Und jetzt alle nach Malle. http://www.manager-magazin.de/unternehmen/karriere/xing-karrierereportal-macht-kick-offmeeting-auf-mallorca-a-1131706.html. Zugegriffen: 25. Jan. 2017.
Meuser, X. (2017). Persönliches, halbstrukturiertes Interview mit Xenia Meuser (14.03.2017).
Neuberger, O. (1974). *Messung der Arbeitszufriedenheit*. Stuttgart: Kohlhammer.
Niejahr, E., & Rohrbeck, F. (2014). Macht euch locker! http://www.zeit.de/2014/41/managerstudie-hierarchie/komplettansicht. Zugegriffen: 25. Jan. 2017.
o. V. (2017). Mehr Schein als Sein … letztendlich sind Ja-Sager sehr gern gesehen. https://www.kununu.com/de/xing/a/SUBgV1J1fw%3D%3D. Zugegriffen: 25. Jan. 2017.
Statista. (2017). Nutzung von sozialen Netzwerken als Recruiting-Instrument. https://de.statista.com/themen/710/online-recruiting/. Zugegriffen: 23. März 2017.
Süddeutsche Zeitung. (2016). Ein Adressbuch ist tot. Sie müssen es zum Leben erwecken. http://www.sueddeutsche.de/karriere/xing-chef-thomas-vollmoeller-ein-adressbuch-ist-tot-sie-muessen-es-zum-leben-erwecken-1.2948188. Zugegriffen: 17. Feb. 2017.
Vollmoeller, T. (2016a). Ich bin dann mal weg. https://www.xing.com/news/insiders/articles/ich-bin-dann-mal-weg-489949. Zugegriffen: 21. März 2017.
Vollmoeller, T. (2016b). Wenn Arbeit und Leben zusammenwachsen. In XING (Hrsg.), Aufbruch in eine neue Arbeitswelt. https://newworkbook.xing.com/newworkbook/downloads/newworkbook_2016.pdf. Zugegriffen: 5. Apr. 2017.
Wired. (2017). „Ich muss erwachsen werden": Der Uber-Chef entschuldigt sich. https://www.wired.de/collection/business/ich-muss-erwachsen-werden-der-uber-chef-entschuldigt-sich-fuer-seinen. Zugegriffen: 1. März 2017.
Wirtschaftswoche. (2017). Karriere-Netzwerk baut Stellenmarkt aus. http://www.wiwo.de/unternehmen/it/xing-karriere-netzwerk-baut-stellenmarkt-aus/12317990.html. Zugegriffen: 17. Feb. 2017.
XING. (2016a). Aufbruch in eine neue Arbeitswelt. https://newworkbook.xing.com/newworkbook/downloads/newworkbook_2016.pdf. Zugegriffen: 5. Apr. 2017.

XING. (2016b). XING Quartalsbericht 1. Januar bis 30. – September 2016. https://corporate.xing. com/fileadmin/IR/XING_AG_ergebnisse_9M_2016.pdf. Zugegriffen: 11. Apr. 2017.

XING. (2017a). Pressemitteilung XING-Chef Vollmoeller: „Wir haben geliefert". https://corporate. xing.com/de/newsroom/pressemitteilungen/meldung/xing-chef-vollmoeller-wir-haben-gelie-fert/. Zugegriffen: 23. Feb. 2017.

XING. (2017b). XING Stellenanzeigen. https://www.xing.com/jobs/products#products-landing-pricing. Zugegriffen: 10. Apr. 2017.

XING. (2017c). Zeigen Sie Ihre Stärken als Arbeitgeber. https://www.xing.com/companies/contract/select_package. Zugegriffen: 3. Apr. 2017.

XING. (2017d). XING TalentManager Broschüre. https://recruiting.xing.com/fileadmin/user_upload/user_upload/XING_TalentManager.pdf. Zugegriffen: 3. Apr. 2017.

XING. (2017e). Xing-Chef macht drei Monate Pause. http://www.wiwo.de/unternehmen/online-jobboerse-xing-chef-macht-drei-monate-pause/14860038.html. Zugegriffen: 17. Feb. 2017.

XING. (2017f). Geschäftsbericht 2016 (XING AG). https://corporate.xing.com/fileadmin/user_upload/XING_AG_ergebnisse_GJ_2016.PDF. Zugegriffen: 11. Apr. 2017.

XING. (2017g). Satzung der XING AG. https://corporate.xing.com/fileadmin/user_upload/170222_Satzung_deutsche_Fassung_clean.pdf. Zugegriffen: 11. Apr. 2017.

Digital Trump-Card? Digitale Transformation in der Wähleransprache

Mario Voigt

Inhaltsverzeichnis

Zusammenfassung

Als Donald Trump am 8. November 2016 zum neuen Präsidenten der USA gewählt wurde, endete ein Wahlkampf, der auch aus der Feder der Drehbuchautoren der Serie „House of Cards" hätte stammen können: Ein Außenseiter, Multimillionär und kontroverse Führungsperson, gewinnt in einem Überraschungscoup nicht nur die Nominierung, sondern auch die Präsidentschaft. Trump brachte den Wahlkampf nicht nur auf die einfache Botschaft: „Make America great again". Er setzte auch konsequent auf datenbasierte und digitale Wähleransprache. Der Beitrag beschäftigt sich mit der Datenanalytik, beleuchtet die digitale Kampagnenführung und betrachtet die Wirkung auf ausgewählte Kommunikationsinstrumente der Trump-Kampagne.

M. Voigt (✉)
Quadriga Hochschule Berlin, Berlin, Deutschland
E-Mail: mario.voigt@quadriga-media.com

© Springer Fachmedien Wiesbaden GmbH 2018
C. Gärtner und C. Heinrich (Hrsg.), *Fallstudien zur Digitalen Transformation*,
https://doi.org/10.1007/978-3-658-18745-3_8

8.1   Kampagnenorganisation: Restart mit digitalem Ansatz

Die Wahl von Donald Trump zum neuen Präsidenten der USA sorgte für weltweite
Überraschung. Sein Wahlkampfslogan „Make America great again" intonierte die Ver-
lustängste einer breiten Anzahl von Amerikanern, denen die wirtschaftlichen, kulturellen
und gesellschaftlichen Veränderungsprozesse zu schnell oder zu weit gingen. Trump gab
kein echtes Zukunftsversprechen ab, sondern appellierte an ein vergangenes Gefühl der
guten alten Zeit. Diese Botschaft traf im Wahlkampf auf einen großen Resonanzboden
(Güldenzopf und Voigt 2017).

Am 8. November 2016 endete ein über anderthalbjähriger Wahlkampf, der für Donald
Trump mit der Ankündigung seiner Kandidatur am 16. Juni 2015 begann. Nachdem sich
Trump Ende Mai 2016 nach Siegen in den meisten Vorwahlen die nötige Anzahl von
1237 Delegierten sicherte, trat er in eine Auseinandersetzung mit Hillary Clinton ein.
Zwei wesentliche Veränderungen wurden nun in der Kampagnenführung wirksam.

Mit dem Ende der Vorwahlen wandelte sich das Gesicht der Trump-Kampagne.
Trump trennte sich von seinem Kampagnenmanager Corey Lewandowski und unmittelbar nach dem viertägigen republikanischen Parteitag in Cleveland, Ohio Mitte Juli 2016
strukturierte er sein Führungsteam um. Er ernannte Kellyanne Conway zu seiner neuen
Kampagnenmanagerin und Breitbart-News-Chef Stephen Bannon zum Vorsitzenden der
Kampagne. Nachdem Trumps Schwiegersohn Jared Kushner bereits die Verantwortung
für die Social-Media-Werbung trug, übernahm er ab Sommer 2016 vollständig die digitalen und datenbezogenen Kampagnenaktivitäten. Damit änderten sich der strategische
Ansatz und die inhaltliche Schwerpunktsetzung gravierend.

Zudem konnte Trump mit der Nominierung auf die Ressourcen des *Republican National Committee* (RNC) zurückgreifen. Die republikanische Parteizentrale hatte sich
akribisch auf die Präsidentschaftswahl vorbereitet. Unabhängig vom Gewinner der republikanischen Vorwahlen waren die Kampagnenziele bereits in 2013 definiert worden:
Geldgewinnung, Kommunikation der Botschaft und Mobilisierung der Wähler. Unter der
Führung von Rience Priebus investierte das RNC seit 2013 über 175 Mio. US$ in Daten,
Digitales und Technologie. Das RNC krempelte die Direktansprache über Tür-zu-Tür
und Digital um, indem es seit 2013 permanent „Field Staff" in den kritischen Bundes-
staaten einsetzte (Young 2017). Sie hatten damit zwei Jahre Vorsprung vor der Clinton-
Kampagne, die sie als nächste demokratische Kandidatin erwarteten. Nach dem Ende der
Vorwahlen versuchten das RNC und die Trump-Kampagne zügig eine Aufgabenteilung
zu organisieren, basierend auf diesen Vorarbeiten.

Sie entschieden sich, eine eigenständige organisatorische Einheit für den digitalen
und datenbezogenen Teil der Kampagne einzurichten. Die Trump-Kampagne und Mitarbeiter des RNC bezogen ein eigenständiges Hauptquartier in San Antonio, welches
Schritt für Schritt auf über 100 Personen erweitert wurde und eine Mischung aus Programmierern, Web-Entwicklern, Datenwissenschaftlern, Grafikern, Werbetextern und
Medienkäufern umfasste.

Aus San Antonio steuerte die Kampagne alle digitalen Fundraising-, Botschafts- und Targetingaktivitäten. Verantwortlich für die Trump-Kampagne zeichnet Brad Parscale als Digital Communications Director for Trump, der vorher die Onlineaktivitäten der Trump Company betreute. Die innere Organisationsstruktur prägte eine Start-up-Mentalität der Business-Welt. Es gab Co-Working Spaces, wo sich die unterschiedlichen Bereiche täglich austauschten und ein Großteil auch pro bono arbeitete. Kushner beschrieb das Vorgehen wie folgt: „I called some of my friends from Silicon Valley, some of the best digital marketers in the world, and asked how you scale this stuff. (…) They gave me their subcontractors" (Bertoni 2016).

Der Business-Ansatz von Kushner trieb die strategischen Entscheidungen. Eine wesentliche Frage war der effiziente Mitteleinsatz. Welche Ergebnisse ließen sich für einen möglichst sparsamen Einsatz der begrenzten Mittel erzielen und wie konnten die Ergebnisse für jeden eingesetzten Dollar optimiert werden? „We played Moneyball, asking ourselves which states will get the best ROI for the electoral vote. How can we get Trump's message to that consumer for the least amount of cost?" (Bertoni 2016).

Die unterschiedlichen Kommunikationsagenturen waren mit im Gebäude untergebracht und konkurrierten täglich in einer Art Pitch-Verfahren um den nächsten Auftrag. Sowohl die Kampagne als auch die Agenturen unternahmen zahllose Tests, um die Targeting- und Kommunikationsanstrengungen zu optimieren.

8.2 Big Data: Wählerdaten und deren Analyse

8.2.1 Digitales Wählerverzeichnis (Voterfile)

In den USA sind die Informationen über Wähler vielfältig verfügbar. Sowohl die demokratischen als auch die republikanischen Parteien verstehen sich als Datenanbieter im pulsierenden privaten Markt für Wählerdaten. In 32 Bundesstaaten können politische Kampagnen das Wählerverzeichnis des jeweiligen Bundesstaates kaufen und auf Namen, Adressen, Alter, Geschlecht und Wahlgeschichte zurückgreifen. Die Wählerverzeichnisse sind öffentlich und können je nach Bundesstaat in verschiedenen Behörden und in unterschiedlicher Form (elektronisch oder in Papierform) erworben werden. Um an den jeweiligen Vorwahlen der Demokraten oder Republikaner teilnehmen zu können, enthalten die Wählerverzeichnisse zumeist die Parteineigung und die jeweilige Wahlbeteiligung der einzelnen Person. Dadurch kennen Kampagnen die politische Präferenz und die Wahrscheinlichkeit, ob ein Wähler eher an kommunalen, bundesstaatlichen oder nationalen Wahlen teilnimmt (Hersh 2015).

Die gesammelten Wählerinformationen liefen lange Zeit im nationalen Wählerverzeichnis der Republikaner zusammen – dem Voter Vault. Das Republican National Committee begann Mitte der 1990er Jahre eine nationale Wählerdatenbank aufzubauen (Sosnik et al. 2006). Auf das webbasierte Datenbankangebot griffen auch bundesstaatliche und kommunale Kandidaten durch Passwortzugang zurück. Später entwickelte sich daraus GOP Data Warehouse und Data Trust – ein Hybrid, ein privates Unternehmen in enger Verflechtung mit der Partei. Zudem griffen die Republikaner bei der Finanzierung der Datenkäufe auf Interessengruppen von außen zurück, wie die Milliardäre Koch oder das Netzwerk American Crossroads (Issenberg 2015).

Waren noch Anfang der 2000er die Daten weitgehend unstrukturiert, erlebt mit dem Wandel analytischer Möglichkeiten auch die Welt der Kampagnendaten eine große Verschiebung. Die Betrachtung der Wähler erfolgt nach immer individuelleren Attributen. Nach der verlorenen Präsidentschaftswahl 2012 investierte das RNC seit 2013 über 175 Mio. US$ in den Aufbau eines technischen Netzwerks aus Daten und digitaler Technologie, um Republikaner auf allen politischen Ebenen unterstützen zu können. Jede republikanische Kampagne konnte auf die gleichen Daten zugreifen – vom lokalen Sheriffswahlkampf bis zur Präsidentschaftskampagne.

Das GOP Data Warehouse speist sich aus unterschiedlichen Datenquellen und verfügt über bis zu 4000 Einzelinformationen von mehr als 190 Mio. registrierten Wählern in den USA. Dies sind Daten aus öffentlichen Datenbanken (bspw. des *State Motor Vehicle Department*), Zensusinformationen, eigenen politischen Veranstaltungen oder durch das „*Merging*" (Mischen) gewonnene Daten mit Angaben von sog. *Third-Party-Groups* (bspw. *National Rifle Association,* Listen von früheren Kampagnenspendern). Dazu kombinierte das RNC Informationen von kommerziellen Datenanbietern, die einzelne Kaufmuster, Mitgliedschaften und Abonnements dokumentierten. Besonders wertvoll für die Republikaner sind die Interaktionsdaten wie Telefonnummern, E-Mail-Adressen, Beteiligung als Freiwillige oder Themen, die beim Haustür-Canvassing angesprochen wurden. Das RNC ergänzte oder updatete über 1,2 Mrd. Wählerinformationen zwischen 2012–2016 (RNC 2016).

8.2.2   Voter Score und Wählerklassifikation

Mit dem Ende der Vorwahlen baute die Trump-Kampagne auch auf das „gigantische Wählertelefonbuch" des RNC mit interessenspezifischen und kommerziellen Informationen.

Das RNC begann in den Jahren seit der Wahlniederlage bei den Präsidentschaftswahlen 2012 ein Wählerqualifizierungssystem „Voter Score" aufzubauen, welches jedem Wähler einen Wert von 0–100 basierend auf statistischen Modellen zuwies. Die Republikaner versuchten mit prädiktiven Analysen das Wahlverhalten des einzelnen Wählers vorherzusagen, indem sie die Unterstützung für einen republikanischen oder demokratischen Kandidaten, seine Wahlwahrscheinlichkeit und sein Interesse an Themen oder lokalen Initiativen korrelierten. Im internen Strategiematerial des RNC heißt es dazu: „By crossing these values, we can predict possible outcomes as well as develop more customized voter contact programs with a true ROI analysis for every dollar spent or contact made" (RNC 2016).

In den „Voter Score" flossen Informationen aus der RNC Voter File, Umfragen, Konsumentendaten, Rückmeldungen aus früheren Wählerkontaktprogrammen und digitale Verhaltensdaten ein (siehe Abb. 8.1). Das System verfeinerte das RNC kontinuierlich seit Mai 2014. Kontaktdaten aus digitalen Kampagnen, Fundraising-Aktivitäten oder Neuregistrierung wurden berücksichtigt und analysiert. So wurde jedem Wähler ein „Voter Score" zugeordnet. Allein im Jahr 2016 fanden „683 Voter Score Retrains" statt, d. h. die Datenbasis wurde komplett modelliert. Beispielsweise fanden in Ohio im Wahljahr 21 „Retrains" statt, wonach alle 7,7 Mio. Wähler nach über 40 Simulationen bewertet wurden. Dies führte zu über 300 Mio. individuellen Vorhersagen zu Kandidaten, Themen und lokalen Einzelfragen. Insgesamt kam das RNC national auf 115 Mrd. modellierte Vorhersagen, welche dem RNC ein akkurateres Verständnis über alle Wähler gab, als auf Umfragen einzelner Gruppen zu setzen.

Bereits im Sommer 2016 sahen sowohl Matt Oczkowski von Cambridge Analytica als auch Chris Young vom RNC, dass die öffentlichen Umfragen und die Mediendiskussionen sich nicht mit den Folgerungen der Kampagne deckten. In Umfragen stießen die Republikaner auf zwei wesentliche Erkenntnisse. Ein großer Teil der unentschiedenen Bürger standen einer Präsidentschaft Hillary Clintons skeptisch gegenüber. Und die Ausstrahlung Donald Trumps reichte über die klassische Klientel der Republikaner hinaus. „Public polling was wrong. Most analysis is based on vote history, but Donald Trump is not a typical republican" (Young 2016). Dementsprechend passten die Republikaner die Modelle an. Auf dem „Voter Score" des RNC baute Cambridge Analytica angepasste analytische Modelle auf, um die „Trump-Wähler" zu finden.

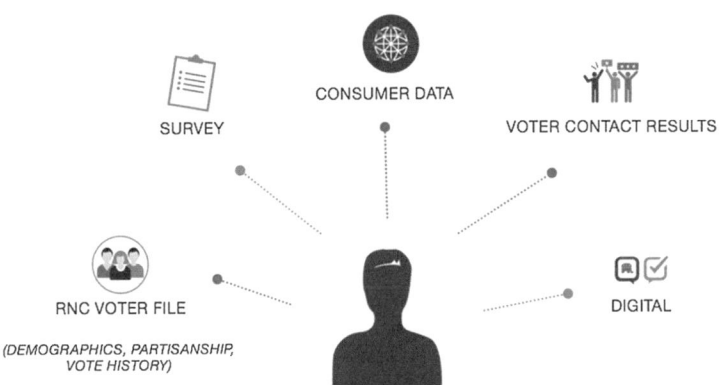

Abb. 8.1 Voter Score der Republikaner. (Quelle: Young 2017)

8.2.3   Targeting der Trump-Kampagne

Das Targeting stellte keine Neuheit des Wahlkampfes 2017 dar. Bereits die Wahlkampa-
gnen von George W. Bush und Barack Obama taten sich in der Segmentierung der Wählerschaft in verschiedene Zielgruppen hervor (Sosnik et al. 2006; Issenberg 2015). Mit
dem Ende der Vorwahlen stieß die Datenfirma Cambridge Analytica zur Trump-Kampagne hinzu. Damit erwarb das Team des republikanischen Kandidaten Informationen aus
den Umfragen und Datenanalysen, die Cambridge Analytica für Ted Cruz und Ben Car-
son gemacht hatte. Über den Sommer gab die Trump-Kampagne über 5 Mio. US$ für die
analytischen Dienste von Cambridge Analytica aus. Bis zum Ende der Kampagne beliefen sich die Ausgaben auf etwa 15 Mio. US$ (Green und Issenberg 2016).

Um die Einsichten zu verdichten, kombinierte die Trump-Kampagne drei existie-
rende Datenbanken. In ihrer neuen Datenbasis „Project Alamo" konsolidierten sie die
ursprünglichen Informationen der Trump-Kampagne seit den Vorwahlen, die Informationen des RNC, welches ihnen jetzt nach dem Ende der Vorwahlen vollständig zur
Verfügung stand, und die Datenbasis von Cambridge Analytica, die sich aus Informationen über Demografie, Konsum- und Lebensgewohnheiten und politische Zugehörigkeit
speiste. Zudem kauften sie noch Informationen von den Facebook-Marketing-Partnern
Experian, Datalogix, Epsilon und Acxiom zu (Winston 2016).

Die Targeting-Anstrengungen der Trump-Kampagne bestanden ab dem Sommer 2016
aus vier Schritten: 1) Umfragen und Analysen, 2) Modellierung und Extrapolation, 3)
Audience Segmentation und 4) Ansprache. Die Audience Segmentation und Ansprache
über die Kommunikationskanäle (Engagement) fußten auf einer sehr genauen Einschätzung der Wählerschaft durch Umfragen und Modellierung (vgl. Abb. 8.2).

Während die nationalen Wählerbefragungen in den Hintergrund traten, konzentrierte
sich die Kampagne auf die hart umkämpften Battleground-Staaten. Beständig erhob die

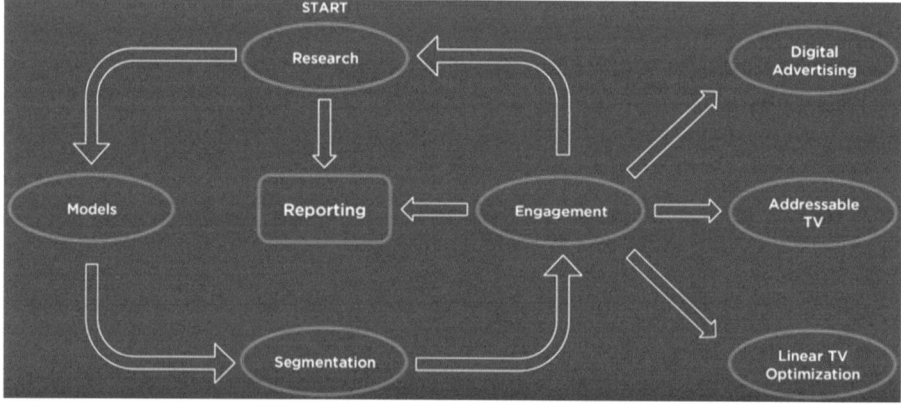

Abb. 8.2   Prozessablauf des Targetings. (Quelle: Cambridge Analytica 2017)

Kampagne Daten und 12 Analytiker modellierten jeden Wähler in seiner Neigung zu Trump oder Clinton, seiner Wahlbeteiligungswahrscheinlichkeit und den Top-Themen, die ihn interessierten. Sie befragten jede Woche rund 1500 Wähler in den Battleground-Staaten und rollierten die Ergebnisse. Im gesamten Verlauf der Kampagnen griff sie auf 180.000 Personenbefragungen in 16 Battleground-Staaten online, per Interactive Voice Response (IVR) oder direkte Telefonbefragung zurück (Cambridge Analytica 2017).

Gerade die einzelnen Umfragen in den Battleground-Staaten ermöglichte es der Trump-Kampagne, nuancierte oder lokalisierte Probleme zu filtern und in die Modellierung mit einfließen zu lassen. Die prädiktiven Modellierungen verliefen in zwei Phasen. In der ersten Phase widmeten sich die Republikaner besonders dem Fundraising. Zahlreiche Spendermodelle entstanden und wurden von der Kampagne getestet. Diese Phase reichte von Juni bis Ende Juli 2016. Mit dem offiziellen Abschluss der Vorwahlen durch den Nominierungsparteitag gingen die Fundraisinganstrengungen weitgehend an das RNC über und man teilte sich die Erträge durch ein „joint committee". Damit begann auch die zweite Phase, wo sich die Trump-Kampagne auf die Modellierung von Wahlwahrscheinlichkeiten und Kandidatenpräferenzen konzentrierte. Zudem errechneten sie in themenbezogenen Modellen die Überzeugungskraft durch politische Inhalte. Diese Phase reichte von August bis zum Wahltag.

Die grundsätzlichen Informationen setzten sich aus drei wesentlichen Bereichen zusammen: wahlspezifischen Daten, demografischen Angaben und themenspezifischen Typologien.

a) Die Trump-Kampagne war auskunftsfähig über eine Vielzahl von wahlspezifischen Informationen und den Registrierungsstatus des einzelnen Bürgers. Basierend auf den offiziellen Wählerverzeichnissen riefen sie folgende Informationen ab:
   – REGISTERED VOTER
   – REGISTERED REPUBLICAN
   – REGISTERED DEMOCRAT
   – REGISTERED INDEPENDENT
   – NEWLY REGISTERED (Bürger, die sich in den letzten zwei Jahren im jeweiligen Bundesstaat registrierten)
   – Unregistered/Voter Prospects (Bürger, die älter als 18 Jahre und unregistriert waren)

Zudem griff man auf die Wahlgeschichte der Bürger zurück. Die Kampagne verfügte über folgende Informationen:

   – PRIMARY VOTERS (Teilnehmer an Vorwahlen)
   – GOP PRIMARY VOTERS (basierend auf Daten der bundesstaatlichen Parteien oder Wahlinformationen der zuständigen bundesstaatlichen Behörden)
   – DEM PRIMARY VOTERS
   – FIRST TIME VOTERS 2012 (Bürger, die 2012 zum ersten Mal an einer Wahl teilnahmen)

- FIRST TIME VOTERS 2014 (Bürger, die 2014 zum ersten Mal an einer Wahl teil-nahmen)
- LIKELY 2016 VOTERS (Bürger, die basierend auf einem Wahrscheinlichkeits-score an den Präsidentschaftswahlen 2016 teilnehmen würden)
- EARLY ABSENTEE VOTERS (Bürger, die bisher schon per Brief oder vor dem eigentlichen Wahltag ihre Stimme abgaben)
- PRESIDENTIAL YEAR ONLY VOTERS (Bürger, die nur an Präsidentschafts-wahlen, aber nicht an kommunalen oder bundesstaatlichen Wahlen teilnahmen)

b) In einem zweiten Bereich verfügte die Kampagne über genaue demografische Anga-ben und klassifizierte sie wie folgt:
- AGE 18 TO 29
- AGE 30 TO 44
- AGE 45 TO 54
- AGE 55 TO 64
- AGE 65 PLUS
- GENDER FEMALE
- GENDER MALE
- HISPANIC (basierend auf direkter Eintragung oder Modellierung)
- AFRICAN-AMERICAN (basierend auf direkter Eintragung oder Modellierung)
- CAUCASIAN/EUROPEAN (basierend auf direkter Eintragung oder Modellierung)
- EAST AND SOUTH ASIAN (basierend auf direkter Eintragung oder Modellierung)
- VETERAN (basierend auf Umfragen, gekauften Informationen und öffentlich zugänglichen Steuerdaten)
- HIGH INCOME/WEALTH (Bürger mit einem jährlichen Haushaltseinkommen über 150.000 US$ oder Nettovermögen über 400.000 US$)
- MID INCOME/WEALTH (Bürger mit einem jährlichen Haushaltseinkommen zwischen 60.000 US$ und 150.000 US$ oder einem Nettovermögen zwischen 60.000 und 400.000 US$)
- LOW INCOME/WEALTH (Bürger mit einem jährlichen Haushaltseinkommen unter 60.000 oder einem Nettovermögen unter 60.000 US$)
- HOME OWNER
- HAS CHILDREN (Bürger mit mindestens einem Kind unter 18 Jahre)
- LIKELY MARRIED
- LIKELY SINGLE
- SINGLE PARENT

c) In einem dritten Bereich typologisierte das Trump-Daten-Team unterschiedliche Wäh-lergruppen und -merkmale. Durch Datenanalyse und prädiktive Modellierungstechni-ken hoben sie verborgene Muster und Verbindungen, die Zielgruppen zu verfeinern und Ansprachethemen zu filtern. Die Modelle wurden jede Woche basierend auf den neusten Umfragen aktualisiert. Es entstanden über 20 spezifische Kandidaten-und-Themenpräferenz-Modelle:

- TRUMP PRÄFERENZ
- CLINTON PRÄFERENZ
- GARY JOHNSON PRÄFERENZ
- JILL STEIN PRÄFERENZ
- REPUBLICAN VOTERS
- DEMOCRAT VOTERS
- SWING REPUBLICAN VOTERS
- SWING DEMOCRAT VOTERS
- HIGH TURNOUT VOTERS
- MID TURNOUT VOTERS
- LOW TURNOUT VOTERS
- MODERATE CONSERVATIVE
- VERY CONSERVATIVE
- ESTABLISHMENT CONSERVATIVE
- LIBERAL
- LIBERTARIAN
- TEA PARTY
- FISCALLY RESPONSIBLE
- PRO LIFE
- PRO ENVIRONMENT
- PRO GUN RIGHTS
- PRO NATIONAL SECURITY
- ANTI OBAMACARE
- ANTI IMMIGRATION
- CRIME/LAW AND ORDER
- EDUCATION
- JOBS AND THE ECONOMY
- CHILDCARE
- NATIONAL DEBT
- TRADE/WAGES

Hatte Cambridge Analytica in den Vorwahlen auf psychografische Analyse und Behavioral Microtargeting[1] zurückgegriffen, die sie für die Cruz-Kampagne anfertigten, verblieb

---

[1]Cambridge Analytica wies jeden Wähler mit einem Scoring-System zu, dass ihn in 32 abgrenzbare Persönlichkeitstypen einordnete (Confessore und Hakim 2017). Als Grundlage dient das sogenannte OCEAN-Modell (Openness to experience, Conscientiousness, Extraversion, Agreeableness, Neurotizismus). Aus ihren psychografischen Modellen ergaben sich Informationen, welche Art von Person angesprochen wird und wie zu kommunizieren ist. Alexander Nix beschrieb die Logik sehr simpel: „Psychographic data are just one ingredient which is backed into the cake. It allows us to look at people and understand them in terms of how they view the world. (…) The more you know about someone, the better you can engage with them and the more relevant you can make the communications that you send to them, so our job is to use data to understand audiences", (Brannelly 2016).

in der Hauptwahlkampfphase nicht die nötige Zeit für die Anpassung. Matt Oczkowski: „We had to walk before we could run in this campaign [...] We had five months to scale extremely fast, and doing sexy psychographics profiles requires a much longer run time" (Google 2016).

Aus den Modellen ergaben sich Segmentierungen nach Audiences und deren Ansprachemöglichkeiten. Es entstanden neue Audiences wie bspw. „disenfranchised new Republicans", die wesentlich jünger als traditionelle Parteiunterstützer und seltener im städtischen Umfeld lebten. Sie waren für populistische Ansprachen empfänglich und achteten besonders auf drei Themen: Law and Order, Immigration und Gehälter (Green und Issenberg 2016). Oder „soft Democrats", die zwar Clinton unterstützten, aber einen gravierenden Wechsel von den inhaltlichen Positionen Obamas verlangten und durch Health Care oder Trade angesprochen wurden (RNC 2016).

8.2.4 Battleground Optimizer und Kampagnen-Dashboard

Amerikanische Präsidentschaftswahlen folgen einer doppelten Logik. In der soziodemografischen Logik konzentrieren sich die Kampagnen auf die Ansprache wesentlicher Zielgruppen und einer Anpassung der zentralen Wahlkampfbotschaft. In der geografischen Logik gewichten sie nicht alle Bundesstaaten gleichrangig, denn sie erhalten im Wahlmännerausschuss (Electoral College) Stimmen basierend auf ihrer Einwohnerzahl (Shaw 2006; Voigt 2010). Diese reichen von 3 in Vermont bis zu 55 in Kalifornien. Präsident der Vereinigten Staaten wird der Kandidat, der mindestens 270 Stimmen auf sich vereinen kann. Die Herausforderung ist, dass in einem Großteil der Bundesstaaten der Sieger schon vor dem Wahltag feststeht. Im konservativen Wyoming oder Idaho gewann seit der Goldwater-Wahl 1964 kein Demokrat mehr. Dagegen gibt es sichere Bundesstaaten, die seit Jahrzehnten demokratische Präsidentschaftskandidaten wählen. Vor der Wahl 2016 existierten 18 Bundesstaaten, die seit der Präsidentschaftswahl 1992 für einen demokratischen Kandidaten stimmten. Ihre Wahlmännerstimmen beliefen sich auf 242 Stimmen im Electoral College, oder anders formuliert: nur noch 28 Stimmen fehlten Hillary Clinton zum Sieg. Präsidentschaftskampagnen setzen die Ressourcen nur strategisch in den Staaten ein, wo die Gewinnmarge eng und das Erringen der Wahlmännerstimmen möglich erscheinen. In größeren Bundesstaaten fokussieren sie ihre Bemühungen sogar auf einzelne Teile des Staates oder ausgewählte Medienmärkte. Zudem achten sie auf die Aktivitäten des Gegenkandidaten, um dessen Strategie zu analysieren, und unterstützen Kandidaten der eigenen Partei bei nachrangigen Wahlen (Shaw 1999).

Mit dieser Herausforderung sah sich die Trump-Kampagne konfrontiert. In der klassischen Logik amerikanischer Präsidentschaftskampagnen bedeutet dies, sich in den 10–12 heiß umkämpften Battleground-Staaten zu engagieren und die anderen Bundesstaaten mit Werbung oder Kandidatenauftritten zu ignorieren. Dies würde sie jedoch in eine schwierige strategische Ausgangslage versetzen, da Hillary Clinton nur noch wenige

Staaten zum Sieg fehlten. Also nutzten sie Umfragen und genaue Datenanalysen, um über mögliche Erweiterungsszenarien nachzudenken.

Die Trump-Kampagne entwickelte ein Tool, welches tagesaktuell mögliche Gewinnchancen in einer erweiterten Anzahl von Bundesstaaten kalkulierte. Der „Battleground Optimizer Path to Victory" simulierte basierend auf Umfragen, Wähler- und Mediendaten wahrscheinliche Wege zu einer Mehrheit im Wahlmännerausschuss und kalkulierte die Gewinnkombinationen der Bundesstaaten (Green und Issenberg 2016). Dadurch entstand ein „Priority Score" von Bundesstaaten, welche die Trump-Kampagne benötigte, um zu gewinnen. Sie richtete ihre Strategie komplett nach dem Battleground Optimizer aus und bestimmte die Kandidatenbesuche, die Allokation der Medienkäufe und die Botschaftsanpassung danach. Das System wurde mit ständig neuen Informationen gespeist. Die Trump-Kampagne fand 13,5 Mio. Wähler in 16 Battleground-Staaten, die sie für potenziell überzeugbare Wechselwähler hielten (Young 2016). Was Trump von seiner Konkurrentin Hillary Clinton unterschied: Er glaubte daran, mit genauer Datenanalytik und digitaler Ansprache die Wählerschaft neu formen zu können, und setzte nicht auf vordefinierte Wählerkoalitionen vergangener Jahre.

Der Priority Score floss in ein Kampagnen-Dashboard ein, das alle wesentlichen Informationen über die Battleground-Staaten, einzelne Wählergruppen und deren thematische Ansprracheoptionen zusammenfasste. Es verband durchsuchbar die ineinandergreifenden Datenpunkte und visualisierte auf benutzerfreundliche Art die Wählergruppen in den Bundesstaaten. Dazu zählten real-time-poll-tracking und Heatmaps von überzeugbaren Wählern.

Die Dashboards gaben der Trump-Kampagne einen Überblick über ihre anzusprechenden Zielgruppen. Um die nächsten strategischen Entscheidungen treffen zu können, brach das Daten-Team die Wähler in eine simple Darstellung herunter, indem es die Kandidatenpräferenz und die Wahlbeteiligungswahrscheinlichkeit für den jeweiligen Bundesstaat, County oder Ort miteinander in einer Matrix in Beziehung setzte (vgl. Abb. 8.3): „Horizontal axis we look at a candidate score – how likely are they to support the candidate. Vertical axis probability to turn out to vote. (…) Some require issue-related persuasion to bring them around to Trump's agenda, while others are deemed to just need a ‚nudge' to turn out and vote", beschrieb Eyal Kazin, ein Data Scientist von Cambridge Analytica, das Vorgehen (Brannelly 2016).

Während ein Teil der Wähler als sicher für Trump oder für Clinton eingestuft wurden, gab es eine übergroße Anzahl von überzeugbaren Wechselwählern oder noch zu mobilisierenden potenziellen Unterstützern. Nachdem die ersten Briefwahldaten im Herbst 2016 eingingen, fielen der Kampagne drei Trends auf: Erstens, die Anzahl von afroamerikanischen Wählern war vergleichsweise niedrig, zweitens, die Anzahl der Wähler hispanischer Herkunft nahm nur moderat zu, und drittens, beteiligten sich ältere Wähler aus ländlichen Counties deutlich über dem kampagneninternen Erwartungswert. Dies hatte Auswirkungen in den einzelnen Bundesstaaten. Gerade in Florida oder North Carolina bildeten Wähler afroamerikanischer oder hispanischer Herkunft einen wesentlichen Wählerblock für Hillary Clinton. Hingegen wirkte die stärkere Wahlbeteiligung älterer,

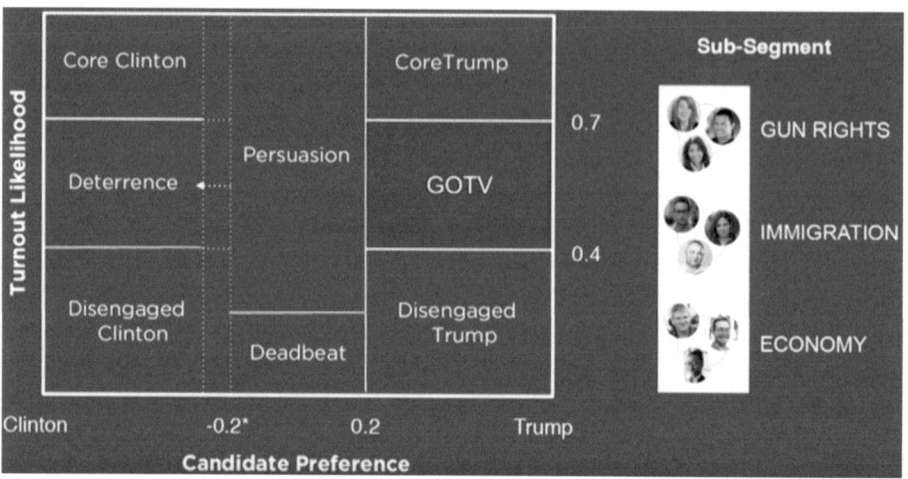

Abb. 8.3 Matrix der Wähleransprache. (Quelle: Cambridge Analytica 2017)

weißer Wähler positiv für Trump in den Rust-Belt-Bundesstaaten Michigan, Pennsylvania oder Ohio. Entsprechend passte die Trump-Kampagne ihre Datenmodelle und den Battleground Optimizer an. Danach fiel der Abstand der Kandidaten in den Staaten des Mittleren Westens 1–3 Prozentpunkte enger aus als die öffentliche Debatte widerspiegelte. „In the last week before the election, we undertook a big exercise to reweight all of our polling, because we thought that who [pollsters] we were sampling from was the wrong idea of who the electorate was going to turn out to be this cycle", betonte Matt Oczkowski (Green und Issenberg 2016).

Bereits eine Woche vor dem Wahltag zeigten sich die republikanischen Kampagnenmacher vorsichtig optimistisch. Sie sahen in Ohio und Pennsylvania mögliche Chancen zu gewinnen, da die Trendrichtungen stimmten. „But Florida is critical", wusste Chris Young, National Field Director der Republikaner eine Woche vor der Wahl zu berichten. Dennoch sahen selbst am Vorabend der Wahl die eigenen Modelle die Siegchancen von Trump bei 30 % (Green und Issenberg 2016). Durch die ständig aktualisierten Simulationen keimte am Wahltag Hoffnung auf zu gewinnen: „At 8.30pm we knew: Florida rural vote put us ahead. Even the traditional counties couldn't win it for Hillary", so Chris Young.

8.3   Wähleransprache und -kommunikation

Amerikanische Kampagnen bewiesen stets ein feines Gespür für die Finessen und Möglichkeiten neuer digitaler Anspracheformen. Von Jesse Ventura über Howard Dean bis zu Donald Trump waren es immer Kandidaten, die unabhängig oder außerhalb des Partei-Establishments standen, welche besondere Experimentierfreude mit den digitalen Tools zeigten. Waren es 1998 die erste Nutzung von MoveOn.org, 2000 und 2002 Blogging und Meetup.com als erstem Social-Networking-Dienst und im Jahr 2004 das Online-Fundraising, so komplettierte das Obama-Team 2008 und 2012 mit neuen Ansätzen in der Datenanalytik und der Freiwilligenansprache den Weg innovativer Ansätze. Die Evolution digitaler Kampagnenfähigkeit erreichte in 2016 ihren bisherigen Höhepunkt. Der digitale Wahlkampfexperte Patrick Ruffini fasste es zusammen: „Digital has grown up and is vital to campaign success" (Ruffini 2016).

In der republikanischen Wahlkampagne 2016 beeinflussten die Datenanalyse der Wähler und der Battleground Optimizer jede strategische Kampagnenentscheidung: digitale Kommunikation, Veranstaltungsplanung, Fundraising oder die Fernsehwerbung. Jede kommunikative Maßnahme prüfte man auf ihre Reichweite, überzeugbare Wähler anzusprechen. Molly Schweickert, Head of Digital for Cambridge Analytica, fasste die Bedeutung der Digitalisierung für die Trump-Kommunikation wie folgt zusammen: „Overall, it was a digital-first campaign, which allowed multiple key objectives to be accomplished through digital means. In particular, we were able to use our digital and data tools to amplify the campaign's message to particular pockets of voters" (Rasko 2017).

8.3.1 Digitales Marketing und Kommunikation

Im Vergleich zu Clinton und den republikanischen Vorgängerkampagnen um die Präsidentschaft investierte die Trump-Kampagne überproportional in Onlinekommunikation. Wie bei noch keiner Präsidentschaftskampagne zuvor war Social Media für die Trump-Kampagne der primäre Kommunikationskanal und Facebook der wesentliche Werbeplatz.

In ihrem Vertrauen auf die erhobenen Daten und ihre analytischen Modelle konzentrierte sich das Trump-Team auf die persönlichkeitsbasierte, digitale Werbung und steckte bis zu drei Viertel ihres Marketingbudgets in die digitale Kommunikation (Grassegger und Krogerus 2016). Dabei unterschieden sich die Clinton-Kampagne und die Trump-Kampagne im strategischen Ansatz. Während das Team von Clinton Micro-Targeting nutzte, um bestimmte, sehr spezifische Kleinstgruppen von überzeugbaren Wählern zu finden und anzusprechen, identifizierte die Trump-Kampagne einzelne überzeugbare Wähler und skalierte erfolgreiche Kommunikation zu ähnlichen Bürgern oder Gruppen. Der Unterschied zwischen den beiden Kampagnen lässt mit einem Vergleich illustrieren: „a massive data battleship lost to a chaotic flotilla of social-media speedboats" (Economist 2016).

Das Targeting verband sich mit einer kommunikativen Kampagnenstrategie, die aus einem Mix aus bezahlter Werbung und freier Berichterstattung bestand. In den Augen der Trump-Kampagne sollte die Werbung wieder zu Medienberichten führen. Die permanente Interaktion zwischen den kontroversen Aussagen Trumps und den digitalen Werbeaktivitäten war Teil der Mediaplanung. „Because Mr. Trump had a pulse on issues that his supporters cared about, those issues were always included in the plan. The collaboration of a scientific approach combined with Trump making the news on a regular basis allowed us to tap into the movement holistically", so Molly Schweickert (Rasko 2017).

Zu dem „Voter Score" und den erweiterten Audience-Profildaten kamen direktes Matching, Desktop-Cookies und hyper-lokales digitales Scoring, um die Genauigkeit beim Targeting der Zielgruppe zu gewährleisten. So wurden bspw. im Umfeld von Universitätscampus zielgerichtet Studenten digital getargetet. Die Kampagne führte Tausende von zielgerichteten Ad-Kampagnen über Dutzende von digitalen Medienkanälen durch, darunter inhaltliche Webseiten, Ad-Netzwerke, Suchmaschinen, Facebook, Twitter und Snapchat. Sie griffen auf die wachsenden Trends von Native Advertising, Twitter Conversational Ads und programmatischen Lightbox-Ads zurück.

Brad Parscale gab an, über 100 Mio. US\$ für digitales Campaigning ausgegeben und ein 1:1-Verhältnis zu den Fernsehanzeigen hergestellt zu haben (Harvard 2016). Insgesamt erreichten die Onlineanzeigen über 1,5 Mrd. Impressions mit über 4000 individuellen digitalen Anzeigenkampagnen, die täglich mehrere zehntausende Variationen kannten. Zu Spitzenzeiten erreichten sie 175.000 verschiedene Variationen via Facebook, die sich in Titel, Farben, Fotos oder Videos unterschieden. Es gab permanente Tests und Anpassungen, die Gary Coby, Digitalchef des RNC, „A/B testing on steroids" nannte (RNC 2017). Es ging nicht nur um Inhalte oder visuelle Elemente. Man erfasste auch, ob Wähler Facebook von einem mobilen Gerät oder Desktop besuchten, oder über eine Wi-Fi-Verbindung, mit einem Android- oder Apple-Gerät. Durch die permanenten Tests kam es zu einem institutionellen Lernen, wodurch das Trump-Digital-Team sehr präzise in ihrer Vorhersagekraft wurde. Schon nach einem geringen Investment von 20–50 US\$ pro Anzeige konnte das Digital-Team sehen, wie effektiv die Botschaft einer speziellen Werbung ist (Fischer und Hart 2017). Die Modifikationen dienten der persönlichen Wähleransprache, die Ryan Meerstein auf den Punkt brachte: „Big reach, not big friends. Never forget, that you're talking to people, not a pile of data points" (Meerstein 2016). Eine Sichtweise, die auch der Clinton-Kampagnenmanager Robyn Mook bestätigte: „You don't win campaigns because of data. You run your campaign more efficiently and effectively with the data" (Mook 2017).

Die granularen Targeting-Möglichkeiten von Facebook nutzte das Trump-Team auch zur Platzierung von individuellen Werbebotschaften als „dark posts". Da ihre Strategie in den letzten Wochen vorsah, nicht nur die eigenen Wähler zu mobilisieren, sondern auch potenzielle Clinton-Wähler von der Wahl fernzuhalten, modellierten sie potenzielle werbliche Angriffszielgruppen. Im Besonderen zählten dazu zweifelnde linke Wähler, Wähler afroamerikanischer Herkunft und junge Frauen (Winston 2016). So platzierten sie ab Ende Oktober bspw. dark posts in der Timeline von afroamerikanischen Nutzern, um eine Animation auszuspielen, in denen Hillary Clinton schwarze Männer als Raubtiere bezeichnet (Green und Issenberg 2016). Die Trump-Kampagne griff auf „Opposition Research" über Hillary Clinton zurück, das mehr als 5000 Seiten und über 6000 Videos umfasste (Pounder 2016).

Bei der Schaltung von Anzeigen in den sozialen Medien zog organisatorisch auch Trump-Atmosphäre ein. In einer sehr kompetitiven Einkaufsstrategie mussten mehrere Agenturen in Fünf-Minuten-Intervallen die Einkäufe optimieren und konkurrierten um eine höhere Prozentanzahl des Budgets für die nächsten 24 h. Fiel der Erfolg zu niedrig aus, mussten sie gehen. Wie bei der Trump-TV-Show „Apprentice" hieß es dann: You are fired.

Neben Facebook setzte man auch auf Suchmaschinen-Marketing mit positiven und kontrastierenden Keywords oder nutzte Retargeting-Taktiken über E-Mail und soziale Kommunikationskanäle. Sie kauften bspw. zu den RNC-Listen auch noch E-Mail-Listen von Newt Gingrich und den Tea-Party-Gruppen, um neue Zielgruppen zu erreichen (Green und Issenberg 2016).

Ein zweiter wesentlicher Kommunikationsweg wurde der private Twitterkanal von Donald Trump. Für Parscale bestand die digitale Strategie aus: „Twitter for Mr. Trump. And Facebook for fundraising" (Lapowsky 2016).

Die Trump-Kampagne nutzte Twitter als Agenda-Setting- und Agenda-Cutting-Tool. Vom Start seiner Kampagne an wandte sich Donald Trump über Twitter an seine Follower. Dort postete er direkt und ungefiltert seine Gedanken und Provokationen. Seine Posts waren häufig von Kontroversen bestimmt und Trump gab über 10 Tweets pro Tag ab. Am Wahltag zählte er über 15 Mio. Follower. Durch seine Posts bestimmte er mit weniger als 140 Zeichen häufig den kompletten Nachrichtenzyklus der TV-Sender. Seine Themensetzung per Tweet verband Trump mit gezielten Anrufen in Fernsehsendungen, wo er live zugeschaltet wurde. Damit durchbrach er die enge Medienlogik amerikanischer Kampagnen, in denen Kandidateninterviews seltene und streng von den Kommunikationsexperten kontrollierte Momente sind. Trump war ein All-Access-Kandidat. Analysen belegen, dass am Ende des Wahlkampfes Trump allein in den wichtigen Fernsehsendern fast 1,4 Mio. Mal genannt wurde. Hillary Clinton erreichte mit 600.000 Nennungen weniger als die Hälfte (Campaign Tracker 2016). Es brachte ihm Aufmerksamkeit und rund 2 Mrd. US$ in der freien Werbung, wenn die Mainstream-Medien über seine Tweets berichteten (Economist 2016).

Besonders im Umfeld von Wahlkampfereignissen profitierte Trump von seiner Anhängerschaft auf Twitter. Das digitale Analyseinstitut Borrell Associates brachte die Nutzung von Twitter durch Trump auf die Frage: „You have to judge whether other candidates would be able to manipulate earned or free media the same way Trump did" (Hercher 2016). Zudem wurde auf maschinelle Hilfe zurückgegriffen. So waren während der ersten Präsidentschaftsdebatte die Pro-Trump-Follower wesentlich aktiver als die Pro-Clinton-Follower, wobei etwa ein Drittel der Pro-Trump-Twitter-Interaktionen durch Bots erfolgte (Kollanyi et al. 2016). Dem Trump-Team war dabei klar, dass ob sich Nachrichten online verbreiten weniger von ihrem Wahrheitsgehalt abhängt als vielmehr davon, wie überraschend, schockierend und Vorurteile bestätigend sie sind.

8.3.2 Online-Fundraising

Im Sommer 2016 übernahm die Trump-Kampagne die digitalen Fundraising-Angebote des RNC und passte sie an. Die Kampagne wurde zum Profitcenter und änderte damit ihre Einstellung zum Fundraising. Während der Vorwahlen kokettierte Trump damit, kein

Geld von Dritten und Lobbygruppen zu nehmen. Er sei dadurch vollkommen unabhängig. Mit dem Ende der Vorwahlen sah sich die Trump-Kampagne finanziell im deutlichen Rückstand zu Clinton. Mit dieser Herausforderung konfrontiert, erkannten sie auch
eine strategische Chance, die große Anzahl von Fans und Followern Trumps in den sozialen Medien zu Spendern zu machen. Neben den finanziellen Notwendigkeiten wollte
das Trump-Team damit auch die breite Unterstützungsbasis ihrer „Bewegung" signali-
sieren. Mit dem Gewinn der Nominierung setzte die Trump-Kampagne verstärkt auf die
Spendengewinnung im Netz. „When they won the nomination, they decided they were
going to do digital fundraising and really ramp this thing up to the next level", beschrieb
Dan Hazelwood das Vorgehen (Hazelwood 2016). Es entwickelte sich ein System mit
hohen Margen in der Geldgewinnung und einer strukturierten Rückmeldung, welche
Botschaft bei den Wählern ankam und welche nicht.

Das Team um Donald Trump investierte rund 85 Mio. US$ in digitale Anzeigen,
welche ihnen über 263 Mio. US$ in Spenden einbrachten. So sammelte die Kampagne
innerhalb von nur vier Monaten von mehr als 2 Mio. Bürgern Spenden und rund 26 %
waren Kleinstspender mit unter 200 US$ (Narayanswamy et al. 2017). Damit lag der
Milliardär Trump zehn Prozent vor seiner demokratischen Herausforderin und nur knapp
hinter Barack Obamas Wiederwahlkampagne. Die Fundraising-Ads von Trump wurden
permanent optimiert. Die Republikaner setzten maschinelle Lernprozesse und ausgiebige
Tests ein. War eine Ad erfolglos und ineffektiv, wurde sie nach wenigen Minuten ersetzt.
Dagegen skalierte man erfolgreiche Ads sehr zügig.

Ihre Ergänzung fanden die Bemühungen der Trump-Kampagne beim RNC, welches
nach den amerikanischen Finanzierungsregelungen Geld für Wählermobilisierung ein-
werben darf. Die Republikanische Partei investierte im Jahr 2015 über 12 Mio. US$ in
die Qualifizierung ihrer E-Mail-Kontaktdaten. Mit diesen profilierten Daten bestritten
sie im Wahljahr ein Online-Fundraising, welches in fünf Monaten über 250 Mio. US$
einspielte. Dies entspricht rund 1,6 Mio. US$ pro Tag (RNC 2016). Sie gaben pro Tag
zwischen 200.000 und 300.000 US$ bei Facebook für Fundraising aus und erhielten an
150 aufeinanderfolgenden Tagen einen positiven ROI. An ihren beiden besten Tagen
erzielte das RNC über 1,5 Mio. US$. Die Trump-Kampagne toppte dies am Tag der drit-
ten Präsidentschaftsdebatte, wo sie innerhalb von 24 h über 9 Mio. US$ durch Online-
Spenden erzielten. Dies bewegte Parscale zum Tweet: „HUGE 24hrs of online donations
for @realDonaldTrump. 125,000+ unique donors grossing over $9,000,000! Thank you
America! #MAGA."

Wesentlicher Treiber der Fundraising-Anzeigen waren (Pseudo-)Events und Videos.
Bspw. versprachen sie in der letzten Augustwoche zu verdoppeln, wenn die Facebook-
Fans 2 Mio. US$ bis Ende des Monates über Facebook spenden würden. Die Fund-
raising-Rally unterlegten sie mit einem Video von Ivanka Trump: „My father has high
expectations and he sets huge goals. My father loves this country with all his heart
and soul. He wants to work for you. He wants the American people to win again." Die
Online-Video-Ad enthielt Untertitel, damit Facebook-Nutzer es auch ohne Ton verstehen
konnten. Solche Videos und Anzeigen wurden permanent A/B-getestet und angepasst.

Bei obigem Video sahen sie bspw. einen 19 %igen Lift in den Einnahmen durch ein Video von Ivanka anstelle von Donald Trump (RNC 2017). Die Online-Fundraising-Einnahmen flossen dann in Fernsehwerbung und weitere digitale Kommunikation.

Neben E-Mails und Social Media Ads entschied sich die Trump-Kampagne, ihre Webseite zu einem wesentlichen Fundraising-Instrument zu machen. Sie arbeitete mit vier Facebook-Pixeln auf ihrer Webseite. Wurde auf der Trump-Webseite eine Spende abgegeben, kam es zu einem Conversion-Tracking. Die Userhandlung trackte der Pixel mit dem Event „InitiateCheckout" – ein Instrument, das sonst nur im E-Commerce verwendet wird. Aus den gesammelten Daten entstand eine Grundlage zur Identifikation potenzieller Wähler und Spender auf Facebook, z. B. über Custom oder Lookalike Audiences.

8.3.3 Platzierung der Fernsehwerbung

Die USA nehmen eine weltweite Ausnahmestellung beim unbeschränkten Zugang zum Kauf von politischer Fernsehwerbung und dem Fehlen öffentlich subventionierter Gratissendezeit ein (Plasser und Plasser 2003). Bisher wurden amerikanische Präsidentschaftswahlkämpfe von Fernsehspots dominiert, die weit über die Hälfte des Budgets ausmachten (West 2005). Auch in der Auswahl der Fernsehwerbung vertraute die Trump-Kampagne auf ihre analytischen Fähigkeiten und den Battleground Optimizer. Während die Trump-Kampagne anfangs auf die Fernseherfahrung ihres Kandidaten setzte und seine direkte Kommunikation mit den Medien manche teure Fernsehwerbung durch freie Berichterstattung ausglich, schaltete sie doch in der Hauptwahlkampfphase gezielt Fernsehwerbung. Dennoch gab es drei strategische Überzeugungen für die Fernsehwerbung innerhalb der Trump-Kampagne: Gezielte Werbung, die inhaltlich kontrastierend und mit Reichweitensteigerung zum Wahltag hin zum Einsatz kommt.

Basierend auf den Berechnungen einer optimalen Gewinnstrategie konzentrierte sich die Fernsehwerbung des Republikaners gezielt auf die „demokratisch orientierten" Staaten. Trotz des übergroßen Fundraising-Vorteils der Demokraten wollte die Trump-Kampagne so in einigen Swing-States im Werbedruck vorne liegen. Dies gelang ihnen besonders in Wisconsin, Michigan und Virginia, wo das Trump-Team Geld investierte, während die Demokraten in den letzten beiden Oktoberwochen keinen Spot dort schalteten. Im wöchentlichen Vergleich der gebuchten Fernsehwerbung, welche die Trump-Kampagne online über die Federal Election Commission einsah, hatten sie leichte Werbevorteile in Wisconsin, Virginia, Michigan und Erie, Pennsylvania. Trumps strategische Konzentration auf den Rust Belt findet hierin seinen Ausdruck (vgl. Abb. 8.4).

Im Gegensatz zum republikanischen Präsidentschaftskandidaten Mitt Romney 2012 gab Trump gestützt auf die Analysen der Zielgruppen und deren Fernsehgewohnheiten deutlich weniger aus. Vergleicht man die Werbeausgaben für Fernsehspots ab dem Sommer 2012 und 2016 zieht Trump deutlich den Kürzeren im Verhältnis zu seinem republikanischen Vorgänger und zu seiner Gegenkandidatin. Trump investierte nur rund ein

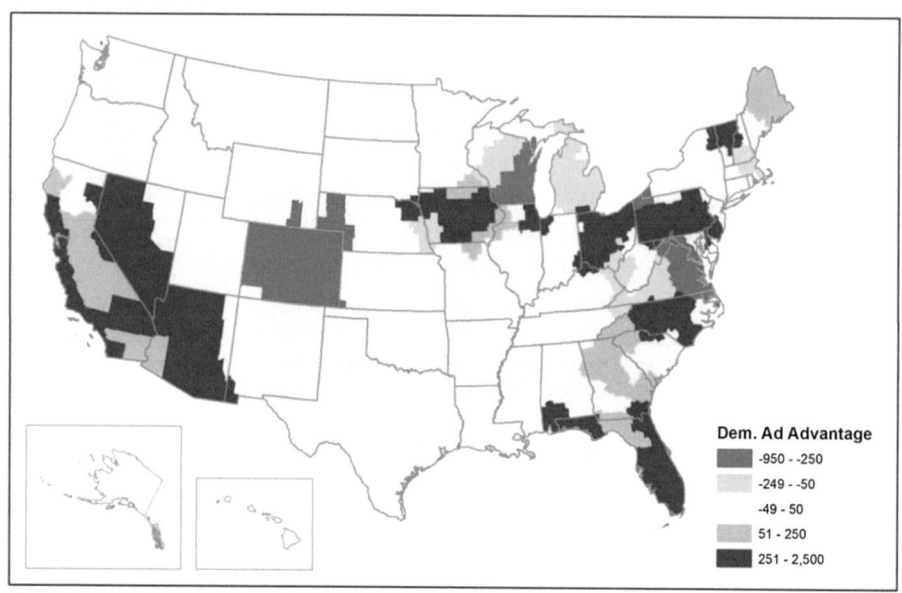

Figures are from October 14, 2016 to October 30, 2016. Numbers include broadcast television.
Map does not depict large Clinton advantage in National Cable.
CITE SOURCE OF DATA AS: Kantar Media/CMAG with analysis by the Wesleyan Media Project.

Abb. 8.4 Fernsehwerbung in ausgewählten Battleground-Staaten in den letzten Wochen vor dem Wahltag. (Quelle: Wesleyan Media Project 2016)

Drittel dessen, was Romney aufwand. Nimmt man die Trump unterstützenden Gruppen und die republikanische Partei hinzu, wird die Dissonanz noch augenscheinlicher: Trump und seine Unterstützer brachten es insgesamt nur auf 100.000 Spots seit Anfang Juni 2016. Im gleichen Zeitraum 2012 kam Mitt Romney auf fast 500.000 Spots. Hillary Clinton und die sie unterstützenden Gruppen brachten es auf über 320.000 Spots (Wesleyan Media Project 2016).

In der heißen Wahlkampfphase ab dem Labor Day kaufte die Trump-Kampagne keinen einzigen Werbespot im lokalen Kabelfernsehen. Sie konzentrierte sich vielmehr auf die lokalen Medienmärkte und die nationale Kabelwerbung. Erst in der letzten Woche der Kampagne buchten die Republikaner noch Spots in Colorado, Michigan und Nevada im lokalen Kabelnetz und begannen mehr Geld als die Clinton-Kampagne zu investieren. So gab Trump in den letzten beiden Oktober-Wochen 30,6 Mio. US$ aus, während es Clinton auf 22,2 Mio. US$ für Fernsehwerbung brachte. Die Earned-Media-Strategie der freien Berichterstattung durch den Kandidaten erreichte einen gewissen Sättigungspunkt, der jetzt durch weitere Werbung ergänzt werden musste, um potenzielle Wähler zu erreichen.

8.3.4   Kandidatenveranstaltungen und direkte Wählermobilisierung

Es ist eine Binsenweisheit amerikanischer Präsidentschaftskampagnen: „Candidates have to show up if they expect to win". Die Trump-Kampagne ließ sich von den Empfehlungen des Battleground Optimizer leiten und justierte wöchentlich ihre Reiseroute neu. In den letzten 100 Tagen des Wahlkampfes besuchte der republikanische Präsidentschaftskandidat 133-mal Florida, Pennsylvania, Ohio, North Carolina, Michigan und Wisconsin (vgl. Abb. 8.5). Dies stand im starken Kontrast zu Clinton, die gerade mal auf 87 Besuche kam (Terell 2016). Die Orte für die Trump-Wahlkampfstopps basierten auf einem Ranking der größten Cluster möglicher überzeugbarer Wähler (Green und Issenberg 2016).

In ihren Besuchen übertrumpfte die republikanische Kampagne die Demokraten um 30 % in Florida. In den Battleground-Staaten, die Trump später gewann, lag er jeweils auch in Besuchen vorn: Pennsylvania stattete Trump 23 % mehr Besuche ab, in North Carolina war das Verhältnis 23:16 und in Michigan 13:6 im Verhältnis zu Clinton. Am sichtbarsten war das Ungleichgewicht in Ohio, wo Clinton 17-mal Station machte, während Trump 26-mal auftrat.

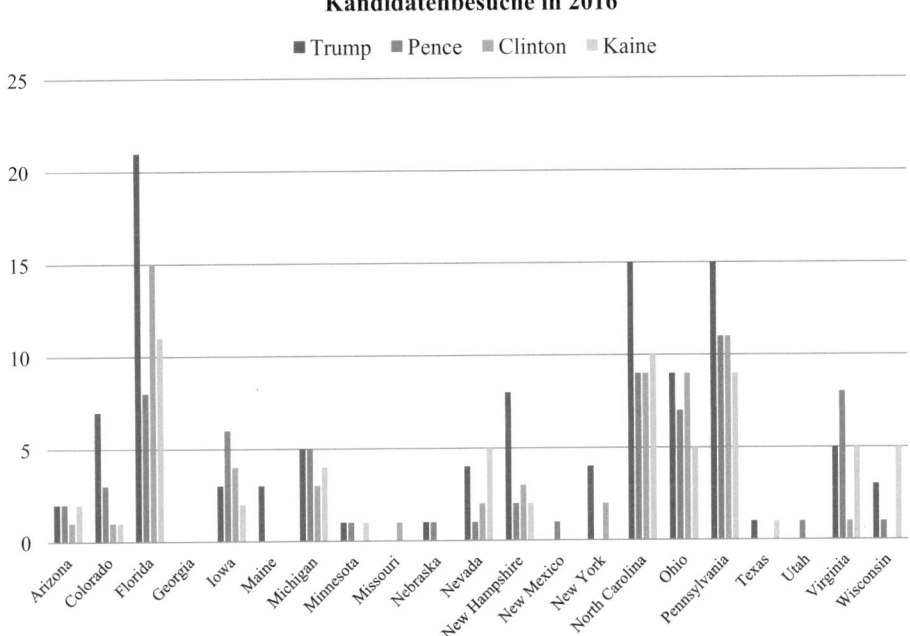

Abb. 8.5   Kandidatenbesuche in ausgewählten Battleground-Staaten. (Quelle: Shaw 2017)

Die Trump-Kampagne sah in den Kandidatenauftritten einen doppelten Nutzen: Er signalisierte der Wählerschaft den unbedingten Willen zum Sieg und ein gesteigertes Interesse. Zusätzlich erzielte ein Besuch häufig ausgiebige lokale Medienberichterstattung. Die lokalen Kabelkanäle widmen sich intensiv den Besuchen der Kandidaten und ihren, auf die Region bezogenen, Aussagen (King und Morehouse 2004). Bereits im September sah die Kampagne potenzielle Wählergruppen in Bundesstaaten, welche die Demokraten als sicher einstuften. Um aber die nötigen Wahlmännerstimmen zu erreichen, musste die Trump-Kampagne auf Staaten wie Wisconsin zurückgreifen. Ihre Analysen zeigten ein großes Potenzial unentschiedener Wähler. Gezielt organisierten sie dort Veranstaltungen mit dem Spitzenkandidaten, die rund 60.000–70.000 Zuschauer brachten. Hillary Clinton besuchte den Bundesstaat nicht ein einziges Mal während des gesamten Wahlkampfes. Am Wahltag lag Trump mit rund 23.000 Wählern vor Clinton und erhielt alle 10 Wahlmännerstimmen.

Alle Anmeldungen für Veranstaltungen mussten elektronisch erfolgen. Dabei griff man zuerst auf den Online-Dienst Eventbrite zurück, bevor man ein eigenes Tool programmierte, wo sich Teilnehmer per Mobiltelefon oder Social Media anmelden konnten. Die Trump-Kampagne erfasste alle Veranstaltungsanmeldungen digital und speiste die Informationen sofort in ihre Datenbank. Ähnlich verhielt es sich mit der Donald-Trump-App, die Wahlhelfer für die digitale Kommunikation oder den Tür-zu-Tür-Wahlkampf nutzen konnten. Die App wurde im Sommer 2016 erstellt. Sie zeigte den Freiwilligen die politischen Einstellungen und ein ausgewähltes Datenset der jeweiligen Bewohner an, an deren Türen sie klingelten. Die gesammelten Informationen sandte die App sofort zurück in die Datenbank der Kampagne, und der Wähler konnte auf anderen Kommunikationswegen angesprochen werden.

Die digitalen Innovationen ergänzte ein konzeptionell neuer Ansatz der Republikaner. Weitgehend im Verborgenen bauten sie seit 2014 ein Mobilisierungsteam in den wesentlich zu erwartenden Battleground-Staaten auf, um republikanische Kandidaten auf allen Ebenen zu unterstützen. Das unterschied sie von den Demokraten, deren Modell im Wesentlichen auf die Kandidaten Obama und dann Clinton ausgerichtet war. Die Republikaner setzten auf frühe Rekrutierung, ausgiebiges Training und einen Turf/Nachbarschaftsansatz. In den losen amerikanischen Parteistrukturen formierte sich so eine Mannschaft von geschulten Wahlkämpfern, die ein enges regionales Beziehungsnetzwerk aufbauten und mit neuster Technik ausgestattet waren (Young 2016).

In den ersten beiden Phasen konzentrierten sie sich darauf, neue Wähler zu registrieren („Registration") und zu überzeugen („Persuasion"), die sie durch Datenmodellierung gefunden hatten. Die Republikaner registrierten 172.386 mehr Bürger in den Battleground-Staaten als die Demokraten, was ungefähr dem Vorsprung Trumps in den kritischen Staaten entsprach (Young 2017).

In über 300 Wahlkampfbüros waren dann in der dritten Phase über 7000 Mitarbeiter für über 24 Mio. Tür-zu-Tür-Kontakte und 26 Mio. Telefonanrufe in der Schlussmobilisierung verantwortlich, was eine Verdoppelung der Zahlen zum Präsidentschaftswahlkampf 2012 bedeutete. Doch die Zielgruppen wurden auch digital im Get-Out-The-Vote

(GOTV) angesprochen. So erhielten bspw. die Soft-Republican- oder Soft-Democrat-Gruppierungen 20 GOTV-E-Mails zwischen Mitte September und dem Wahltag (RNC 2016). So verbanden sich on- und offline Wähleransprache. Der nationale Mobilisierungsbeauftragte der Republikaner fasste die Wähleransprache zusammen: „We organized the largest ground game of any GOP Presidential campaign in history to leave no potential Trump voter untouched. We leveraged digital tools to enhance our field tactics and dramatically expanded our email and online presence" (Young 2017).

8.4   Aussicht: Dem Wähler auf der Spur

Weniger als 100.000 Stimmen in vier Bundesstaaten, die seit 1992 von den Demokraten gewonnen wurden, entschieden den Ausgang der Präsidentschaftswahlen 2016. Ein „Silent Trump Vote" übertrumpfte den sicher geglaubten Sieg von Hillary Clinton. Daraus zu schlussfolgern, dass jede Entscheidung der Trump-Kampagne ein geschickter Schachzug und jede Entscheidung Clintons ein massiver Fehler war, greift sicherlich zu kurz (Shaw 2017). Blickt man auf alle Wahlen des Jahres 2016, fällt nicht nur auf, dass Trump in 220 Counties gewann, die vier Jahre vorher an Barack Obama gingen. Vielmehr noch verteidigten die Republikaner die Mehrheit im Senat und Repräsentantenhaus und gewannen zwei Gouverneure von 31 auf 33 hinzu. Die politischen Verhältnisse in den Bundesstaaten der USA sind sehr republikanisch, was die innerparteilichen Herausforderungen des neue „Standard Bearer" im Weißen Haus nicht immer einfach machen wird.

Nach den Erfahrungen des Brexit oder der amerikanischen Präsidentschaftswahl sind weltweit Wahlkämpfer für die neuen analytischen und kommunikativen Möglichkeiten sensibilisiert. Die Wähleransprache erlebt eine digitale Transformation, die Wahlkampfmanager auf beiden Seiten des Atlantiks mit fünf wesentlichen Aspekten konfrontiert:

- Der Umgang mit genauen Daten über Wähler, deren inhaltlichen Interessen und persönlichen Vorlieben erlaubt Kampagnen eine zielgenaue Ansprache. Doch wer wählt unter solchen Voraussetzungen eigentlich wen: Der Wähler den Kandidaten bzw. die Partei oder ist es nicht eher umgekehrt? Welche Anforderungen entstehen beim Datenschutz durch den gestiegenen Erwartungswert der Bürger dialogisch angesprochen zu werden?
- Mit beständig wachsenden und sich beschleunigenden digitalen Innovationen, Tools und neuen technischen Möglichkeiten verändert sich die direktere Wähleransprache. Angesichts steigender Onlinewerbung geht es um die Verteilung von Ressourcen in Wahlkämpfen. Wie veränderungsfähig sind politische Kampagnen? Welche neuen Wege sind für den europäischen Markt adaptierbar? Wie kann institutionelles Lernen aussehen?
- Die schiere Anzahl von Informationen überwältigt Wähler. Doch wie kann es politischen Kampagnen im Kampf um Aufmerksamkeit und in Konkurrenz von BMW bis

zu Coca-Cola gelingen, digitale Kommunikation erfolgreich zu gestalten? Kann ein konsistenter Narrativ entstehen, wenn täglich neue Informationen auf die Wähler einprasseln? Oder wird der Wahlkampfdialog zu einem digitalen Monolog?

- Neue digitale Anspracheformen wirken sich auch auf die Organisation und Kampagnenkultur aus. Es ändern sich Methodik und Terminologie. Doch wie vermittelt man die dynamischen, digitalen Prozesse einer manchmal starren Parteistruktur und deren Kandidaten?

- Social Media gewinnt große Bedeutung für die politische Kommunikation, weil sich Millionen Bürger auf den Plattformen von Facebook bis Twitter politisch informieren. Viele Bürger betrachten sie als ungefilterten, unvoreingenommenen Kanal für Informationen. Doch was hallt da in den Echo-Chambers wider? In einem Vergleich der Top 20 Stories des Präsidentschaftswahlkampfes erzielten Fake News in Facebook in der heißen Wahlkampfphase mit 8,7 Mio. zu 7,3 Mio. Engagements mehr Reichweite als die Berichterstattung der traditionellen Medien von *New York Times* bis zu CNN (Silverman 2016). Doch was bedeutet es, wenn fast eine Million Amerikaner die Nachricht liken, kommentieren oder teilen, dass der Papst Donald Trump unterstützt? Befinden wir uns in einem Zeitalter von Post-Truth oder von Post-Trust? Wie können Wahlkämpfer gegen bewusst verbreitete Falschnachrichten vorgehen? Und welche Rolle nehmen die sozialen Plattformen im demokratischen Wettstreit ein? Und welche ethischen Standards existieren im digitalen Zeitalter, wo ausländische Staaten den illegalen Hack oder Fake News als Mittel politischer Einflussnahme nutzen?

Der Wahlkampf in einer Demokratie ist der Wettstreit von Personen und Ideen. Der amerikanische Präsidentschaftswahlkampf 2016 brachte einen überraschenden Ausgang. Die digitale Transformation in der Wähleransprache gewinnt an immer größerer Bedeutung und verbindet Datenanalytik, Kommunikation und Organisation. Im demokratischen Diskurs verstärken digitale Tools und Techniken die Interaktion mit den Bürgern. Hierin findet sich Abraham Lincolns Rat wider: Demokratie ist die Regierung des Volkes durch das Volk für das Volk. Man darf gespannt sein, welches Urteil das amerikanische Wahlvolk 2020 über das Wahljahr 2016 fällt.

Danksagung Die Informationen für die Fallstudie stammen aus offiziellen Dokumenten, zahlreichen Interviews mit amerikanischen Wahlkampfverantwortlichen der Demokraten und Republikaner sowie zwei Beobachtungstouren durch fünf Bundesstaaten im Februar und Oktober 2016. Ein großer Dank geht an Chris Young (National Field Director, RNC), Dan Hazelwood (CEO, Targeted Creative Communications) und Molly O'Driscoll (Deputy Political Director, RNC) für ihre Kooperationsbereitschaft und Unterstützung sowie die zahlreichen Gesprächspartner aus der Bush-, Clinton-, Cruz-, Rubio- und Trump-Kampagne.

Literatur

Bertoni, S. (2016). How Jared Kushner Won Trump The White House. Forbes Magazine, 22. November 2016, https://www.forbes.com/sites/stevenbertoni/2016/11/22/exclusive-interview-how-jared-kushner-won-trump-the-white-house/#1464747b3af6. Zugegriffen: 9. Okt. 2017.

Brannelly, K. (2016). Trump campaign pays millions to overseas big data firm. http://www.nbcnews.com/storyline/2016-election-day/trump-campaign-pays-millions-overseas-big-data-firm-n677321. Zugegriffen: 1. Mai 2017.

Cambridge Analytica. (2017). Donald J Trump for President. Debriefing.

Campaign Tracker. (2016). Campaign television tracker: http://television.gdeltproject.org/cgi-bin/iatv_campaign2016/iatv_campaign2016?filter_candidate=&filter_network=NATIONAL&filter_timespan=SINCETRUMP&filter_displayas=RAW. Zugegriffen: 28. Apr. 2017.

Confessore, N., & Hakim, D. (2017). Data Firm Says „Secret Sauce" Aided Trump, Many Scoff, New York Times, 6. März 2017, https://www.nytimes.com/2017/03/06/us/politics/cambridge-analytica.html. Zugegriffen: 9. Okt. 2017.

Fischer, S., & Hart, K. (2017). How Trump's data operation helped him win. https://www.axios.com/how-data-helped-trup-win-2308208269.html. Zugegriffen: 28. Apr. 2017.

Google. (2016). Google post-election analysis. https://www.c-span.org/video/?420077-1/google-hosts-postelection-review. Zugegriffen: 15. Mai 2017.

Grassegger, H., & Krogerus, M. (2016). Ich habe nur gezeigt, dass es die Bombe gibt. Das Magazin. https://www.dasmagazin.ch/2016/12/03/ich-habe-nur-gezeigt-dass-es-die-bombe-gibt/. Zugegriffen: 28. Apr. 2017.

Green, J., & Issenberg, S. (2016). Inside the Trump bunker, with days to go. https://www.bloomberg.com/news/articles/2016-10-27/inside-the-trump-bunker-with-12-days-to-go. Zugegriffen: 1. Mai 2017.

Güldenzopf, R., & Voigt, M. (2017). Donald Trump – ein Wahlkampf der neuen Regeln? *Sonderheft der Zeitschrift für Politikberatung (ZPB)*, Baden-Baden: Nomos.

Harvard University Konferenz. (2016). Campaign for President: The Managers Look at 2016, 30. November und 1. Dezember.

Hazelwood, D. (2016). Persönliches, halbstrukturiertes Interview mit Dan Hazelwood (CEO, Targeted Creatives).

Hercher, J. (2016). Trump did have a paid media strategy, and it focused on facebook. https://adexchanger.com/ad-exchange-news/trump-paid-media-strategy-focused-facebook/. Zugegriffen: 30. Apr. 2017.

Hersh, E. (2015). *Hacking the electorate: How campaigns perceive voters*. Cambridge: Cambridge University Press.

Issenberg, S. (2015). *The Victory lab: The secret science of winning campaigns*. New York: Broadway Books.

King, D., & Morehouse, D. (2004). Moving Voters in the 2000 Presidential Campaign: Local Visits and Local Media. In D. Schultz (Hrsg.), *Lights, Camera, Campaign*. New York: Peter Lang.

Kollanyi, B., Howard, P., & Woolley, S. (2016). Bots and Automation over Twitter during the First U.S. Presidential Debate. Data Memo 2016.1. Oxford, UK: Project on Computational Propaganda.

Lapowsky, I. (2016). Here's how facebook actually won Trump the presidency. https://www.wired.com/2016/11/facebook-won-trump-election-not-just-fake-news/. Zugegriffen: 23. Apr. 2017.

Meerstein, R. (2016). Persönliches, halbstrukturiertes Interview mit Ryan Meerstein (Managing Partner Targeted Victory).

Mook, R. (2017). Persönliches, halbstrukturiertes Interview mit Robyn Mook (Kampagnenmanager Hillary Clinton).

Narayanswamy, A., Cameron, D., & Gold, M. (2017). How much money is behind each campaign? https://www.washingtonpost.com/graphics/politics/2016-election/campaign-finance/. Zugegriffen: 21. Apr. 2017.

Plasser, F., & Plasser, G. (2003). *Globalisierung der Wahlkämpfe: Praktiken der Campaign Professionals im weltweiten Vergleich*. Wien: WUW.

Pounder, J. (2016). Persönliches, halbstrukturiertes Interview mit Joe Pounder (President Definers Public Affairs).

Rasko, R. (2017). How digital media won the White House for an 'Analog' audience. http://marketingland.com/digital-media-won-white-house-analog-audience-202768. Zugegriffen: 28. Apr. 2017.

RNC. (2016). Präsentation Election Briefing. Washington.

RNC. (2017). RNC Testing Booklet. Washington.

Shaw, D. (1999). A study of presidential campaign event effects from 1952 to 1992. *The Journal of Politics, 61*(2), 387–422.

Shaw, D. (2006). *The race to 270: The electoral college and the campaign strategies of 2000 and 2004*. Chicago: University of Chicago Press.

Shaw, D. (2017). Assessing the impact of campaigning and the 2016 U.S. presidential election. *Zeitschrift für Politikberatung (ZPB)*. Baden-Baden: Nomos.

Silverman, C. (2016). Viral fake election news outperformed real news on facebook. https://www.buzzfeed.com/craigsilverman/viral-fake-election-news-outperformed-real-news-on-facebook?utm_term=.an8M9Y4ay#.bex9DVLBe. Zugegriffen: 28. Apr. 2017.

Sosnik, D., Dowd, M., & Fourier, R. (2006). *Applebee's America: How successful political, business, and religious leaders connect with the new American community*. New York: Simon & Schuster.

Terell, A. (2016). Trump out-campaigned Clinton by 50 Percent in key battleground states in final stretch. http://www.nbcnews.com/politics/2016-election/trump-out-campaigned-clinton-50-percent-key-battlegrounds-final-100-n683116. Zugegriffen: 30. Apr. 2017.

The Economist. (2016). The role of technology in the presidential election.

Voigt, M. (2010). *Der amerikanische Präsidentschaftswahlkampf*. Berlin: Poli-C Books.

Wesleyan Media Project. (2016). Clinton crushes Trump 3:1 in Air War. Homepage Wesleyan Media Project. http://mediaproject.wesleyan.edu/releases/nov-2016. Zugegriffen: 15. Mai 2017.

West, D. (2005). *Air wars: Television advertising in election campaigns*. Washington: Congressional Quarterly Press.

Winston, J. (2016). How the Trump campaign built an identity database and used facebook ads to win the election. https://medium.com/startup-grind/how-the-trump-campaign-built-an-identity-database-and-used-facebook-ads-to-win-the-election-4ff7d24269ac. Zugegriffen: 30. Apr. 2017.

Young, C. (2016). Persönliches, halbstrukturiertes Interview mit Chris Young, National Field Director RNC.

Young, C. (2017). Vortrag von Chris Young an der Quadriga Hochschule, 19.05.2017.

Corporate Digital Responsibility: Unternehmerische Verantwortung in der digitalen Welt

9

Christian Thorun

Verbrauchervertrauen ist eine Kernressource der Digitalökonomie. Es zu erhalten und zu fördern muss oberste Priorität bei Unternehmen haben.

Inhaltsverzeichnis

Zusammenfassung

Verbrauchervertrauen ist eine Kernressource der Digitalökonomie. Denn nur wenn Verbraucher Unternehmen etwa darin vertrauen, dass ihre persönlichen Daten nicht missbraucht werden und sie bei Problemen mit digitalen Anwendungen nicht alleine gelassen werden, wird die digitale Transformation im B2C-Bereich gelingen. Unternehmen sollten sich daher dafür einsetzen, Verbrauchervertrauen zu erhalten und zu fördern. Dieser Einsatz wird in diesem Beitrag als Corporate Digital Responsibility (CDR) bezeichnet. In Anlehnung an die United Nations Guidelines for Consumer

C. Thorun (✉)
Quadriga Hochschule Berlin, Berlin, Deutschland
E-Mail: christian.thorun@quadriga.eu

© Springer Fachmedien Wiesbaden GmbH 2018
C. Gärtner und C. Heinrich (Hrsg.), *Fallstudien zur Digitalen Transformation*,
https://doi.org/10.1007/978-3-658-18745-3_9

Protection wird das Konzept der Corporate Digital Responsibility inhaltlich für die Anspruchsgruppe der Verbraucher mit Leben gefüllt. Das Kernfazit des Kapitels ist, dass Unternehmen ihre klassischen Ansätze der Corporate Social Responsibility, die sich bislang primär auf negative Externalitäten in den Bereichen Umwelt, Menschenrechte und soziale Fragen bezogen haben, auf die digitale Welt erweitern sollten. Auch sollten sie systematisch prüfen, ob neue digitale Lösungen nicht dazu beitragen können, gesellschaftliche Herausforderungen erfolgreich zu adressieren.

9.1   Einleitung: Die Digitalökonomie als Vertrauensökonomie

Die Digitalisierung hat nicht nur Auswirkungen auf Unternehmen sowie deren Geschäftsmodelle und Funktionsbereiche, sondern auch auf den Verbraucheralltag. Aus Verbrauchersicht geht die Digitalisierung mit großen Wohlfahrtsgewinnen einher: Über Preissuchmaschinen erhalten Verbraucher eine einfache Möglichkeit, sich einen Marktüberblick über die angebotenen Produkte zu verschaffen, über Nutzerbewertungen können sie sich über die Erfahrungen anderer Verbraucher mit einem Produkt oder einer Dienstleistung informieren und durch das höhere Maß an Transparenz und Vergleichbarkeit steigt der Innovations- und Preisdruck auf Unternehmen. Verbraucher profitieren überdies davon, rund um die Uhr und an jedem Wochentag einkaufen gehen zu können. Es überrascht daher auch nicht, dass 85 % der befragten deutschen Verbraucher angeben, mindestens einmal in der Woche Suchmaschinen und Webseiten zu verwenden, um Informationen zu finden (European Commission 2016, S. 7).

Gleichzeitig sehen sich Verbraucher jedoch auch mit Herausforderungen und Risiken in der digitalen Welt konfrontiert. Hinsichtlich des Datenschutzes geben in einer Umfrage lediglich 4 % der befragten Deutschen an, kontrollieren zu können, welche Daten sie online preisgeben, während 45 % sagen, keine Kontrolle über die Datenverwendung von Unternehmen zu haben (European Commission 2015b, S. 10). Zwischen 51 % und 60 % der Befragten sind überdies besorgt, dass ihr Alltagsleben durch Kreditkarten, Mobiltelefone und Apps sowie die Internetnutzung überwacht werden kann (European Commission 2015b, S. 17–18). Ähnliche Sorgen finden sich auch bei US-amerikanischen Verbrauchern. Gemäß einer Befragung des US Department of Commerce sind 63 % der Verbraucher besorgt über einen Identitätsdiebstahl, 45 % über einen Kreditkartenmissbrauch, 23 % über die Datensammelpraktiken von Unternehmen und 22 % über den Verlust der Kontrolle über die eigenen Daten (United States Department of Commerce – National Telecommunications & Information Administration 2016, Abb. 2).

Diese Befürchtungen und Sorgen haben Auswirkungen auf das Verbraucherverhalten. In einer globalen Befragung im Namen des Centre for International Governance Innovation geben 39 % der Teilnehmer an, die Preisgabe personenbezogener Informationen reduziert zu haben, 23 % sagen, dass sie weniger Finanztransaktionen online durchführen und 21 % gehen weniger oft online einkaufen (Center for International Governance Innovation 2016, S. 14).

Diese Umfrageergebnisse zeigen, dass eine Kernherausforderung in der Digitalisierung für Unternehmen darin besteht, das Verbrauchervertrauen in die digitalen Angebote zu fördern und auszubauen. So überrascht es denn auch nicht, dass die internationale Internet Society in ihrem *2016 Global Internet Report* zu dem Fazit kommt: „Without trust, those online are less likely to entrust their personal information to the Internet, and, those who are not yet online will have reason to stay offline. The Internet economy will not grow as fast as it could […]" (Internet Society 2016, S. 16).

Aus diesem Grund haben Regierungen auf nationaler, regionaler und globaler Ebene die Frage des Verbrauchervertrauens auf die politische Agenda gehoben. So hat etwa die Bundesregierung im Rahmen ihrer G20-Präsidentschaft im Jahr 2017 zu einem Treffen der G20-Digitalminister eingeladen. In der Abschlusserklärung wird argumentiert: „Trust and security are fundamental to the functioning of the digital economy; without them, uptake of digital technologies may be limited, undermining an important source of potential growth and social progress" (Bundesministerium für Wirtschaft und Energie 2017, S. 13).

Aber nicht nur Regierungen können Maßnahmen umsetzen, um das Verbrauchervertrauen in die digitale Welt zu stärken. Auch und gerade Unternehmen können Beiträge dafür leisten, dieses Vertrauen zu gewinnen und auszubauen. In diesem Kapitel geht es daher um die Frage, worauf es hierbei für Unternehmen konkret ankommt. Im Sinne unternehmerischer Verantwortung geht es demnach um die Corporate Digital Responsibility.

9.2 Corporate Digital Responsibility und die Verantwortung von Unternehmen gegenüber Verbrauchern[1]

Bei einer Vielzahl von Unternehmen hat sich in den vergangenen Jahren die Erkenntnis durchgesetzt, dass auch sie eine gesellschaftliche Verantwortung tragen. Diese Erkenntnis wird auch mit dem Begriff der Corporate Social Responsibility (CSR) umschrieben. Die EU-Kommission definiert CSR als „die Verantwortung von Unternehmen für ihre Auswirkungen auf die Gesellschaft" (Europäische Kommission 2011, S. 7). In der Vergangenheit lag der inhaltliche Fokus in der CSR-Diskussion primär auf ökologischen,

---

[1]Die inhaltlichen Ausführungen in diesem Abschnitt basieren zum großen Teil auf (Thorun et al. 2017).

sozialen sowie Menschenrechts- und Verbraucherbelangen. Eine dezidierte Auseinandersetzung mit den Chancen und Herausforderungen, die aus der Digitalisierung resultieren,
fand – wenn überhaupt – nur in Randbereichen statt.

Das hat sich in jüngster Zeit jedoch geändert und eine Debatte über die Corporate Digital Responsiblity (CDR) wurde eingeleitet (Adi et al. 2015; Hildebrandt und Landhäußer
2017; Jänig und Mühlner im Druck). So wird etwa argumentiert, dass analog dazu, wie
sich die klassische CSR mit negativen externen Effekten wie Umweltbelastungen oder
Menschrechtsverletzungen auseinandersetzt, sich die CDR der negativen Effekte digitaler
Geschäftsmodelle und Dienstleistungen widmen muss. Hierzu zählen etwa Eingriffe in die
informationelle Selbstbestimmung, Gefahren für die Datensicherheit oder Haftungsfra-
gen beim SmartHome oder beim autonomen Fahren (Esselmann und Brink 2016, S. 40).
Auch wird darauf verwiesen, dass digitale Instrumente dafür verwendet werden können,
gesamtgesellschaftlich erwünschte Effekte zu befördern.

Gleichwohl befindet sich die Debatte über die konkreten inhaltlichen Anforderungen
hinsichtlich einer unternehmerischen Verantwortung in der digitalen Welt noch in den
Kinderschuhen. Dieser Beitrag möchte diese Lücke hinsichtlich der Anspruchsgruppe
der Verbraucher ein Stück weit schließen.

Hierbei steht die Frage im Vordergrund, welche Verantwortung Unternehmen gegenüber Verbrauchern haben. Aufschluss hierzu geben die United Nations Guidelines for
Consumer Protection (UNGCP). Sowohl Staaten als auch Unternehmen sind aufgefor-
dert, diese Leitlinien umzusetzen.

Die United Nations Guidelines for Consumer Protection

Die United Nations Guidelines for Consumer Protection (UNGCP) wurden im April 1985 erstmalig verabschiedet. Sie fassen wesentliche Rechte von Verbrauchern und Prinzipien für den Verbraucherschutz und die Verbraucherbefähigung zusammen. Um die Auswirkungen der Digitalisierung
auf Verbraucher besser zu berücksichtigen, wurden die UNGCP im Dezember 2015 in überarbeite-
ter Fassung erneut verabschiedet (United Nations 2016).

Die UNGCP unterscheiden sieben Handlungsfelder, die für den Verbraucherschutz und
die Verbraucherbefähigung essenziell sind. Diese lauten:[2]

1. **Zugang:** Verbraucher sollten über einen Zugang insbesondere zu essenziellen Produkten und Dienstleistungen der Daseinsvorsorge verfügen.
2. **Wirtschaftliche Interessen:** Die wirtschaftlichen Interessen der Verbraucher sollten
   geschützt und befördert werden.
3. **Produktsicherheit und Haftung:** Verbraucher sollten vor gesundheitsgefährdenden
   Produkten geschützt werden. Unternehmen sollten für etwaige Schäden haften.

---

[2] Die Themenbereiche Partizipation von Verbraucherorganisationen und nachhaltiger Konsum werden hier aus Gründen der Komplexitätsreduktion ausgelassen.

4. **Datenschutz und Datensicherheit:** Die Privatsphäre der Verbraucher sowie der freie Fluss von Informationen sowie sichere Zahlungsmechanismen sollten gewährleistet sein.

5. **Informationen und Transparenz:** Verbraucher sollten über einen Zugang zu adäquaten Informationen verfügen, die es ihnen ermöglichen, informierte Entscheidungen gemäß ihren Präferenzen zu treffen.

6. **Verbraucherbildung:** Verbraucher sollten hinsichtlich ihrer Rolle als Konsumenten gebildet werden – dies umfasst auch ihr Bewusstsein und ihre Kenntnisse hinsichtlich der ökologischen, sozialen und wirtschaftlichen Konsequenzen ihrer Konsumentscheidungen.

7. **Streitschlichtung und Wiedergutmachung:** Verbraucher sollten über Zugänge zu effektiven Streitschlichtungs- und Wiedergutmachungsmechanismen verfügen.

Bei der Umsetzung dieser Prinzipien soll insbesondere auch Sorge dafür getragen werden, dass gerade verletzliche Verbrauchergruppen adressiert werden. Hierzu zählen Kinder und Jugendliche, ältere Personen, Personen mit Behinderungen und Personen aus bildungsferneren Schichten oder mit geringem Einkommen. Überdies sollen besonders die Belange von Verbrauchern in Entwicklungs- und Schwellenländern berücksichtigt werden.

9.3 Wesentliche Verantwortungsbereiche im Fokus

Diese Handlungsfelder lassen sich auch auf die digitale Welt übertragen. Was das für die einzelnen Handlungsfelder konkret bedeutet, wird in diesem Abschnitt erläutert.

9.3.1 Zugang

Der Zugang zum Internet stellt eine Grundvoraussetzung für Verbraucher dar, am digitalen Leben teilzunehmen. Die hervorgehobene Bedeutung des Zugangs wird nicht nur im Rahmen der UNGCP anerkannt, sondern auch im Kontext der Sustainable Development Goals (SDGs) der Vereinten Nationen.[3] Das SDG 9.c fordert beispielsweise eine signifikante Verbesserung beim Zugang zu Informations- und Kommunikationstechnologien (IKT) und einen universellen und bezahlbaren Zugang zum Internet gerade in den Entwicklungsländern bis zum Jahr 2020.

Von diesem Ziel ist die Weltgemeinschaft allerdings noch weit entfernt. Denn während global betrachtet ca. 3 Mrd. Menschen Zugang zum Internet haben, ist mehr als die

---

[3]Die SDGs beinhalten globale Ziele für eine nachhaltige Entwicklung, die für alle Staaten gelten. Sie werden auch als Agenda 2030 bezeichnet.

Hälfte der Weltbevölkerung (3,9 Mrd.) offline (International Telecommunication Union 2016, S. 181). Überdies sind einige Bevölkerungsgruppen im besonderen Maße von einer schlechten Versorgung betroffen. Hierzu zählen ältere, ärmere, gering gebildete und in ländlichen Regionen lebende Menschen (OECD 2015a, S. 138; McKinsey & Company 2014, S. 3 ff.; World Bank Group 2016, S. 104).

Wichtig bei der Zugangsfrage ist, dass es hierbei nicht nur um die Breitbandverfügbarkeit und die mobile Abdeckung geht, sondern auch um deren Qualität (Geschwindigkeiten und Zuverlässigkeit) und den Preis. So setzt sich etwa die Alliance for Affordable Internet dafür ein, dass 1 GB Datenvolumen nicht mehr als 2 % des durchschnittlichen monatlichen Haushaltseinkommens kosten darf.

Hinsichtlich der unternehmerischen Verantwortung folgt hieraus, dass Unternehmen den Zugang zu IKT gerade für die Bevölkerungsgruppen verbessern sollten, die bislang noch über keinen oder über einen qualitativ schlechten oder überteuerten Zugang verfügen. Diese Verantwortung tragen insbesondere Telekommunikationsunternehmen, wenn es darum geht, die Breitbandversorgung und mobile Abdeckung auszubauen. Allerdings sollten solche Aktivitäten von staatlicher Seite flankiert werden. Nationale Breitbandpläne sind hierbei wichtige Instrumente, um die notwendigen Maßnahmen gezielt umzusetzen (Broadband Commission for Sustainable Development 2016, S. 33; OECD 2017, S. 57). Wie das folgende Beispiel zeigt, können Unternehmen aber auch unabhängig von staatlichen Aktivitäten neuartige Lösungen entwickeln.

> **Best-Practice-Beispiel 1: Internetzugang in ländlichen oder abgelegenen Regionen**
> Das „Project Loon" der Forschungsabteilung X von Alphabet Inc. (ehemals Google X) hat es sich zum Ziel gesetzt, Verbraucher an entlegenen Orten mit Internet zu versorgen. Dies geschieht durch ein Netzwerk von Wetterballons, die technisch so ausgestattet sind, dass sie Konnektivität zwischen Stationen, Ballon-Netzwerk und den Geräten der Endverbraucher ermöglichen (X 2017).

9.3.2 Wirtschaftliche Interessen

Um die wirtschaftlichen Interessen der Verbraucher zu fördern, kommt es darauf an sicherzustellen, dass Verbraucher zwischen unterschiedlichen Angeboten auswählen können, und dass die Angebote möglichst preisgünstig sind. Hierfür sind wettbewerbliche Märkte essenziell. Die UNGCP heben denn auch die Bedeutung des Wettbewerbs als eine wesentliche Säule für den Verbraucherschutz hervor und verweisen insbesondere auf das UN Set of Multilaterally Agreed Equitable Principles and Rules for the Control of Restrictive Business Practices. Dieses Dokument fordert u. a. Unternehmen dazu auf, die Wettbewerbsgesetze zu respektieren (United Nations 2000).

Die große Bedeutung der Wettbewerbsregulierung auch in der digitalen Welt wird etwa am Beispiel der Unternehmen Google, Facebook, Amazon, Microsoft und Apple deutlich. Als Anbieter von Online-Plattformen können sie Märkte maßgeblich gestalten.

So kontrollieren sie nicht nur den Zugang zu diesen Plattformen, sondern sie bestimmen auch die Interaktions- und Vergütungsregeln (OECD 2016). Daher ist es essentiell, dass diese Art von Unternehmen ihre große Marktmacht nicht missbraucht. Dass diese Gefahr real ist, zeigen Verfahren der EU-Kommission etwa gegen Google und Microsoft (European Commission 2013, 2017).

Missbrauchsverfahren der EU-Kommission
Im Juni 2017 verhängte die EU-Kommission eine Rekordstrafe in Höhe von 2,42 Mrd. EUR gegen Google. Der Vorwurf lautete, dass das Unternehmen seine marktbeherrschende Stellung als Suchmaschinenbetreiber missbraucht, indem es einem eigenen Google-Produkt – seinem Preisvergleichsdienst – einen unrechtmäßigen Vorteil verschafft.
Ein weiteres Beispiel stellt Microsoft dar. 2009 stellte die EU-Kommission fest, dass Microsoft seine marktbeherrschende Stellung mit der Kopplung seines Webbrowsers Internet Explorer an Windows missbrauche. Nachdem Microsoft seiner Verpflichtung nicht nachkam, eine freie Browserauswahl zu ermöglichen, verhängte die EU-Kommission im März 2013 eine Geldbuße in Höhe von 561 Mio. EUR.

Neben diesen „klassischen" Wettbewerbsfragen wirft die Digitalisierung jedoch auch neuartige wettbewerbsrelevante Themen auf. Hierbei geht es etwa um Fragen wie die Aufrechterhaltung von Netzneutralität (OECD 2017, S. 88–89), ein hohes Maß an Interoperabilität und Datenportabilität, um eine anbieterübergreifende Kommunikation bzw. darum, einen Anbieterwechsel so einfach wie möglich zu gestalten (OECD 2017, S. 136) sowie die Vermeidung von Diskriminierung durch Algorithmen wie etwa bei einer individualisierten Bepreisung von Produkten und Dienstleistungen (OECD 2016, S. 19–23; Sachverständigenrat für Verbraucherfragen 2016; Verbraucherzentrale Bundesverband 2016).
Hinsichtlich der unternehmerischen Verantwortung folgt, dass Unternehmen

- sicherstellen müssen, dass ihre Aktivitäten im Einklang mit dem Wettbewerbsrecht stehen.
- über Verfahren sowie Präventionsmaßnahmen verfügen müssen, um einer Beteiligung oder Mitttäterschaft bei wettbewerbswidrigem Verhalten vorzubeugen.
- das Bewusstsein der Beschäftigten dafür schärfen müssen, welche Bedeutung der Einhaltung des Wettbewerbsrechts und des fairen Wettbewerbs zukommt.
- die Netzneutralität durch ihre Aktivitäten nicht einschränken.
- Maßnahmen umsetzen, um die Interoperabilität und Datenportabilität zu verbessern – etwa im Rahmen von My-Data- oder Midata-Initativen (OECD 2017, S. 131).
- bei automatisierten Entscheidungen Verbraucher nicht diskriminieren und nachvollziehbar transparent machen, auf welcher Grundlage die Entscheidung zustande gekommen ist.
- von einer auf das Individuum zugeschnittenen Preisbildung absehen, solange es hierfür keine sachlichen Gründe gibt (Rabatte sind weiterhin möglich).

9.3.3 Produktsicherheit und Haftung

Verbraucher sollten darauf vertrauen können, dass von Produkten, die sich im Markt befinden, keine Gefahr für die Gesundheit ausgeht. Produktsicherheitsanforderungen sind gerade bei Produkten wichtig, die von einer hohen Komplexität gekennzeichnet sind, bei denen Defekte den Produkten nicht ohne Weiteres anzusehen sind oder bei denen Verbraucher über relativ geringe Vorerfahrungen verfügen. Beispiele für solche Produkte sind etwa Wearables oder andere Anwendungen aus dem Internet der Dinge (IoT).

Historisch betrachtet stellen Produktsicherheitsanforderungen einen Kernbereich des Verbraucherschutzes dar. Die Digitalisierung hat diesen Kernbereich sogar noch aufgewertet. Denn in globalen Massenmärkten ist die Produktsicherheit weiterhin von großer Relevanz. Ein Beispiel hierfür ist das Smartphone Samsung Galaxy Note 7. Kurz nach der Markteinführung stellte sich heraus, dass Überhitzungen des Akkus beim Ladevorgang zu Explosionen führen konnten. Als Reaktion leitete Samsung einen globalen Rückruf ein.

Eine repräsentative Befragung von deutschen Verbrauchern zeigt, dass 65 % besorgt sind, dass einige digitale Technologien (wie etwa autonom fahrende Autos oder Smart Homes) unsicher sind (Thorun et al. 2017, S. 56).

Hinsichtlich der unternehmerischen Verantwortung folgt, dass Unternehmen

- sicherstellen müssen, dass ihre Aktivitäten im Einklang mit der Produktsicherheitsregulierung stehen. Besonderes Augenmerk sollte hierbei auf schutzbedürftigen Gruppen liegen (insbesondere Kinder), da diese u. U. nicht in der Lage sind, Gefahren zu erkennen und einzuschätzen.
- Produkte und Dienstleistungen anbieten, die unter üblichen und vernünftigerweise vorhersehbaren Nutzungsbedingungen sicher sind. Hierbei kommt es insbesondere darauf an, Produktsicherheitsaspekte bereits im Pre-Market-Design zu berücksichtigen.
- mögliche Vorfälle überwachen.
- über Verfahren verfügen, um Produkte, von denen eine Gesundheitsgefahr ausgeht, zurückrufen zu können. Sofern es sich um digitale Produkte handelt, bei denen Sicherheitslücken über ein Softwareupdate geschlossen werden können, sollten diese Updates öffentlich und kostenfrei zur Verfügung gestellt werden.
- in den Fällen, in denen ein Produkt einen Schaden verursacht hat, diesen Schaden kompensieren. Eine Kompensation kann in Form eines Austauschs, einer Reparatur oder einer finanziellen Kompensation erfolgen (UNCTAD 2016b, S. 67; United Nations 2016, S. 16, 19, 35).

9.3.4 Datenschutz und Datensicherheit

In der Digitalökonomie haben personenbezogene Daten den Status einer zentralen Ressource für Geschäftsmodelle und Dienstleistungen erlangt. So werden personenbezogene

Daten etwa im Onlinehandel benötigt, um die Zahlungs- und Auslieferungsvorgänge abwickeln zu können. Überdies wird Big Data Analytics verwendet, um personalisierte Werbung zu schalten, die Servicequalität zu verbessern und ggf. sogar die Preise dynamisch oder sogar individuell anzupassen.

Hand in Hand mit der steigenden Bedeutung von personenbezogenen Daten nimmt auch die Rolle von Datensicherheit zu. Es überrascht daher auch nicht, dass die UNGCP den Aspekten Datenschutz und -sicherheit erstmalig einen relativ großen Stellenwert beimessen.

9.3.4.1 Datenschutz

Aus Verbrauchersicht werfen die Datenerhebung und -nutzung von Unternehmen eine Reihe von Bedenken auf: So können auf der Grundlage von Internetsuchanfragen, der Einkaufshistorie oder Standortdaten Persönlichkeitsprofile erstellt werden. Auch wirft Big Data Analytics die Frage auf, ob Daten, die ursprünglich für einen bestimmten Zweck erhoben wurden, zu einem späteren Zeitpunkt für einen anderen Zweck verwendet werden.

Aus verbraucherpolitischer Perspektive besteht eine wesentliche Herausforderung bei diesem Thema darin, dass es sehr schwer ist, Transparenz über die Datenschutzpraktiken bei Unternehmen herzustellen. Dies hängt damit zusammen, dass Unternehmen nicht nur Daten erheben und verarbeiten, die Verbraucher bewusst mitteilen (wie die Lieferadresse bei einem Onlinekauf), sondern auch Nutzungsdaten. Hierbei handelt es sich um Daten, die dann anfallen, wenn Verbraucher im Internet suchen, einkaufen oder kommunizieren. Die Qualität und Quantität dieser Daten wird in den kommenden Jahren exponentiell anwachsen – gerade auch mit dem Wachstum des Internets der Dinge. Diese Daten können sehr sensible Informationen enthalten. Hierbei geht es etwa um Gesundheitsdaten (die etwa über Gesundheitstracker erhoben werden), Konsumgewohnheiten (die etwa über intelligente Kühlschränke gewonnen werden) und Lebensstilfragen (die etwa über Smart-Home-Anwendungen erhoben werden).

Eine weitere Herausforderung besteht darin, dass Verbraucher in manchen Anwendungsbereichen (wie etwa bei sozialen Netzwerken) keine Wahlfreiheit haben. Wollen sie nicht von der Kommunikation ausgeschlossen werden, sind sie in manchen Fällen darauf angewiesen, bestimmte Dienste zu nutzen. In diesen Fällen sind sie gezwungen, die Datenpraktiken eines Unternehmens zu akzeptieren. Daher ist es wichtig, dass Verbrauchern Wahlfreiheit ermöglicht wird. Dies sollte dadurch geschehen, dass das Kopplungsverbot konsequent umgesetzt und die Interoperabilität von Diensten erhöht wird.

Hinsichtlich der unternehmerischen Verantwortung folgt in diesem Handlungsfeld, dass Unternehmen – über die Einhaltung gesetzlicher Vorhaben hinaus – die folgenden internationalen Kernprinzipien berücksichtigen sollten (OECD 2013; UNCTAD 2016a, S. 57). Insgesamt geht es hierbei insbesondere darum, Datenschutz im Design und als Voreinstellung zu berücksichtigen (privacy by design and default).

- Offenheit: Unternehmen sollten transparent und verständlich über ihre Datenverarbeitungspraktiken informieren. Verbrauchern sollte überdies die Möglichkeit gegeben werden, differenzierte Einwilligungen in die Verarbeitung ihrer Daten auszusprechen.
- Wahlfreiheit: Unternehmen sollten dafür Sorge tragen, dass Kunden nicht gezwungen werden, einen vermeintlich kostenlosen Dienst mit ihren personenbezogenen Daten zu bezahlen. Das Kopplungsverbot ist anzuwenden.
- Datensparsamkeit: Es sollten nur so viele personenbezogene Daten erhoben und verarbeitet werden, wie für die jeweilige Anwendung essenziell ist.
- Zweckbindung: Daten sollten nur für die Zwecke verwendet werden, für die sie erhoben worden sind.
- Datenqualität: Es muss Sorge dafür getragen werden, dass die Daten akkurat, relevant und aktuell sind.
- Zugang und Korrektur: Verbraucher müssen über Möglichkeiten verfügen, um Auskunft über die über sie gespeicherten Daten zu erlangen, um diese zu löschen und um diese zu korrigieren.
- Accountability: Die Unternehmen müssen dafür Verantwortung übernehmen, dass die Datenerhebung gemäß der Datenschutzgesetzte erfolgt.

Best-Practice-Beispiele 2: Datenschutz

Transparenz bei Apps

Das Bundesministerium der Justiz und für Verbraucherschutz hat in Zusammenarbeit mit Unternehmen wie Google Germany und Microsoft Deutschland einen Praxisleitfaden entwickelt, der App-Entwickler darin unterstützen soll, verbraucher- und datenschutzfreundliche Apps zu entwickeln (Bundesministerium der Justiz und für Verbraucherschutz 2017).

Förderung der Entwicklung von Datenschutztools

Die Deutsche Telekom schrieb im Frühjahr 2017 die Förderung von sogenannten Privacy-Bot-Projekten aus (Deutsche Telekom 2017). Geförderten Entwicklern oder Start-ups wird dabei ermöglicht, Datenschutztools zu entwickeln, die Verbraucher darin unterstützen, ihren Datenschutz selbstbestimmt zu gestalten.

Externe Zertifizierung der Datenschutz- und Datensicherheitspraxis

Es gibt einige Unternehmen, die ihre Datenschutz- und Datensicherheitspraxis durch externe, unabhängige Prüflabore testen und zertifizieren lassen. So prüft der TÜViT u. a. die Deutsche Telekom (TÜViT 2017), und eTrusted Shops verleiht ihr Siegel an Einkaufsportale wie Fleurop AG oder Obi Group Holding SE & Co. KGaA (Trusted Shops 2010, 2014)

9.3.4.2 Datensicherheit

Eine Reihe von Distributed-Denial-of-Services-Attacken (DDoS-Attacken), der Datenklau bei Yahoo, von dem drei Milliarden Nutzer betroffen waren, und Angriffe auf das

SWIFT-Bankennetzwerk, bei denen mehrere Millionen US-Dollar gestohlen wurden, haben die Notwendigkeit aufgezeigt, dem Thema Datensicherheit eine große Bedeutung beizumessen. Solche Angriffe können eine Reihe von Konsequenzen haben: Angefangen von finanziellen über informationelle Folgen bis hin zum Identitätsdiebstahl und der Erpressung von Individuen, Unternehmen und Regierungen.

Die Risiken bestehen nicht nur bei klassischen Computern und Netzwerken, sondern auch bei IoT-Anwendungen. IoT-Anwendungen sind aus einer Reihe von Gründen vom Standpunkt der Datensicherheit besonders kritisch zu bewerten. Erstens: Je mehr smarte Anwendungen etwa in Wohnungen verwendet werden, desto mehr Sicherheitslücken kann ein Angreifer potenziell ausnutzen. Zweitens können über solche Sicherheitslücken auch weitere Geräte, die sich im Netzwerk befinden, angegriffen und kompromittiert werden. Drittens bringen Unternehmen IoT-Anwendungen auf den Markt, die relativ wenig Erfahrung mit IT-Sicherheitsanforderungen haben.

Hinsichtlich der unternehmerischen Verantwortung folgt bei der Datensicherheit, dass Unternehmen – über die Einhaltung gesetzlicher Vorhaben hinaus – eine Reihe von internationalen Kernprinzipien berücksichtigen sollten (Federal Trade Commission 2015; OECD 2015b). Das Bundesamt für Sicherheit in der Informationstechnik hebt die folgenden Themenbereiche hervor (Bundesamt für Sicherheit in der Informationstechnik 2012, S. 34 ff.):

- Systematisches Herangehen an Informationssicherheit
- Sicherheit von IT-Systemen
- Vernetzung und Internetanbindung
- Faktor Mensch: Kenntnis und Beachtung von Sicherheitserfordernissen
- Wartung von IT-Systemen: Umgang mit sicherheitsrelevanten Updates
- Verwendung von Sicherheitsmechanismen: Umgang mit Passwörtern und Verschlüsselung
- Schutz vor Katastrophen und Elementarschäden

9.3.5 Informationen und Transparenz

Spätestens seit den 1970er Jahren ist wissenschaftlich begründet, dass die Funktionsfähigkeit von Märkten entscheidend auch davon abhängt, ob Verbraucher über Informationen verfügen, um die Eigenschaften von Produkten und Dienstleistungen zu bewerten. Der Wirtschaftsnobelpreisträger Georg Akerlof hat die Bedeutung von Informationen und Informationsasymmetrien bereits in den 1970er Jahren am Beispiel des Gebrauchtwagenkaufs verdeutlicht (Akerlof 1970).

Die UNGCP heben die Bedeutung von Verbraucherinformationen und Transparenz hervor: Verbraucher sollen alle jene Informationen zur Verfügung gestellt bekommen, die es ihnen ermöglichen, informierte Entscheidungen gemäß ihren Präferenzen treffen zu können. Verbraucherinformationen können unterschiedliche Formen annehmen, angefangen von klassischen Produkt- und Preisinformationen über Siegel bis hin zu allgemeinen Geschäftsbedingungen und Datenschutzerklärungen.

In der digitalen Welt nimmt die Bedeutung von Informationen sogar noch einmal zu. Denn viele digitale Produkte sind durch ihre Immaterialität charakterisiert. Das heißt, dass sich die wesentlichen Produkteigenschaften nicht durch eine Betrachtung der Güter erschließen lassen – wie es bei sogenannten Suchgütern der Fall ist. Überdies ist etwa der Onlinehandel dadurch charakterisiert, dass Verkäufer und Käufer räumlich voneinander getrennt sind. Das heißt, dass alle für den Kauf relevanten Informationen elektronisch vermittelt werden müssen.

Trotz der großen Bedeutung von Verbraucherinformationen zeigt die Verbraucherforschung, dass Verbraucher oft von der Informationsfülle überwältigt sind (dieses Phänomen wird auch als Information Overload bezeichnet). Das heißt, dass es nicht primär auf die Quantität, sondern die Qualität von Informationen ankommt. Auch kritisieren Verbraucherorganisationen, dass Verbraucher zum einen oft nicht adäquat informiert werden. Dies betrifft etwa die tatsächlich erbrachten Internetdownload-Geschwindigkeiten. Zum anderen verweisen sie darauf, dass viele Verbraucher Allgemeine Geschäftsbedingungen (AGB) und Datenschutzerklärungen nicht verstehen würden, da diese in einer für juristische Laien schwer verständlichen Sprache verfasst sind und letztlich nicht der Verbraucherinformation, sondern der rechtlichen Absicherung der Unternehmen dienen.

Als Reaktion auf diese Herausforderungen wurden in jüngster Zeit eine Reihe von Vorschlägen entwickelt, wie die Qualität von Verbraucherinformationen verbessert werden kann. Ein Beispiel hierfür ist etwa der Datenschutz-One-Pager, der im Rahmen des IT-Gipfel-Prozesses der Bundesregierung entwickelt worden ist. Die Deutsche Telekom, Zalando und die Otto Group fassen nun wesentliche Datenschutzbestimmung ergänzend zur ausführlichen Datenschutzerklärung auf einer Seite zusammen, um Verbrauchern einen schnellen Überblick über die Datenverarbeitungspraktiken zu ermöglichen (vgl. Best-Practice-Beispiele 3). In Anlehnung an das Sprichwort, nach dem ein Bild oft mehr als 1000 Worte sagt, wird überdies mit Piktogrammen experimentiert, um über wesentliche Datenverarbeitungspraktiken zu informieren (geta1page 2017).

Hinsichtlich der unternehmerischen Verantwortung folgt in diesem Handlungsfeld, dass Unternehmen – über die Einhaltung gesetzlicher Vorhaben hinaus – die folgenden internationalen Kernprinzipien berücksichtigen sollten:

- Unternehmen sollten Informationen bereitstellen, die nicht täuschend, irreführend, betrügerisch, unfair oder unklar sind. Auch sollte keine Irreführung durch Verschweigen einer Tatsache erfolgen.
- Unternehmen sollten sicherstellen, dass AGB keine unlauteren Vertragsbestimmungen enthalten.
- Unternehmen sollten Verbrauchern eindeutige Informationen über das Unternehmen, seine Adresse, Kontaktinformationen und Registrierungsnummer zur Verfügung stellen.
- Unternehmen sollten Informationen in einer Form bereitstellen, sodass diese möglichst vergleichbar sind.

- Werbung sollte klar als solche kenntlich gemacht werden.
- Sofern Unternehmen auf ihren Webseiten Bewertungen von Kunden einbinden, sollten Mechanismen eingesetzt werden, um manipulierte Bewertungen auszuschließen.
- Unternehmen sollten sich in Initiativen einbringen, die darauf abzielen, Informationen für Verbraucher verständlicher und leichter zugänglich aufzubereiten. Auch sollten Informationen maschinenauslesbar gemacht werden.

Best-Practice-Beispiele 3: Informationen und Transparenz

Datenschutzerklärungen vereinfachen

Der sogenannte One-Pager ist aus einer Initiative des Bundesministeriums der Justiz und für Verbraucherschutz im Rahmen des IT-Gipfelprozesses entstanden (Bundesministerium der Justiz und für Verbraucherschutz 2015). In ihm werden die wesentlichen Inhalte einer Datenschutzerklärung in leicht verständlicher Sprache auf einer Seite ergänzend zur langen Fassung zusammengefasst. Zu den Unternehmen, die den One-Pager bereits implementiert haben, zählen u. a. die Deutsche Telekom, die Otto Group und Zalando.

Eine alternative Umsetzung ist das sogenannte Zwei-Spalten-System, das die lange Datenschutzerklärung und eine Kurzfassung parallel in zwei Spalten abbildet. Es findet vor allem in den USA Anwendung und wird beispielweise von 500px und Pinterest genutzt (500px 2016; Pinterest 2016).

Transparenz bei der Meldung von Zwischenfällen

In dem sogenannten „Status Report" der Deutschen Telekom klärt das Unternehmen Verbraucher sowie Datenschutz- und Verbraucherorganisationen transparent auf der Unternehmenswebseite über technische und datenschutzrelevante Zwischenfälle auf (Deutsche Telekom 2016).

9.3.6 Verbraucherbildung

Verbraucherbildung zielt darauf ab, Verbraucher mit den notwendigen Kompetenzen auszustatten, sodass sie informierte Entscheidungen gemäß ihren Präferenzen und Wertvorstellungen treffen können. Während Verbraucherinformationen darauf abzielen, Verbraucher mit den notwendigen Daten auszustatten, kann Verbraucherbildung als eine Grundvoraussetzung verstanden werden, um diese Daten sinnvoll zu nutzen.

Die Digitalisierung verändert die Bedeutung der Verbraucherbildung nicht grundsätzlich. Allerdings unterstreicht sie die Notwendigkeit, digitale Kompetenzen auszubauen. Gemäß des Digital Competence Frameworks for Citizens der EU-Kommission zählen hierzu Kompetenzen in den Bereichen (Vuorikari et al. 2016)

1. Information and data literacy: a) browsing, searching and filtering data, information and digital content, b) evaluating data, information and digital content, c) managing data, information and digital content.
2. Communication and collaboration: a) interacting through digital technologies, b) sharing through digital technologies, c) engaging in citizenship through digital technologies, d) collaborating through digital technologies, e) netiquette, f) managing digital identity.
3. Digital content creating: a) developing digital content, b) integrating and re-elaborating digital content, c) copyright and licenses, d) programming.
4. Safety: a) protecting devices, b) protecting personal data and privacy, c) protecting health and well-being, d) protecting the environment.
5. Problem solving: a) solving technical problems, b) identifying needs and technological responses, c) creatively using digital technologies, d) identifying digital competence gaps.

Darüber hinaus sollten Verbraucher auch über ihre Rechte und Pflichten als Verbraucher in der digitalen Welt informiert werden. Dies umfasst Bildung in den Bereichen Vertragsrecht, Urheberrecht und Stellen, an die man sich bei Problemfällen wenden kann.

Die Verbraucherbildung im digitalen Bereich kann durch unterschiedliche Maßnahmen gefördert werden. Hierzu zählt die Berücksichtigung im Schulcurriculum, Verbraucherberatung durch Verbraucherorganisationen und Medienkampagnen. Überdies können Unternehmen Beiträge für die Verbraucherbildung leisten. In der folgenden Box finden sich konkrete Beispiele hierfür. Bei solchen Initiativen ist jedoch Sorge dafür zu tragen, dass Unternehmen neutrale Informationen verbreiten und die Bildungsaktivitäten nicht missbrauchen, um ihre Partikularinteressen zu befördern. Um diese Gefahr zu minimieren, ist es sinnvoll, wenn Unternehmen bei solchen Aktivitäten mit zivilgesellschaftlichen Akteuren kooperieren.

Best-Practice-Beispiele 4: Verbraucherbildung

Kinder mit der Nutzung von Computern vertraut machen

Der „Calliope mini" ist ein Computer, der für Schulkinder ab der 3. Klasse entwickelt wurde, um ihnen spielerisch den Umgang mit digitalen Geräten und Programmierung beizubringen. Gefördert wird das Projekt durch das Bundesministerium für Wirtschaft und Energie. Zusätzlich erhält es u. a. Unterstützung für die Hardware durch die Robert Bosch GmbH (Calliope 2016).

Kostenlose Tablets für Senioren

Die Telefonica Deutschland Group und die Stiftung Digitale Chance haben eine Initiative ins Leben gerufen, um Senioreneinrichtungen mit Tablet-PCs und einem Probe-Internetzugang auszustatten (Telefonica Deutschland 2016, S. 23). Zusätzlich können interessierte Teilnehmer in geförderten Internetschulungen ihre Digitalkompetenzen steigern.

Förderung der „digital literacy" von Jugendlichen in Afrika

SAP SE, das Cape Town Science Centre und das Galway Education Centre haben die Initiative „Africa Code Week" ins Leben gerufen, die Jugendlichen in 30 afrikanischen Ländern ermöglicht, ihren Umgang mit digitalen Geräten auszubauen und ihre ersten Programmzeilen zu schreiben (SAP 2016, S. 9).

9.3.7   Streitschlichtung und Wiedergutmachung

Im Verhältnis zwischen Unternehmen und Verbrauchern kann es zu Problemen kommen. Ein geliefertes Produkt erfüllt nicht die Erwartungen, ein Produkt geht innerhalb der Gewährleistungsfrist kaputt oder es bestehen unterschiedliche Ansichten über wesentliche Vertragsbestandteile. In diesen Fällen sollten Verbraucher über einfache Mechanismen der Streitschlichtung und Wiedergutmachung verfügen.

Dass diese Probleme real sind, zeigen Befragungsergebnisse der EU-Kommission. So geben 17 % der deutschen Befragten an, in den letzten 12 Monaten ein Problem beim Kauf oder bei der Nutzung einer Ware gehabt zu haben, bei der man der Meinung war, einen legitimen Grund für eine Beschwerde gehabt zu haben. Verbraucher beschweren sich über Produkte, die später als angekündigt geliefert wurden (40 %), über beschädigte bzw. über Produkte, die vom ursprünglich bestellten Produkt abwichen (24 %) oder über Produkte, die gar nicht erst ausgeliefert wurden (10 %) (European Commission 2015a, S. 50, 64, 65).

Einfache und effektive Mechanismen der Streitschlichtung und Wiedergutmachung sind aus einer Reihe von Gründen wichtig: Erstens sollten Verbraucher nicht auf Schäden sitzen bleiben, die durch einen Anbieter verursacht wurden. Zweitens können unterbliebene Wiedergutmachungen dazu führen, dass das Verbrauchervertrauen in die Wirtschaft und die Rechtsdurchsetzung geschmälert wird und hierdurch die wirtschaftlichen Aktivitäten eingeschränkt werden. Drittens sollten Anbieter keine Unrechtsgewinne vereinnahmen, denn hierdurch wird der Markt verzerrt (UNCTAD 2016b, S. 91).

Wegen dieser großen Bedeutung von Streitschlichtung und Wiedergutmachung für die einzelnen Verbraucher sowie für den Markt insgesamt überrascht es nicht, dass sowohl die UNGCP als auch eine Reihe von OECD-Leitsätzen Empfehlungen zu diesem Thema beinhalten (OECD 1999, 2003, 2007).

Streitschlichtungsmechanismen und Wiedergutmachung spielen auch eine große Rolle in der digitalen Wirtschaft. Denn vor dem Hintergrund der räumlichen Distanz zwischen Käufer und Verkäufer kommt es auf einfache und effektive Schlichtungsmechanismen an. Dies trifft gerade auch auf grenzüberschreitende Transaktionen zu.

Neben den klassischen Kanälen der Streitschlichtung, wie Gerichte oder kollektive und administrative Streitschlichtung (UNCTAD 2016b, S. 92 ff.), sollten sich Unternehmen auch an alternativen außergerichtlichen Streitschlichtungsmechanismen beteiligen sowie über einen effektiven Kundenbeschwerdeservice verfügen.

Hinsichtlich des Kundenbeschwerdeservices fordern die UNGCP Unternehmen dazu auf, schnelle, faire, transparente, kostengünstige, zugängliche und effektive Mechanismen zur Verfügung zu stellen. Die Norm ISO 10002:2014-07 „Qualitätsmanagement – Kundenzufriedenheit – Leitfaden für die Behandlung von Reklamationen in Organisationen" kann einen effektiven Handlungsrahmen hierfür vorgeben. Darüber hinaus sollten Unternehmen sich auch an außergerichtlichen Streitschlichtungsstellen beteiligen wie etwa dem Online-Schlichter im Bereich des Onlinehandels.

> **Best-Practice-Beispiele 5: Streitschlichtung und Wiedergutmachung bei der Abwicklung von Onlinetransaktionen und -einkäufen**
>
> Das Unternehmen PayPal war eines der ersten, das mit seinen PayPal-Dispute-Resolution-Guidelines einen effektiven Service einführte, um Verbraucher bei Streitigkeiten mit einem Anbieter zu unterstützen (UNCTAD 2016b, S. 96). So „friert" PayPal beispielsweise bei Käuferbeschwerden die Transaktion ein, bis der Streit beigelegt wurde.

9.4   Fazit und Ausblick

Das Kernanliegen dieses Kapitels besteht darin, aufzuzeigen, dass Verbrauchervertrauen eine wesentliche Ressource für den Erfolg der digitalen Transformation im B2C-Bereich darstellt. Wenn Verbraucher Unternehmen etwa nicht vertrauen können, dass deren persönliche Daten verantwortungsvoll verarbeitet und gespeichert werden oder wenn Verbraucher bei Problemen mit digitalen Anwendungen von den Unternehmen alleingelassen werden, dann wird wichtiges Vertrauen untergraben.

Im Rahmen ihrer gesellschaftlichen Verantwortung sollten Unternehmen daher anerkennen, dass sie auch eine Corporate Digital Responsibility innehaben. Diese resultiert daraus, dass digitale Geschäftsmodelle auch negative Externalitäten haben können. Für diese müssen die Unternehmen Verantwortung übernehmen.

Ausgehend von den United Nations Guidelines for Consumer Protection wurde aufgezeigt, worin die CDR hinsichtlich der Anspruchsgruppe Verbraucher konkret besteht. In sieben Handlungsfeldern wurde erläutert, worin die jeweiligen Herausforderungen bestehen und welche Beiträge Unternehmen leisten können und sollten, um diesen zu begegnen. Hierfür wurde auch auf eine Vielzahl von Beispielen verwiesen.

Für Unternehmen, die eine eigene CDR-Strategie entwickeln wollen, stellen sich folgende Fragen:

- Welche negativen Externalitäten verursachen deren digitale Geschäftsmodelle? Welche gesellschaftlichen Herausforderungen könnten durch digitale Lösungen adressiert werden?
- Auf welche der sieben Handlungsfelder haben sie den größten Einfluss?

- Welche Ziele sollten in den relevanten Handlungsfeldern verfolgt werden? Welche Maßnahmen sollten umgesetzt werden?
- Wie kann die Zielerreichung gemessen und gesteuert werden?
- Welche Akteure sind zu involvieren?

In der Entwicklung einer solchen Strategie sollten relevante Stakeholder involviert werden, um sicherzustellen, dass ein Shared Value erzeugt wird.

Danksagung Vielen Dank an Sara Elisa Kettner, Quadriga Hochschule Berlin, für ihre Kommentare und Anregungen zu diesem Kapitel.

Literatur

500px. (2016). Privacy policy. (Effective June 10, 2016). https://about.500px.com/privacy/. Zugegriffen: 20. Apr. 2017.

Adi, A., Grigore, G., & Crowther, D. (2015). *Corporate social responsibility in the digital age.* Bingley: Emerald.

Akerlof, G. (1970). The market for „Lemons": Quality uncertainty and the market mechanism. *Quarterly Journal of Economics, 84*(3), 488–500.

Bundesamt für Sicherheit in der Informationstechnik. (2012). *Leitfaden Informationssicherheit: IT-Grundschutz kompakt.* Bonn: BSI.

Bundesministerium der Justiz und für Verbraucherschutz. (2015). *„One-Pager" – Muster für transparente Datenschutzhinweise.* Berlin: BMJV.

Bundesministerium der Justiz und für Verbraucherschutz. (2017). *Verbraucherfreundliche Best-Practice bei Apps – Eine Orientierungshilfe für die Praxis.* Berlin: BMJV.

Bundesministerium für Wirtschaft und Energie. (2017). *G20 Digital Economy Ministerial Conference.* Berlin: BMWi.

Calliope. (2016). Calliope mini. https://calliope.cc. Zugegriffen: 28. Apr. 2017.

Center for International Governance Innovation. (2016). *CIGI-IPSOS Global survey on internet security and trust.* Canada: CIGI.

Deutsche Telekom. (2016). Status-Report Datenschutz (Stand 9. Dezember 2016). https://www.telekom.com/de/verantwortung/datenschutz-und-datensicherheit/datenschutz/datenschutz/status-report-datenschutz-334368. Zugegriffen: 26. Apr. 2017.

Deutsche Telekom. (2017). Telekom startet Wettbewerb zu Privacy-Bots. https://www.telekom.com/de/medien/medieninformationen/detail/telekom-startet-wettbewerb-zu-privacy-bots-481806. Zugegriffen: 26. Apr. 2017.

Esselmann, F., & Brink, A. (2016). Corporate Digital Responsibility: Den digitalen Wandel von Unternehmen und Gesellschaft erfolgreich gestalten. *Spektrum, (12–1),* 38–41.

Europäische Kommission. (2011). Mitteilung der Kommission: Eine neue EU-Strategie (2011–14) für die soziale Verantwortung der Unternehmen (CSR) (KOM(2011) 681 endgültig).

Europäische Kommission. (2017). Kartellrecht: Kommission verhängt Geldbuße in Höhe von 2,42 Mrd. EUR gegen Google wegen Missbrauchs seiner marktbeherrschenden Stellung als Suchmaschine durch unzulässige Vorzugsbehandlung des eigenen Preisvergleichsdienst.

European Commission. (2015a). Flash Eurobarometer 397: Consumer attitudes towards cross-border trade and consumer protection.

European Commission. (2015b). Special Eurobarometer 431: Data protection.

European Commission. (2016). Special Eurobarometer 447: Online Platforms.

Federal Trade Commission. (2015). *Internet of things: Privacy & security in a connected world – Staff Report*. Washington: Federal Trade Commission.

geta1pager. (2017). Datenschutz-One-Pager. https://geta1pager.de. Zugegriffen: 27. Apr. 2017.

Hildebrandt, A., & Landhäußer, W. (2017). *CSR und Digitalisierung: Der digitale Wandel als Chance und Herausforderung für Wirtschaft und Gesellschaft*. Heidelberg: Springer Gabler.

International Telecommunication Union. (2016). *Measuring the information society report 2016*. Geneva: International Telecommunication Union.

Internet Society. (2016). *Global internet report 2016*. Reston: Internet Society.

Jänig, J.-R., & Mühlner, J. (im Druck). Corporate Digital Responsibility: Unternehmensverantwortung in der digitalen Gesellschaft.

McKinsey&Company. (2014). Offline and falling behind: Barriers to Internet adoption.

OECD. (1999). Recommendation of the OECD council concerning guidelines for consumer protection in the context of electronic commerce.

OECD. (2003). Recommendation of the council concerning guidelines for protecting consumers from fraudulent and deceptive commercial practices across borders.

OECD. (2007). Recommendation on consumer dispute resolution and redress.

OECD. (2013). Guidelines governing the protection of privacy and transborder flows of personal data.

OECD. (2015a). Digital economy outlook 2015.

OECD. (2015b). Digital security risk management for economic and social prosperity: OECD recommendation and companion document.

OECD. (2016). Price discrimination: Background note by the Secretariat.

OECD. (2017). *Key issues for digital transformation in the G20*. Report prepared for a joint G20 German Presidency/OECD conference. https://www.oecd.org/g20/key-issues-for-digital-transformation-in-the-g20.pdf.

Pinterest. (2016). Terms of service. https://about.pinterest.com/en/terms-service. Zugegriffen: 1. Nov. 2016.

Sachverständigenrat für Verbraucherfragen. (2016). Digitale Welt und Handel: Verbraucher im personalisierten Online-Handel.

SAP. (2016). *SAP Integrierter Bericht 2015 Nachhaltigkeits-Bestandteile*. Walldorf: SAP.

Telefonica Deutschland. (2016). *Fairnetzt den digitalen Wandel gestalten*. Telefonica Deutschland Corporate Responsibility Report 2015.

Thorun, C., Vetter, M., Reisch, L., & Zimmer, A. K. (2017). *Indicators of consumer protection and empowerment in the digital world: Results and recommendations of a feasibility study*. Berlin: ConPolicy GmbH.

Trusted Shops. (2010). Zertifikat für OBI.de (No. X8BD75374EABBAC74ABF111D4CBF94A65).

Trusted Shops. (2014). Zertifikat für fleurop.de (No. X43AA527C7FAF2848EBC11CF0EB0DC08F).

TÜViT. (2017). Telekom erhält Prüfsiegel von TÜViT. https://www.tuvit.de/de/aktuelles/pressemitteilungen/pressemitteilungen-detail/article/telekom-erhaelt-pruefsiegel-von-tuevit/. Zugegriffen: 28. Apr. 2017.

UNCTAD. (2016a). *Data protection regulations and international data flows: Implications for trade and development*. http://unctad.org/en/PublicationsLibrary/dtlstict2016d1_en.pdf..

UNCTAD. (2016b). *Manual on consumer protection*. http://unctad.org/en/PublicationsLibrary/webditcclp2016d1.pdf.

United Nations. (2000). *The United Nations set of principles and rules on competition*. http://unctad.org/en/docs/tdrbpconf10r2.en.pdf.

United Nations. (2016). *United Nations guidelines for consumer protection*. http://unctad.org/en/PublicationsLibrary/ditccplpmisc2016d1_en.pdf.

United States Department of Commerce – National Telecommunications & Information Administration. (2016). Lack of trust in Internet privacy and security may deter economic and other online activities.

Verbraucherzentrale Bundesverband. (2016). *Personalisierte Preise. Diskussionspapier des Verbraucherzentrale Bundesverbands.* http://www.vzbv.de/sites/default/files/vzbv_position_preis-differenzierung16-09-21_pdf.pdf.

Vuorikari, R., Punie, Y., Carretero, S., & Van den Brande, L. (2016). *European Commission: DigComp 2.0: The digital competence framework for citizens. Update phase 1: The conceptual reference model.* http://publications.jrc.ec.europa.eu/repository/bitstream/JRC101254/jrc101254_digcomp%202.0%20the%20digital%20competence%20framework%20for%20citizens.%20update%20phase%201.pdf.

World Bank Group. (2016). *Digital dividends: World development report 2016.* http://documents.worldbank.org/curated/en/896971468194972881/pdf/102725-PUB-Replacement-PUBLIC.pdf.

X. (2017). Project Loon. https://x.company/loon/. Zugegriffen: 20. Apr. 2017.